os diários de viagem de Albert Einstein

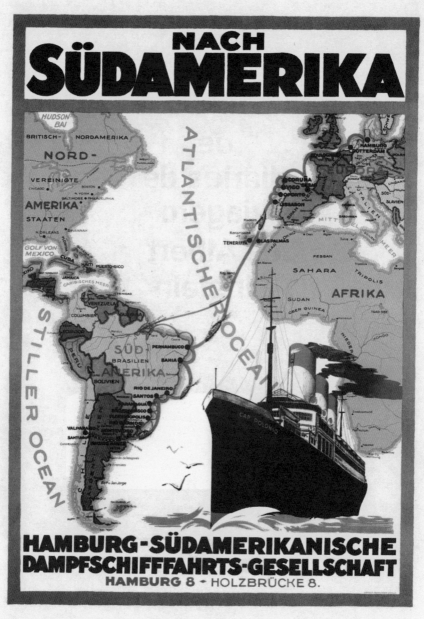

Frontispício. Cartaz de viagem da Hamburg-Südamerikanische Dampfschifffahrts-Gesellschaft mostrando a rota de Einstein para a América do Sul a bordo do S.S. Cap Polonio (arte de Ottomar Anton).

Ze'ev Rosenkranz
organização

os diários de viagem de Albert Einstein

AMÉRICA DO SUL, 1925

Tradução de
Alessandra Bonrruquer

1ª edição

EDITORA RECORD
RIO DE JANEIRO • SÃO PAULO

2024

CIP-BRASIL. CATALOGAÇÃO NA PUBLICAÇÃO
SINDICATO NACIONAL DOS EDITORES DE LIVROS, RJ

E35d   Einstein, Albert, 1879-1955
            Os diários de viagem de Albert Einstein : América do Sul, 1925 / Albert Einstein ; organização Ze'ev Rosenkranz ; tradução Alessandra Bonrruquer. - 1. ed. - Rio de Janeiro : Record, 2024.

            Tradução de: The travel diaries of Albert Einstein : South America, 1925
            ISBN 978-85-01-92159-8

            1. Einstein, Albert, 1879-1955 - Diários. 2. Einstein, Albert, 1879-1955 - Viagens - América do Sul. 3. Einstein, Albert, 1879-1955 - Correspondência. 4. América do Sul - Descrições e viagens. I. Rosenkranz, Ze'ev. II. Bonrruquer, Alessandra. III. Título.

24-87961
CDD: 918.04
CDU: 910.4(8)

Meri Gleice Rodrigues de Souza - Bibliotecária - CRB-7/6439

Aparato editorial e tradução dos diários para o inglês
Copyright © Princeton University Press, 2023

Diários de viagem e textos adicionais
Copyright © Hebrew University of Jerusalem, 2023

Todos os direitos reservados. Proibida a reprodução, armazenamento ou transmissão de partes deste livro, através de quaisquer meios, sem prévia autorização por escrito.

Texto revisado segundo o Acordo Ortográfico da Língua Portuguesa de 1990.

Direitos exclusivos desta edição reservados pela
EDITORA RECORD LTDA.
Rua Argentina, 171 – Rio de Janeiro, RJ – 20921-380 – Tel.: (21) 2585-2000.

Impresso no Brasil

ISBN 978-85-01-92159-8

Seja um leitor preferencial Record.
Cadastre-se no site www.record.com.br
e receba informações sobre nossos
lançamentos e nossas promoções.

Atendimento e venda direta ao leitor:
sac@record.com.br

Para Vanessa e sua maravilhosa família sul-americana

Sumário

Lista de ilustrações	9
Prefácio	11
Agradecimentos	15

INTRODUÇÃO HISTÓRICA	19

DIÁRIO DE VIAGEM
Argentina, Uruguai, Brasil, 5 de março-11 de maio de 1925 — 105

TEXTOS ADICIONAIS

1. De Max Straus, 5 de novembro de 1923	191
2. Da Asociación Hebraica, 9 de janeiro de 1924	192
3. Para a Asociación Hebraica, 8 de março de 1924	194
4. Para Paul Ehrenfest, 12 de julho de 1924	195
5. Para Maja Winteler-Einstein e Paul Winteler, após 4 de dezembro de 1924	195
6. De Isaiah Raffalovich, 27 de janeiro de 1925	195
7. Para Hermann Anschütz-Kaempfe, 17 de fevereiro de 1925	196
8. Para Elsa Einstein, 5 de março de 1925	196
9. Para Elsa e Margot Einstein, 7 de março de 1925	197
10. Para Elsa Einstein, 15 de março de 1925	199
11. Para Elsa e Margot Einstein, 20 de março de 1925	199
12. Para Elsa e Margot Einstein, 26 de março de 1925	200
13. Declaração sobre o sionismo, 28 de março de 1925	201
14. Para Elsa e Margot Einstein, 3 de abril de 1925	201

15. Sobre a inauguração da Universidade Hebraica de Jerusalém, 6 de abril de 1925 — 203
16. Para Ilse Kayser-Einstein e Rudolf Kayser, 8 de abril de 1925 — 204
17. Para Margot Einstein, 10 de abril de 1925 — 205
18. Para Elsa e Margot Einstein, 15 de abril de 1925 — 205
19. Declaração sobre o nacionalismo e o sionismo, 18 de abril de 1925 — 207
20. Para Elsa e Margot Einstein, 23 de abril de 1925 — 207
21. Para Hans Albert e Eduard Einstein, 23 de abril de 1925 — 209
22. Para Elsa e Margot Einstein, 27 de abril de 1925 — 209
23. "Sobre os ideais", 28 de abril de 1925 — 211
24. Para Carlos Vaz Ferreira, 29 de abril de 1925 — 214
25. Para Paul Ehrenfest, 5 de maio de 1925 — 216
26. Para Elsa e Margot Einstein, 5 de maio de 1925 — 216
27. Discurso na Rádio Sociedade, 7 de maio de 1925 — 217
28. Para a comunidade judaica do Rio de Janeiro, 11 de maio de 1925 — 217
29. Para o presidente do Comitê Nobel na Noruega, 22 de maio de 1925 — 218
30. Para Mileva Einstein-Marić, 27 de maio de 1925 — 219
31. Para Karl Glitscher, 27 de maio de 1925 — 219
32. Para Michele Besso, 5 de junho de 1925 — 220
33. Para Mileva Einstein-Marić, Hans Albert e Eduard Einstein, 13 de junho de 1925 — 220
34. Para Maja Winteler-Einstein, 12 de julho de 1925 — 221
35. Para Robert A. Millikan, 13 de julho de 1925 — 222

Cronologia da viagem — 223
Abreviaturas — 229
Notas — 231
Referências — 267
Índice — 275

LISTA DE ILUSTRAÇÕES

Frontispício. Cartaz de viagem da Hamburg-Südamerikanische Dampfschifffahrts-Gesellschaft mostrando a rota de Einstein para a América do Sul a bordo do S.S. Cap Polonio   *2*

1. S.S. Cap Polonio, porto de Montevidéu à noite   *33*
2. Palestra inaugural de Einstein no Colegio Nacional, Buenos Aires, 27 de março de 1925   *43*
3. Einstein em Buenos Aires, fim de março de 1925   *45*
4. Einstein e Berta Wassermann-Bornberg, hidroavião Junkers, Buenos Aires, 1º de abril de 1925   *48*
5. Einstein com o comitê de boas-vindas em Montevidéu, 24 de abril de 1925   *53*
6. Fotomontagem da primeira visita de Einstein ao Rio de Janeiro, em 21 de março de 1925, *O Malho*, 28 de março de 1925   *56*
7. Einstein na Academia Brasileira de Ciências, Rio de Janeiro, 7 de maio de 1925, *Careta*, 16 de maio de 1925   *58*
8. Representantes do Comitê das Associações Judaicas se despedindo de Einstein em Buenos Aires, 23 de abril de 1925   *63*
9. Einstein com Ben-Zion Mossinson e líderes judeus argentinos, Buenos Aires, abril de 1925   *64*
10. Einstein na recepção da comunidade judaica, com Isidoro Kohn e o rabino Isaiah Raffalovich, Rio de Janeiro, 9 de maio de 1925, *Careta*, 16 de maio de 1925   *66*
11. Einstein na recepção oferecida pela comunidade alemã no clube Germania, Rio de Janeiro, 8 de maio de 1925, *Careta*, 16 de maio de 1925   *71*
12. Einstein com sua anfitriã Berta Wassermann-Bornberg e a escritora Else Jerusalem, residência dos Wassermann, Buenos Aires, fim de março de 1925   *78*
13. Einstein em Buenos Aires, fim de março de 1925   *95*
14. Cartão-postal enviado por Einstein a Elsa e Margot Einstein retratando a vista do bairro de Botafogo, no Rio de Janeiro, 5 de maio de 1925   *129*
15. Aula inaugural de Einstein no Colegio Nacional, Buenos Aires, 27 de março de 1925   *135*
16. Voo de Einstein sobre Buenos Aires, *Crítica*, 1º de abril de 1925   *141*

OS DIÁRIOS DE VIAGEM DE ALBERT EINSTEIN

17. Parada de Einstein em Sunchales, província de Santa Fé, a caminho de Córdoba, 12 de abril de 1925   *145*

18. Einstein chegando a Córdoba com professores da universidade, 12 de abril de 1925   *147*

19. Einstein na Universidade de Córdoba, 13 de abril de 1925   *149*

20. Einstein desembarcando do navio ao chegar a Montevidéu, 24 de abril de 1925   *157*

21. Einstein e Amadeo Geille Castro, Montevidéu, 24 de abril de 1925   *159*

22. Einstein visitando a Faculdade de Engenharia de Montevidéu com Amadeo Geille Castro e o deão Donato Gaminara, 29 de abril de 1925   *165*

23. Einstein partindo de Montevidéu, 1º de maio de 1925   *169*

24. Einstein com o presidente da comunidade judaica Isidoro Kohn, Rio de Janeiro, maio de 1925   *177*

25. Primeira palestra de Einstein no Clube de Engenharia, Rio de Janeiro, 6 de maio de 1925, *Careta*, 16 de maio de 1925   *179*

26. Einstein no Museu Nacional do Brasil, em frente ao meteorito Bendegó, Rio de Janeiro, 7 de maio de 1925   *181*

27. Einstein no Instituto Oswaldo Cruz, Rio de Janeiro, 8 de maio de 1925   *183*

28. Einstein no Observatório Nacional, Rio de Janeiro, 9 de maio de 1925   *185*

29. Membros da comunidade judaica sefardita despedindo-se de Einstein, Buenos Aires, 23 de abril de 1925   *208*

30. Einstein visitando a Faculdade de Engenharia de Montevidéu com estudantes, 29 de abril de 1925   *210*

31. Einstein à escrivaninha com busto de Dante, Buenos Aires, fim de março-abril de 1925   *212*

32. Einstein e o escritor uruguaio Carlos Vaz Ferreira, Montevidéu, 24 de abril de 1925   *215*

33. Einstein chegando ao Automóvel Clube para a recepção da comunidade judaica, com Isidoro Kohn, Rio de Janeiro, 9 de maio de 1925. *O Malho*, 16 de maio de 1925   *218*

PREFÁCIO

"A MALDITA GRIPE ESTÁ À SOLTA DE NOVO; ela assola sinistramente por aqui também."[1] Assim escreveu Albert Einstein em outubro de 1918, de Berlim, para o filho mais velho Hans Albert, que morava em Zurique. A pandemia de gripe começara no verão e cobrava seu preço das populações na Alemanha e na Suíça. Havia pouco tempo, tanto sua mãe Pauline, em Lucerna, quanto sua futura enteada Margot, em Berlim, haviam adoecido em função da infecção, mas por sorte sobreviveram.[2] Einstein decidira não viajar para a Suíça devido à pandemia, entre outras razões, embora não visse os filhos jovens havia mais de um ano.[3] Na época do armistício que poria fim à Primeira Guerra Mundial, ele escreveu à esposa Mileva, de quem estava separado: "Aqui também a gripe é muito potente e virulenta; até agora, fui poupado."[4] Ele não seria infectado.

Quando comecei a trabalhar nesta edição em 2019, a pandemia de 1918-1919 era meramente um evento histórico desprovido de relevância pessoal óbvia. O único distanciamento social do qual eu já ouvira falar fora o relato de minha falecida mãe sobre as plateias dos cinemas se sentando a certa distância durante as epidemias de poliomielite na Austrália nas décadas de 1940 e 1950. Obviamente, como muitos outros, jamais imaginara experimentar algo similar. Eu conhecia os comentários de Einstein sobre a pandemia que enfrentara um século antes e até mesmo julgava sua possível falta de coragem por não visitar os filhos na Suíça. Dois anos depois e tendo passado por uma pandemia e pelas difíceis decisões sobre viagens em um período de surto global, certamente

12 OS DIÁRIOS DE VIAGEM DE ALBERT EINSTEIN

sinto mais empatia por seu dilema. Quando Einstein embarcou em sua viagem de três meses pela América do Sul na primavera de 1925, a gripe letal de seis anos antes perdera grande parte da virulência. Aquela seria sua terceira viagem transoceânica, depois dos Estados Unidos e do Extremo Oriente. Como veremos, em contraste com as outras jornadas, esta não era uma que ele desejasse, embora se sentisse compelido a fazê-la. Isso talvez a torne ainda mais fascinante.

Trabalhar neste volume me fez refletir sobre minhas primeiras memórias da América do Sul. Quando eu era criança, meus pais me levaram ao cinema em Melbourne e vimos um curta-metragem sobre um menino que sonhava em ver Pelé jogar no Maracanã, no Rio de Janeiro, que deve ter sido filmado por volta de 1970, quando o Brasil venceu a Copa do Mundo. Enquanto crescia, o mais próximo que cheguei da América do Sul foi passar pelo canal do Panamá, onde fiquei fascinando pela transcontinental Ponte das Américas, na entrada do canal, e atracar brevemente na ilha de Curaçao, perto da costa da Venezuela. Alguns anos depois, durante minha adolescência em Viena, assisti ao filme brasileiro *Macunaíma* na televisão austríaca, sem compreender direito seu realismo mágico, mas desenvolvendo uma paixonite pela atriz Dina Sfat. Aprender sobre os excessos brutais cometidos pelas ditaduras militares na Argentina e no Chile contra os *desaparecidos* também fez parte de minha nascente consciência política naquela época.

Assim que comecei a trabalhar nos Arquivos Albert Einstein da Universidade Hebraica em Jerusalém, no fim da década de 1980, li seus diários, entre os quais aquele sobre a América do Sul. Senti especial afinidade com eles, tendo viajado entre continentes em meus anos pré-adolescentes. Tornaram-se meus documentos favoritos no arquivo, e ainda são. Ao realizar a pesquisa para esta edição, tive a oportunidade de refletir sobre minhas próprias jornadas internacionais, humildemente comparando minhas expe-

PREFÁCIO

riências às do ícone global. O que mais gosto nos diários de viagem é de sua autenticidade. Neles, Einstein expressa seus pensamentos mais íntimos e imediatos. Ele não parece filtrar o que diz nas entradas, nem mesmo para benefício do limitadíssimo público de familiares em Berlim esperando para ler sobre suas aventuras. Esses documentos muito pessoais o revelam em sua forma mais autêntica. Eles oferecem um *insight* sobre impressões e reflexões não censuradas. O que vemos nem sempre é bonito. Temos um vislumbre não somente daquilo que o encantava e intrigava, mas também das coisas que odiava, desprezava e não tolerava. Isso nos fornece a notável oportunidade de examinar nossos próprios preconceitos e vieses. Consequentemente, sinto-me privilegiado e satisfeito por dividir com uma audiência mais ampla este fascinante registro da jornada de Einstein a terras distantes.

Pasadena, Califórnia, e São Paulo, Brasil, maio de 2021

AGRADECIMENTOS

Expresso minha profunda gratidão a Eric Crahan, diretor editorial de humanidades e ciências sociais da Princeton University Press, por sua astuta orientação e seus perspicazes conselhos durante o processo de publicação. Também agradeço à editora a permissão de usar o diário de viagem e o material acadêmico relacionado publicado no volume 14 da coleção *The Collected Papers of Albert Einstein*, editada por Diana Kormos Buchwald, Jozsef Illy, Tilman Sauer, Osik Moses e eu mesmo, e traduzida por Ann M. Hentschel e Jennifer Nollar James.

É um prazer expressar minha gratidão aos meus colegas no Einstein Papers Project: a Barbara Wolff por sua gentil assistência a minha pesquisa em arquivos e bibliotecas e por seus conselhos muito úteis; a Dennis Lehmkuhl por seu animado apoio e por assegurar que eu não cometesse nenhuma gafe científica; a Josh Eisenthal por sua ajuda com as equações; e a Emily de Araújo por sua inestimável colaboração. Foi um prazer trabalhar com as excepcionalmente competentes equipes de edição e produção na Princeton University Press: Barbara Shi, assistente editorial, Terri O'Prey, editora-chefe, Chris Ferrante, designer, e Dimitri Karetnikov, chefe de ilustração; e com Tash Siddiqui, minha copidesque, cujo meticuloso profissionalismo tem sido extraordinário. Também tenho uma grande dívida para com Roni Grosz, Chaya Becker e Anna Rabin, dos Arquivos Albert Einstein, por sua graciosa ajuda em questões de pesquisa e copyright; aos historiadores da ciência Thomas F. Glick, Ildeu C. Moreira, Alfredo T. Tolmas-

quim e o falecido Eduardo L. Ortiz por sua muito valiosa assistência; e a Romeu Abílio, Rosemary Costhek Abílio, Ludmila Costhek Abílio e João Samuel Rodrigues dos Santos Junior por seus sábios conselhos. Por sua assistência em conseguir permissões de copyright para fac-símiles e ilustrações, agradeço imensamente a Carolina de Paula Barbosa, da Biblioteca Nacional, no Rio de Janeiro; a Gabriel Feldman, do Centro Marc Turkow da Asociación Mutual Israelita Argentina; a Everaldo Pereira Frade e José Benito Yárritu Abellás, do Museu de Astronomia e Ciências Afins; a Marcelo Gleiser, da Faculdade Dartmouth; a Javier Rajtman, da Amigos Argentinos da Universidade Hebraica, em Buenos Aires; a Nathacha Regazzini, do Arquivo da Casa de Oswaldo Cruz; e a Michael Simonson e Agata Sobczak, do Instituto Leo Baeck. Também sou profundamente grato a Dan Agulka, Bianca Rios e Ben Perez, do departamento de empréstimos interbibliotecas da Biblioteca Caltech, por seus incansáveis esforços para atender a minhas muito idiossincráticas necessidades documentais.

Também preciso agradecer aos indivíduos que foram fundamentais para a publicação do diário da viagem de Einstein à América do Sul no 14º volume da coleção *The Collected Papers of Albert Einstein*: Andrea Labinger, por sua assistência com fontes de língua espanhola, e Alexandre Cunha, por sua assistência com fontes de língua portuguesa. A publicação do diário na coleção também foi assessorada por Mara Julseth, Herbert Karbach, Claus Spenninger, Ingeborg Wade e pelo falecido Siegfried Grundmann.

Por fim, é com grande satisfação que expresso minha imensurável gratidão a minha parceira Vanessa Costhek Abílio por ser minha fonte de inspiração durante este projeto e por seu incrível amor, encorajamento e apoio.

os
diários de
viagem
de Albert
Einstein

Introdução histórica

Impressão geral: índios envernizados, ceticamente cínicos, sem qualquer amor pela cultura, degenerados pela banha bovina.

Diário de viagem, Buenos Aires, entrada de 14 de abril de 1925

Uruguai, um paisinho feliz, tem não somente uma natureza charmosa, com um clima úmido e agradavelmente cálido, mas também instituições sociais modelares.

Diário de viagem, Montevidéu, entrada de 26 de abril de 1925

Vago por este hemisfério como um viajante da relatividade já há dois meses. Aqui encontrei o verdadeiro paraíso e uma alegre mistura de fofinhos.

Albert Einstein a Paul Ehrenfest, Rio de Janeiro, 5 de maio de 1925

Esta edição

Esta nova edição apresenta o diário completo de Albert Einstein durante sua viagem de três meses à Argentina, ao Uruguai e ao Brasil, de março a maio de 1925.[1] Fac-símiles das páginas do original são acompanhados da respectiva tradução. Anotações acadêmicas identificam indivíduos, organizações e locais mencionados nas entradas, elucidam referências obscuras e fornecem informações adicionais sobre os eventos registrados e detalhes do itinerário não mencionados por Einstein. Embora o diário constitua uma instigante fonte histórica na qual Einstein registra suas impressões imediatas, por sua própria natureza, ele só

20 OS DIÁRIOS DE VIAGEM DE ALBERT EINSTEIN

fornece uma peça do quebra-cabeça para reconstruir a viagem. Consequentemente, a fim de obter um retrato mais abrangente, as anotações lançam mão de artigos da imprensa nos países que ele visitou, fontes adicionais de seus documentos pessoais, relatórios diplomáticos e textos da época da viagem. A edição também inclui documentos suplementares de autoria de Einstein que fornecem contexto ao diário: cartas e cartões-postais enviados durante a viagem, discursos e declarações em várias localidades.

Uma versão comentada do diário foi publicada na íntegra no volume 14 de *The Collected Papers of Albert Einstein* (CPAE) em 2015.[2] Esta nova edição é baseada em pesquisas realizadas naquele volume, mas apresenta interpretações inovadoras do diário e dos documentos suplementares. Para o propósito desta edição, a tradução para o inglês do volume 14 da coleção CPAE foi ligeiramente revisada. Uma tradução do diário para o português foi publicada em 2003.[3] Uma tradução para o espanhol da parte uruguaia do diário também foi publicada anteriormente.[4]

O DIÁRIO DE VIAGEM

Este é um dos seis diários escritos por Einstein. Não há um diário de sua primeira viagem aos Estados Unidos na primavera de 1921. Na verdade, não sabemos se ele manteve algum.[5] Os outros foram escritos durante jornadas para o Extremo Oriente, Palestina e Espanha, de outubro de 1922 a março de 1923, e três viagens aos Estados Unidos, quando ele visitou o Instituto de Tecnologia da Califórnia em Pasadena, nos invernos consecutivos de 1930-1931, 1931-1932 e 1932-1933. Mesmo que isso totalize cinco viagens transoceânicas, há seis diários, pois Einstein usou dois cadernos na última viagem.[6]

INTRODUÇÃO HISTÓRICA

O diário de viagem aqui apresentado foi escrito em um caderno com 72 páginas pautadas. Há entradas em 43 páginas pautadas, seguidas por 29 páginas pautadas em branco. Considerando-se o formato do caderno, ele tem somente um terço do tamanho do diário que Einstein escreveu durante a viagem ao Extremo Oriente.

O diário fornece, pela primeiríssima vez, *insights* arrebatadores dos níveis mais imediatos das experiências de Einstein durante a jornada. Ele escreveu diariamente, registrando impressões iniciais de suas experiências, suas reações às pessoas que conhecia, os lugares que visitava e os numerosos eventos oficiais a que comparecia. Também fez descrições sucintas de cenários e arquiteturas, suas visões sobre as cenas política e social, suas opiniões sobre as populações e academias locais, comunidades alemãs e judaicas e breves notas sobre o progresso de sua obra científica. E registrou reflexões sobre suas leituras e ocasionais ideias sobre música, cultura e eventos mundiais da época. Além disso, o diário inclui esboços de poemas escritos como dedicatória de fotografias oferecidas a três indivíduos muito importantes para ele durante sua estadia em Buenos Aires. Em contraste com o diário do Extremo Oriente, Einstein não adicionou entradas no último dia de viagem e não continuou a escrever durante a viagem de retorno.

O estilo do diário é frequentemente muito detalhado, embora escrito de maneira excêntrica e (provavelmente devido à falta de tempo) telegráfica. Suas observações sobre os indivíduos que encontrou na viagem são frequentemente sucintas — ele podia resumir personalidades e idiossincrasias em poucas, e frequentemente bem-humoradas, palavras. Einstein manteve o diário tanto como registro para si mesmo quanto como material de leitura subsequente para a esposa Elsa e a enteada mais nova, Margot, que permaneceram em Berlim.[7] Temos certeza de que não dedicou o diário à posteridade ou para publicação.

22   OS DIÁRIOS DE VIAGEM DE ALBERT EINSTEIN

A história deste diário é intrigante. Depois da decisão de Einstein de não retornar à Alemanha após a chegada dos nazistas ao poder em janeiro de 1933, seu genro, o crítico literário e editor judeu alemão Rudolf Kayser, transferiu documentos (incluindo este diário de viagem) de seu apartamento em Berlim para a embaixada francesa e conseguiu que fossem enviados para a França em um malote diplomático. De lá, eles foram enviados para Princeton, onde Einstein estava morando.[8]

Em seu testamento de 1950, Einstein nomeou seu leal amigo Otto Nathan e sua secretária de longa data Helen Dukas como curadores de seu espólio e Nathan como único executor. Após a morte de Einstein, em abril de 1955, Dukas se tornou também a primeira arquivista de seus documentos pessoais. O diário de viagem foi um dos aproximadamente 42 mil documentos transferidos do espólio para a Universidade Hebraica de Jerusalém em 1982, seguindo instruções do testamento. Essa consignação de documentos pessoais finalmente deu origem aos Arquivos Albert Einstein, inicialmente na Biblioteca Judaica Nacional e Universitária e então, em 2008, na Biblioteca da Universidade Hebraica.[9]

BACKGROUND DA VIAGEM

Em 22 de março de 1923, Einstein chegou a Berlim vindo de uma extensa temporada de palestras que o levara ao Extremo Oriente, à Palestina e à Espanha. Ele voltou para casa claramente cansado de viajar. Dois meses depois de iniciar sua exaustiva temporada no Japão, ele informou aos filhos que estava "determinado a não vaguear tanto pelo mundo, mas será que conseguirei fazer isso?"[10]

Este diário de viagem é a evidência de que não conseguiu. Em 4 de março de 1925, quase exatamente dois anos após retornar do Japão para seu apartamento no número 5 da Haberlandstraße,

INTRODUÇÃO HISTÓRICA 23

Einstein embarcou em outra viagem transoceânica que o levaria a um continente que jamais visitara — a América do Sul. Mas o que o motivou a abandonar o adorado "quarto da torre" no sótão de seu espaçoso apartamento, iniciar outra jornada para terras distantes, cruzar o Atlântico pela segunda vez e se aventurar no hemisfério sul?

A gênese da viagem

A gênese da viagem de doze semanas à América do Sul na primavera de 1925 foi bastante convoluta. Numerosos fatores decisivos — da evolução das comunidades científicas locais à recepção da relatividade, do envolvimento político de Einstein a sua identidade como alemão e judeu, de seu desejo de escapar de múltiplos compromissos em Berlim a intrigantes eventos em sua vida privada — tudo isso formou o cenário tanto para os vários convites quanto para suas aceitações.[11]

A recepção inicial da relatividade na Argentina, no Uruguai e no Brasil

A recepção inicial da relatividade em cada um dos países que Einstein visitou foi impactada, mais que qualquer outra coisa, pelo nível de infraestrutura existente para as ciências exatas nas instituições locais de ensino superior. No contexto específico da América do Sul, a recepção diferiu grandemente entre Argentina, de um lado, e Uruguai e Brasil, de outro.

Em 1919, a Argentina já tinha uma infraestrutura acadêmica bastante desenvolvida em matemática e física, baseada na presença significativa de cientistas de origem alemã ou educados na Alemanha.[12] Por conseguinte, as publicações sobre relatividade, principalmente em francês, já eram lidas e discutidas pela co-

24 OS DIÁRIOS DE VIAGEM DE ALBERT EINSTEIN

munidade científica local. O primeiro disseminador das teorias de Einstein na Argentina foi o proeminente escritor e cientista amador Leopoldo Lugones, que fez palestras em 1920 e publicou um influente livro no ano seguinte.[13] Isso fez com que a relatividade se tornasse uma importante preocupação cultural entre os intelectuais argentinos, levando à publicação de vários artigos populares.[14] A comunidade científica local também foi influenciada pelos intelectuais espanhóis Julio Rey Pastor e Blas Cabrera, que fizeram palestras sobre a relatividade em Buenos Aires no início da década de 1920.[15] Subsequentemente, acadêmicos locais começaram a fazer palestras e publicar artigos sobre o tema.[16]

Em contraste, o Uruguai e o Brasil não tinham tal infraestrutura de ciências exatas e, portanto, a recepção da relatividade se deu mais tarde.[17] Quando Einstein visitou o Uruguai, a física só era estudada na Faculdade de Engenharia da Universidade da República e na Associação Politécnica.[18]

No Brasil, o interesse inicial pelas teorias de Einstein se deveu ao eclipse solar de 1919, que levou à verificação da relatividade geral. Astrônomos brasileiros estiveram diretamente envolvidos na expedição a Sobral, no nordeste do país.[19] Porém, a despeito dessa conexão precoce, em agudo contraste com a situação na Argentina, as teorias de Einstein tiveram impacto muito limitado na comunidade científica brasileira antes da visita dele. Houve duas razões principais para essa diferença.

A primeira é que o Brasil ainda não tinha instituições dedicadas unicamente à pesquisa nos campos da física e da matemática. A única universidade do país era a da capital, o Rio de Janeiro, fundada em 1920, que consistia em um grupo de faculdades englobando a Escola Politécnica, a Faculdade de Medicina e a Faculdade de Direito.[20] Os únicos acadêmicos que demonstravam algum interesse pelas teorias de Einstein eram matemáticos e engenheiros autodidatas que estudavam física relativista por conta

INTRODUÇÃO HISTÓRICA

própria. Os principais promotores da relatividade no Brasil antes da visita de Einstein eram o matemático e engenheiro Manuel Amoroso Costa e o matemático Roberto Marinho de Azevedo. Costa escreveu os primeiros artigos sobre o tema em jornais locais, realizou quatro palestras na Escola Politécnica em abril e maio de 1922 e publicou o primeiro livro brasileiro sobre a relatividade, baseado em seus cursos, no mesmo ano.[21] Todavia, além de promotores da relatividade, também havia muitos oponentes da nova teoria, particularmente entre intelectuais influenciados pelo positivismo ou aderentes da mecânica clássica.[22]

A segunda razão é que as instituições científicas brasileiras eram muito influenciadas por suas contrapartes francesas e estabelecidas fundamentalmente a sua imagem.[23] Isso se dava em marcado contraste com a substancial influência alemã sobre a comunidade científica argentina. O matemático francês Émile Borel fez palestras sobre a relatividade no Rio de Janeiro em 1922, após a série de palestras de Costa.[24]

Múltiplos convites da América do Sul

Como vimos, a recepção inicial da relatividade evoluiu de maneira bastante diferente nos três países que Einstein visitaria. Isso teve grande impacto na origem dos convites feitos a ele por seus futuros anfitriões. Mas, curiosamente, a despeito dos contextos muito variados dos convites, também houve espantosas similaridades.

Sem dúvida, os numerosos esforços para levar Einstein à Argentina foram o fator decisivo de sua viagem à América do Sul em meados da década de 1920. Foi Leopoldo Lugones, membro do Comitê Internacional de Cooperação Intelectual e primeiro disseminador da relatividade na Argentina, quem primeiro concebeu uma turnê de palestras de Einstein no país. Quando Lugones visitou Paris em julho de 1921, ele contatou seus colegas franceses

26   OS DIÁRIOS DE VIAGEM DE ALBERT EINSTEIN

e pediu que um deles fosse falar sobre relatividade na Argentina. Em resposta, tanto o Ministério do Exterior da Alemanha quanto o Ministério da Educação da Prússia perguntaram a Einstein se ele estaria disposto a realizar tal turnê. Ele disse que não se via viajando à América do Sul pelos próximos dezoito meses e recomendou que o convite fosse feito a seu antigo colaborador, o físico alemão-argentino Jakob Laub.[25]

Todavia, o assassinato do ministro do Exterior da Alemanha, o judeu Walther Rathenau, em junho de 1922, e as ameaças à vida de Einstein levaram Lugones a rever sua posição sobre quem convidar para palestrar sobre relatividade na Argentina. Após o assassinato, em agosto de 1922, ele ofereceu uma cátedra para Einstein em Buenos Aires.[26] Essa ambiciosa iniciativa foi rapidamente apoiada por dois grêmios estudantis. No mês seguinte, a Institución Cultural Argentino-Germana, a principal instituição cultural da comunidade alemã local, discutiu a iniciativa de convidar Einstein para um ciclo de palestras. Todavia, devido à reputação de Einstein como pacifista e "traidor da pátria", os membros alemães da instituição se opuseram à proposta.[27]

Mesmo assim, quando o físico francês Jorge Duclout propôs à Faculdade de Ciências da Universidade de Buenos Aires (UBA) que um doutorado honoris causa fosse concedido a Einstein e que ele fosse convidado a fazer um ciclo de palestras pelo país, a resolução de fazer o convite foi publicada em outubro de 1922.[28] A Institución Cultural Argentino-Germana fez outro convite a Einstein em outubro de 1923, que ele rejeitou devido à falta de tempo.[29]

O convite que Einstein finalmente aceitou foi feito em dois estágios. Em novembro de 1923, um grupo de proeminentes famílias judaicas o convidou a visitar a Argentina e lhe prometeu honorários de 4 mil dólares, sem fazer menção a palestras.[30] Entretanto, Einstein insistiu que só podia aceitar um convite acadêmico, não um feito por indivíduos particulares. Consequentemente, a

INTRODUÇÃO HISTÓRICA

principal instituição cultural dos judeus argentinos, a Asociación Hebraica, informou à UBA que cobriria os custos dos honorários de Einstein e de duas passagens de ida e volta. Parece razoável presumir que Mauricio Nirenstein, que era secretário da UBA e membro da Asociación Hebraica, tenha desempenhado papel crucial na mediação entre as duas organizações.[31] Como indicou o historiador da ciência Eduardo L. Ortiz, o convite a Einstein foi um sucesso muito significativo para a Asociación Hebraica e para os judeus argentinos de modo geral. Ele demonstrou aos intelectuais argentinos os laços da comunidade judaica com a Europa e sua capacidade de levar para o país um dos mais prestigiados cientistas judeus vivos.[32]

Em dezembro de 1923, o conselho universitário da UBA se reuniu e propôs convidar Einstein para palestrar na Argentina em nome de todas as universidades do país. O custo proposto da visita equivaleria ao salário anual de um professor visitante de elite.[33] No mês seguinte, a Asociación Hebraica informou a Einstein o convite oficial feito por cinco universidades argentinas; a associação forneceria a maior parte dos fundos. O convite também declarava que a Universidade da República, em Montevidéu, ofereceria mil pesos por palestra e que um convite para Santiago, no Chile, também podia ser arranjado.[34]

Embora a identidade de Einstein como cientista tenha sido a condição *sine qua non* que o levou às margens do rio da Prata, seus futuros anfitriões também estavam muito conscientes de seus claros engajamentos públicos. Os fatores políticos envolvidos no convite foram a associação de Einstein com o pacifismo, que era atraente para alguns intelectuais,[35] e o desejo dos setores mais progressistas de combater o antissemitismo crescente, que levara a um massacre no início de 1919.[36] Além disso, a Asociación Hebraica usou o convite como maneira de aumentar o reconhecimento de sua liderança pela *intelligentsia* argentina e, de modo

28 OS DIÁRIOS DE VIAGEM DE ALBERT EINSTEIN

mais amplo, a comunidade judaica o viu como oportunidade de melhorar a percepção pública dos judeus pela sociedade local.[37]

A despeito do limitado impacto da relatividade na ciência brasileira, o convite para que Einstein palestrasse no Brasil foi, assim como na Argentina, um esforço colaborativo entre as comunidades judaica e científica. A iniciativa se originou com o rabino Isaiah Raffalovich, líder da comunidade judaica no Rio de Janeiro. Jacobo Saslavsky, presidente da Asociación Hebraica de Buenos Aires, informou a Raffalovich que Einstein faria escala no Rio de Janeiro e que essa seria uma grande oportunidade para convidá-lo a palestrar no país. Ele também informou a condição imposta por Einstein, ou seja, a de que só aceitaria convites de instituições acadêmicas oficiais.[38] Em suas memórias, Raffalovich revelou que parte da motivação ao fazer o convite foi o desejo de elevar o status da comunidade judaica na nação anfitriã: "Achei que deveríamos aproveitar a oportunidade para demonstrar ao povo brasileiro que os judeus não são somente mascates; há cientistas mundialmente famosos entre nós."[39] Consequentemente, Raffalovich urgiu Ignácio do Amaral, professor da Escola Politécnica do Rio de Janeiro, a se envolver.[40] Um comitê organizador foi criado, incluindo representantes da Escola Politécnica, do Clube de Engenharia e da Academia Brasileira de Ciências. Nenhuma dessas organizações tinha laços específicos com as teorias de Einstein, mas eram todas instituições de prestígio.[41] Como Raffalovich tomara a iniciativa, o comitê pediu que ele fizesse o convite, em nome da Escola Politécnica e da Faculdade de Medicina, sem referência à universidade.[42] Alguns dias depois, Raffalovich recebeu um telegrama de Einstein aceitando o convite.[43]

Einstein aceita os convites

Os motivos do próprio Einstein para aceitar os convites latino--americanos foram muitos e ambivalentes. Temos de levar em consideração os fatores que o levaram a embarcar, tanto no contexto

INTRODUÇÃO HISTÓRICA

mais amplo de suas viagens transoceânicas durante esse período quanto nos aspectos mais imediatos dessa viagem em particular.

As perspectivas mais amplas da decisão de Einstein de embarcar em viagens para fora da Europa no início da década de 1920 foram discutidas por vários acadêmicos. De acordo com o historiador alemão Siegfried Grundmann, as viagens transoceânicas de Einstein foram motivadas por dois fatores principais: a disseminação de suas teorias e o restabelecimento da cooperação internacional entre a comunidade científica alemã e as comunidades científicas estrangeiras, que havia sido interrompida pela Primeira Guerra Mundial.[44] O historiador da ciência alemão Jürgen Renn afirmou que, durante esse período, "a ciência se tornou uma mensageira da cooperação internacional e Einstein, seu principal protagonista".[45] No fim de 1920, mesmo antes de se aventurar para fora do continente europeu pela primeira vez, antecipando suas futuras viagens internacionais, ele ironicamente chamou a si mesmo de "viajante da relatividade".[46]

Quanto ao contexto mais imediato, claramente foi o convite de Buenos Aires que convenceu Einstein a viajar — os outros foram consequência do primeiro. As memórias do proeminente astrofísico Enrique Gaviola oferecem um *insight* do possível estado mental de Einstein após o convite da Asociación Hebraica e da UBA. Quando visitou Einstein no início de 1924, Gaviola lhe apresentou um memorando sobre o estado das universidades argentinas. Ele ficou consternado ao saber que Einstein hesitava em viajar porque "estava pessimista em relação ao desenvolvimento da cultura científica nos países tropicais". Gaviola explicou que a Argentina era só parcialmente tropical e conseguiu de Einstein a promessa de "ver se poderia fazer algo útil durante sua viagem ao país".[47] Esse episódio fornece um importante *insight* sobre a maneira como Einstein percebia o estado da comunidade científica na Argentina antes da viagem.

De fato, a decisão de viajar foi definitivamente acompanhada de muita ambivalência. Havia clara discrepância entre como ele

expressava sua opinião sobre a futura viagem oficialmente e em caráter privado. Em março de 1924, ele disse à Asociación Hebraica: "O convite me deu tanto prazer que me sinto tentado a aceitá-lo imediatamente." Mas informou que não poderia viajar naquele ano em razão de sua agenda.[48] Todavia, quando partilhou a decisão de viajar para a América do Sul em junho do ano seguinte com o amigo Paul Ehrenfest, ele declarou que, apesar de sentir sincero desejo de um "esplêndido isolamento", faria a viagem porque "eles [os argentinos] estão praticamente me esfolando vivo".[49] Assim, definitivamente havia relutância de sua parte. No fim de outubro de 1924, ele adiou a data da partida, informando ao filho Hans Albert que partiria para a América do Sul em 3 de março de 1925.[50]

Analisemos agora os vários incentivos para que fizesse a viagem. Em primeiro lugar, havia os fatores científicos. O historiador da ciência brasileiro Alfredo T. Tolmasquim alegou que Einstein foi motivado pelo desejo de conhecer os colegas sul-americanos e "disseminar os conceitos da relatividade e as questões mais atuais da física".[51] Sua intenção de promover a relatividade também é vista como motivação pelos historiadores da ciência argentinos Miguel de Asúa e Diego Hurtado de Mendoza.[52] No entanto, os incentivos científicos não são tão óbvios quanto podem parecer. Podemos razoavelmente supor que, à luz de seu contato bastante limitado com os físicos argentinos e da natureza incipiente da infraestrutura para ciências exatas no Brasil e no Uruguai, Einstein não esperava que a viagem levasse a novos esforços colaborativos em relação a suas teorias científicas. Consequentemente, deve ter havido outras razões para ele aceitar o convite.

De fato, como vimos em nosso exame de seu primeiro diário de viagem sobrevivente, Einstein usara a extensa moratória das viagens oceânicas indo e voltando do Extremo Oriente para trabalhar intensamente em suas teorias científicas. Ele adorava o isolamento a bordo do navio e repetidamente escreveu em seu diário o quanto apreciava a paz e a quietude em alto-mar.[53] No início

INTRODUÇÃO HISTÓRICA 31

de 1923, no começo da viagem de retorno à Europa, declarou: "E quão favoráveis à reflexão e ao trabalho são as longas viagens marítimas; um estado paradisíaco sem correspondência, visitas, reuniões e outras invenções diabólicas!"[54]

Assim, podemos supor com segurança que, mais uma vez, ele esperava usar o tempo a bordo do navio para trabalhar em suas teorias científicas. Aliás, temos duas confirmações indiretas dessa suposição. Todavia, ambas as declarações também fornecem evidências de que o entusiasmo de Einstein pela viagem era claramente temperado pela apreensão em relação ao agitado calendário social planejado. Em dezembro de 1924, ele expressou seu pouco entusiasmo pela viagem à irmã Maja: "No início de março, viajarei para a Argentina; eles me importunam há anos, e agora cedi (em razão de meu amor pelo mar)."[55] E, em fevereiro de 1925, ele compartilhou com o amigo Hermann Anschütz-Kaempfe tanto sua atitude positiva em relação à viagem oceânica quanto suas reservas em relação aos muitos eventos sociais: "Longa vida ao mar, mas não tenho vontade de encontrar índios semiaculturados usando smoking."[56] Mais adiante, discutiremos essa e outras observações menos elogiosas aos habitantes locais que ele estava prestes a conhecer.

Outra indicação de que a colaboração com os colegas cientistas não estava necessariamente na vanguarda das deliberações de Einstein sobre fazer ou não a viagem é a rejeição a um convite alternativo para a mesma época. Em novembro de 1924, ele recusou o convite de Robert A. Millikan para visitar a Caltech em 1925, dando como razão a viagem à América do Sul. Como indicou Tolmasquim, a aderência de Einstein à viagem planejada é ainda mais notável à luz do fato de que o trabalho feito em Pasadena era muito mais relevante para seu próprio trabalho que aquele realizado na América do Sul.[57]

O envolvimento de Einstein com as iniciativas judaicas também influenciou suas considerações. Tolmasquim especulou sobre

32 OS DIÁRIOS DE VIAGEM DE ALBERT EINSTEIN

a possibilidade de o desejo de envolver as jovens comunidades judaicas da América do Sul com a Universidade Hebraica de Jerusalém ter desempenhado papel em sua decisão.[58] Em contrapartida,
também afirmou que Einstein não compareceu à inauguração da
Universidade Hebraica, um projeto de extrema importância para
ele, a fim de embarcar na viagem para a América do Sul.[59] Mas
pode ser que a inauguração da universidade tenha sido um incentivo adicional para viajar à Argentina, a fim de fugir da confusão
que inevitavelmente o esperaria em Jerusalém, onde já fora feste-
jado como ícone nacional.[60]

Por fim, não podemos descartar as razões pessoais. Os historiadores especulam que, assim como na viagem ao Extremo
Oriente, o interesse e a fascinação de Einstein por novas terras
podem ter tido impacto em sua decisão de viajar. Tolmasquim, por
exemplo, argumentou que Einstein fora atraído pela oportunidade
de visitar um novo continente.[61] Entretanto, como vimos, ele não
expressou tal entusiasmo — antes o oposto. Tolmasquim também
supôs que uma das razões para o atraso da viagem, originalmente
planejada para a primavera de 1924, tenha sido o casamento da
enteada de Einstein, Ilse, marcado para abril de 1924.[62]

Mas parece provável que outro dilema pessoal tenha tido impacto mais significativo tanto no momento da viagem quanto, mais
ainda, no fato de Einstein ter viajado sozinho. No verão de 1923, o
relacionamento dele com a secretária Betty Neumann, de 23 anos,
assumiu uma natureza mais pessoal. Nascida em Graz, na Áustria,
Betty era prima em primeiro grau de um amigo de Einstein, o físico Hans Mühsam. Ela começou a trabalhar como secretária dele
em junho de 1923. Um ano depois, o romance chegou a um estágio
crítico. Durante vários meses, Einstein agonizou sobre a decisão de
romper o relacionamento. Em junho de 1924, ele a urgiu a encontrar alguém mais jovem.[63] O jornalista da ciência alemão Albrecht
Fölsing especulou que o desejo de "se distanciar das complicações

pessoais" pode ter desempenhado papel significativo no *timing* da viagem.⁶⁴ De fato, como vimos, um mês depois Einstein informou a Paul Ehrenfest que embarcaria em junho do ano seguinte. Assim, quando o momento da partida foi determinado, ele estava no meio de seus repetidos esforços para terminar o romance com Betty. Dessa forma, a viagem pode ter fornecido uma maneira conveniente de encerrar o relacionamento e permitir que ele e a esposa, Elsa, passassem algum tempo separados após um período que deve ter sido desafiador para ambos.

1. S.S. Cap Polonio, porto de Montevidéu, à noite (cortesia de www.histarmar.com.ar).

O caso com Betty definitivamente estava na mente de Einstein no início da jornada. A última carta que ele escreveu do continente europeu, enquanto o Cap Polonio estava prestes a partir de Lisboa rumo à América do Sul, em 11 de março de 1925, foi para a mãe de Betty, Flora. À luz do fato de que ele declara estar respondendo à carta dela (que não foi encontrada) e ser importante para ele

34 OS DIÁRIOS DE VIAGEM DE ALBERT EINSTEIN

"poupar você e sua filha de qualquer decepção", podemos concluir que, meses depois de o romance ter acabado, Betty e a mãe ainda tinham esperanças de que pudesse ser retomado. De qualquer modo, Einstein esclarece que não pode explicar suas razões, mas que, "como pessoa conscienciosa e decente, nada pude fazer além de rastejar de volta para minha concha de caracol".[65] Talvez seja justo ver a primeira parte da jornada — a viagem marítima pelo Atlântico, sozinho em sua cabine — como expressão de um forte desejo de se afastar temporariamente do mundo e encontrar um refúgio seguro.

Argentina, Uruguai e Brasil na época da visita de Einstein

No período após a Primeira Guerra Mundial, a Argentina teve anos de muita turbulência política e social, seguidos por uma era de maior estabilidade.[66] A cena política era dominada pelo partido da Unión Cívica Radical, que representava os interesses da classe média e defendia uma democracia liberal e patrícia. As instituições democráticas do país iniciavam um processo de estabilização. De modo geral, o sistema político ainda era de clientelismo: nos níveis nacional e regional, líderes fortes concediam favores em troca de apoio político. A guerra e a Revolução Russa haviam tido impacto significativo nas facções políticas de esquerda e direita, e havia fortes demandas por reformas sociais a fim de combater a deterioração das condições socioeconômicas. Dois atos de violenta repressão governamental contra os trabalhadores ocorreram nos anos imediatamente anteriores à visita de Einstein: a Semana Trágica de 1919 (que também levou ao massacre de imigrantes judeus) e a Patagônia Rebelde de 1922. A Igreja católica tinha impacto significativo na cena política e apoiava organizações contrarrevolucionárias e antiliberais. Todavia, anarquistas e comunistas eram somente uma pequena minoria, e socialistas

INTRODUÇÃO HISTÓRICA 35

e sindicalistas defendiam reformas moderadas. No início da década de 1920, a Argentina ainda era predominantemente rural, com poucas e provincianas cidades. O país era dominado pela capital e principal porto, Buenos Aires, que dava as costas para o interior, exibia maior afinidade com a Europa e se via como a Paris da América do Sul. De modo geral, os residentes nativos se viam como superiores a seus compatriotas, que eram imigrantes recém-chegados, e ao restante da América do Sul. A agricultura era o principal setor econômico, com a indústria passando por dificuldades no pós-guerra. A Grã-Bretanha e os Estados Unidos eram os principais parceiros comerciais. A imigração em massa estava em declínio, assim como a influência das sociedades de imigrantes. Também havia mudanças significativas na cultura popular. O sistema escolar público produzia uma população alfabetizada. O rádio, o fonógrafo e o cinema ajudavam a disseminar a cultura urbana moderna. Na academia, o movimento Reforma Universitária pedia maior abertura, democratização e modernização. Na época da visita de Einstein, Marcelo T. de Alvear era presidente. Seu mandato foi caracterizado pela prosperidade econômica, legislação de bem-estar social, medidas anticorrupção e relativa estabilidade política, a despeito dos conflitos internos em seu próprio partido.

No primeiro trimestre do século XX, o Uruguai passou por transformações políticas, sociais e econômicas muito significativas.[67] As duas presidências de José Batlle y Ordónez produziram radicais reformas políticas e sociais que modernizaram o país. Um dos programas de legislação social mais progressistas do mundo incluía jornada de 8 horas, direitos sindicais e de negociação coletiva, compensação para os trabalhadores, proteção no local do trabalho, direito ao divórcio, sufrágio universal masculino, amplas reformas escolares e universitárias e os primeiros passos na direção de um sistema de seguridade social. O partido de Batlle,

o Partido Colorado — literalmente, Partido Vermelho —, esteve firmemente no poder durante esse período. Uma nova constituição em 1919 levou a uma transição do Executivo presidencial para o Executivo colegiado. Todavia, isso foi principalmente um instrumento para solidificar o governo unipartidário dos *colorados*, ou vermelhos. O outro grande partido do país, o Partido Nacional, também conhecido como Partido Branco, ou os *blancos*, oferecia débil oposição. O domínio político de Batlle continuou mesmo após o fim de seus mandatos. Na época da visita de Einstein, José Serrato era presidente. Ele era *colorado*, mas não tinha elos próximos com os principais grupos de seu partido. Depois da Primeira Guerra Mundial, o país experimentou uma nova onda de imigração, principalmente do sul da Europa, mas também do centro e do leste. A maioria dos recém-chegados se estabelecia em Montevidéu. O Uruguai era altamente urbanizado: um terço da população vivia na capital. A economia experimentava crescimento industrial; carne e lã eram os principais produtos de exportação. Os laços econômicos com a Grã-Bretanha estavam em declínio, mas crescia a aproximação com os Estados Unidos. A prosperidade econômica também teve profundo impacto nos indicadores sociais: o país tinha as menores taxas de nascimento e morte e os mais altos níveis de alfabetização e assinaturas de jornal da América Latina.

Em 1925, o Brasil estava nos anos finais da Primeira República.[68] O *establishment* político era dominado por oligarquias de fazendeiros de café e gado dos dois estados mais poderosos do país, São Paulo e Minas Gerais. A sociedade era predominantemente agrícola, mas, após a Primeira Guerra Mundial, a indústria começou a se expandir. Após a Revolução Russa, a elite passou a temer que o movimento trabalhista obtivesse apoio mais amplo. Também havia movimentos incipientes pelo voto das mulheres e pelos direitos dos afro-brasileiros. O Brasil, que importara o maior número de escravos africanos durante a era colonial, foi o último país das Américas a abolir a escravidão, em 1888. Todavia, não reconhecia

INTRODUÇÃO HISTÓRICA

ter um problema racial e acreditava ser uma sociedade multirracial e justa. Ao mesmo tempo, havia grande apoio à política de "branqueamento", que visava enfrentar o suposto perigo de usurpação da cultura europeia por populações negras e multirraciais (os "mulatos") ao criar "uma única raça através de um processo benigno de miscigenação".[69] Um dos principais instrumentos dessa política foi a imigração em massa no fim do século XIX e início do século XX, principalmente do sul da Europa (e, em extensão limitada, do Japão), que teve impacto significativo sobre a demografia do país.[70] Em termos de política externa, os brasileiros buscavam manter relações próximas com a Grã-Bretanha, a Alemanha e os Estados Unidos e, ao mesmo tempo, distanciar-se do que viam como "repúblicas hispano-americanas violentas, extremamente instáveis e 'bárbaras'".[71] O mandato de Arthur Bernardes, que era presidente na época da visita de Einstein, foi um período de considerável agitação. Ele era muito impopular e "instituiu um regime extremamente duro e repressivo", frequentemente declarando estado de sítio.[72] Os oficiais intermediários do Exército fizeram repetidas rebeliões. De fato, durante sua audiência com Einstein, o presidente teve de lidar com uma revolta de membros mais jovens das Forças Armadas.[73]

A imagem da América Latina na Alemanha e na Europa

Nesta seção, resumiremos as conclusões dos estudos históricos sobre a imagem da América Latina na Alemanha e na Europa. Nesses estudos, a maioria dos autores usa o termo mais moderno "América Latina", muito embora, na prática, foque principalmente na América do Sul. Também nos concentraremos nesse continente.

A imagética alemã e europeia sobre o continente sul-americano e seus vários habitantes tem uma rica história. Essas macroimagens tinham conteúdo positivo ou negativo, expressando admiração ou desdém, às vezes ambos. Acima de tudo, havia o conceito de Novo Mundo (que também se aplicava à América do Norte). Em

38 OS DIÁRIOS DE VIAGEM DE ALBERT EINSTEIN

sua variante positiva inicial, o mito via a América do Sul como El Dorado, um lócus paradisíaco de imensa riqueza e abundância natural. Em sua variante negativa inicial, o mito via o continente como região de monstruosidade, canibalismo, natureza degredada e barbárie. Em uma iteração posterior, o "novo" continente passou a ser visto como terra de natureza exótica, idílica e indomável, marcada pela solidão. Em uma versão mais moderna, a imagem do continente indomado se transformou na percepção da América do Sul como adorável (ou perigosa) região de frivolidade e alegria, um refúgio para ladrões, aventureiros e trapaceiros. Finalmente, o continente também passou a ser distinguido por sua mentalidade econômica diferente, comportamentos sociais e sexuais diversos, moral pública pouco familiar e alteridade antropológica. Isso também levou a uma inversão do mito do El Dorado na qual a tentação do ouro se transformava em maldição.[74] Significativamente, o ambiente geográfico do continente era percebido como tendo profundo impacto nas capacidades intelectuais e no caráter moral de suas populações.[75] Essas ideias derivavam das noções promovidas pelo conde de Buffon na França e Cornelis de Pauw na Alemanha, de que "a inferioridade do clima do Novo Mundo em relação à Europa respondia pelo retrocesso da biota europeia — incluindo seres humanos — ao ser transportada para o Novo Mundo".[76]

A imagem dos diferentes habitantes do continente na Alemanha e na Europa também se desenvolveu ao longo do tempo. As percepções dos conquistadores espanhóis e portugueses e seus descendentes foram fortemente influenciadas pela imagem negativa da expansão colonial ibérica, vista como sendo caracterizada pela intolerância, ânsia de poder, genocídio e exploração. Em contraste, os esforços de libertação e as aspirações republicanas das populações locais eram vistos favoravelmente pelos autores alemães. Todavia, a instabilidade política, o militarismo e a violência posteriores levaram a uma dissipação dessas atitudes positivas. As populações nativas, os índios, foram originalmente percebidas, no

INTRODUÇÃO HISTÓRICA

século XVIII, como representantes do "bom selvagem". Em sua variante positiva, essa imagética fez com que fossem vistos como benevolentes, gentis, pacíficos, ingênuos e, às vezes, belos. Personificações comunais e positivas do mito do "bom selvagem" eram as terras amazônicas e o Estado social dos incas.[77] Inversamente, na variante negativa do mito, os nativos eram considerados primitivos, infantis, canibais e imorais. O terceiro grupo populacional, os escravos africanos e seus descendentes negros, era visto como vítima dos colonos espanhóis e portugueses, mas também como sensual e perigoso.[78] Os habitantes indígenas e negros frequentemente eram percebidos como inferiores aos brancos europeus, que se consideravam cultural, racial e moralmente superiores.[79] Com o desenvolvimento das colônias inglesas na América do Norte, habitadas por colonos brancos, o conceito de "americano melhor" emergiu como contraste com os habitantes da América Latina.[80] Percepções mais objetivas e científicas das populações locais surgiram no início do século XIX, como resultado das explorações de Alexander von Humboldt.[81] Porém, na segunda metade do século XIX, romances de aventura como os de Karl May levaram ao retorno de uma percepção mais idealizada e romantizada da América do Sul como continente selvagem dominado pela força, violência, astúcia e enganação. Nesse contexto, o gaúcho era visto como símbolo de liberdade, independência e masculinidade. Ele personificava a coragem e a aventura ao vaguear pelos incomensuravelmente amplos pampas. A contraparte feminina do gaúcho era a mulher sulista, descontraída, intuitiva e de sangue quente. Em contraste com esses estereótipos de sulistas moralmente relaxados e decadentes, o patriótico e honrado alemão era visto como aquele que permanecia leal a seus princípios.[82] Mesmo assim, a renovada percepção idealizada do continente levou a ondas de emigração da Alemanha durante esse período.[83] No início do século XX, algumas fontes alemãs começaram a se referir a características "latinas" típicas. Traços como altruísmo, hospita-

40 OS DIÁRIOS DE VIAGEM DE ALBERT EINSTEIN

lidade e importância da família eram vistos como positivos, mas preguiça, excessiva emotividade, impetuosidade, infantilidade, irresponsabilidade e muitas vezes desonestidade eram vistos como complementos dessas características favoráveis.[84]

Uma imagem estereotípica relacionada especificamente à Argentina e aos argentinos emergiu em publicações que descreviam as experiências dos imigrantes alemães no início do século XX. Buenos Aires, o destino de muitos recém-chegados da Alemanha, era vista como "pouco inspiradora, no melhor dos casos", e mesmo desolada, monótona e ameaçadora. Mesmo depois que a cidade passou por um "exuberante crescimento econômico e um florescimento do *haute monde*", era descrita como exibindo "falta de gosto e prostituição" e tendo o único propósito de ganhar dinheiro.[85] Os hispano--argentinos, em particular os portenhos, os nativos de Buenos Aires, eram percebidos pelas fontes alemãs como resistentes à mudança, enganosos, falsamente joviais, vulgares em suas tentativas de alta cultura, maliciosos, frívolos, bárbaros, corruptos e indisciplinados. Em contraste, "Michel", o alemão quintessencial, estava sujeito a ser explorado pelos locais e, consequentemente, tinha de se livrar de sua *Gemütlichkeit*, sua credulidade e natureza tranquila. A hostilidade dos imigrantes pela população local culminou em um "único e desagradável epíteto": *Affenland*, a terra dos macacos.[86]

ANÁLISE DO DIÁRIO DE VIAGEM

Na análise que se segue, exploraremos as camadas mais profundas do diário de viagem de Einstein através do exame detalhado de seu texto e de outras fontes históricas relevantes.

Consideraremos cuidadosamente as percepções de Einstein sobre os grupos nacionais e étnicos que encontrou em sua turnê sul-americana e investigaremos esses comentários no contexto da

INTRODUÇÃO HISTÓRICA

imagem dos habitantes locais na mente de alemães e europeus, como revelada por estudos históricos e culturais. Faremos uma análise meticulosa das preconcepções de Einstein sobre esses grupos antes de sua jornada e as lentes através das quais ele viu os três países pelos quais passou. Prestaremos particular atenção a suas interações com as comunidades judaica, alemã e científica — como ele viu esses grupos específicos e como estavam situados em suas respectivas sociedades. Refletiremos sobre as conclusões gerais de Einstein sobre os habitantes da Europa e sobre os hemisférios sul e norte das Américas. Consideraremos em detalhes como ele expressou suas percepções desses vários grupos em seu diário e sua correspondência, e ainda se elas sofreram alguma mudança como resultado de novos encontros.

Também veremos o que a viagem significou em termos pessoais. Como ela modificou sua percepção de si mesmo como europeu, alemão e judeu? Que transformações ocorreram em suas concepções do Eu e do Outro? Como seu olhar "masculino" e "colonial" influenciou a maneira como viu as mulheres e populações nativas que encontrou? Como o diário expressa suas noções de caráter nacional e que explicações oferece para esse suposto fenômeno? O que os estudos sobre raça e racismo podem revelar sobre as visões de Einstein? O que podemos dizer sobre a natureza de sua viagem e o impacto que ela teve sobre sua vida pessoal? E como ele passou seu tempo a bordo do navio e que pesquisas científicas conduziu durante suas viagens?

Além disso, investigaremos a influência de sua presença nos países que visitou. Como ele foi percebido por essas nações? Como a imprensa local reagiu a sua visita? Que fatores políticos e diplomáticos estavam em jogo? Como as sociedades perceberam sua estadia no contexto de outros convidados proeminentes e eventos da época? E, finalmente, como a relatividade foi recebida nos três países e como as comunidades científicas locais foram impactadas pela visita de Einstein?

Einstein sobre a Argentina e os argentinos

Talvez Einstein tenha ouvido a palavra "Argentina" pela primeira vez dos lábios de seu tio favorito, Caesar Koch, quando ele retornou a Munique vindo de Buenos Aires, onde vivera como mercador de grãos entre 1888 e 1889, quando o sobrinho tinha somente 9 ou 10 anos.[87] Ele pode ter regalado o jovem Albert com histórias excitantes sobre os másculos gaúchos nos amplos pampas. O menino provavelmente já lera sobre os cavaleiros argentinos nas histórias do romancista do século XIX Karl May, que desempenharam papel tão significativo na criação do romantismo gaúcho entre os alemães.[88]

Com exceção dessa possível visão exótica da Argentina, os pontos de contato entre Einstein e o país eram poucos antes de sua partida para a América do Sul. As terras distantes foram o destino de escolha (ou necessidade) de dois alemães emigrados dos quais ele era próximo. Seu ex-aluno e colaborador Jakob Laub se tornara professor de Geografia Física na Universidade de La Plata em 1911. E seu colega e coautor do "Manifesto aos europeus", o pacifista Georg F. Nicolai, enfrentara crescente hostilidade nacionalista na Alemanha e aceitara o cargo de professor de Fisiologia na Universidade Nacional de Córdoba em 1922.[89]

De acordo com a documentação a nosso dispor, os únicos argentinos que Einstein conheceu pessoalmente antes da viagem foram o cônsul em Berlim, Alberto Candioti, para discutir o potencial convite em 1921, e o estudante Enrique Gaviola, que foi à Alemanha tentar convencê-lo dos méritos de um ciclo de palestras.[90]

Tudo isso mudaria quando ele embarcasse no S.S. Cap Polonio. No primeiro dia, Einstein se prepara para aproveitar a viagem oceânica pela qual esperou tão ansiosamente, registrando a "abençoada paz" em seu diário. No dia seguinte, o navio apanha passageiros em Boulogne-sur-Mer, que parecem incomodá-lo visual e auditivamente: "Novos passageiros, na maioria sul-americanos, tagarelando e embonecados."[91]

Após duas semanas a bordo, ele faz a primeira referência explícita aos argentinos, e não é de modo algum positiva: "Antes de ontem, batismo equatorial na primeira classe; ontem, na segunda classe. Na primeira, os argentinos fizeram feio. Classe rica. *Blasé*, mas infantil. [...] Os argentinos são criaturas indizivelmente estúpidas. Estou livre deles, finalmente. No que diz respeito ao intelecto e outras questões, são membros da classe rica e ociosa."[92]

Após uma breve parada no Rio de Janeiro, o navio chega a Montevidéu e Einstein é recebido por um pequeno grupo de acadêmicos argentinos que o acompanham na passagem do rio da Prata até Buenos Aires. Sua reação, com uma exceção notável, não é favorável: "Jornalistas e judeus variados, entre eles Nierenstein, secretário da universidade. Ele é boa pessoa, resignado a seu destino, mas os outros são mais ou menos sórdidos."[93] Após certo

2. Palestra inaugural de Einstein no Colegio Nacional, com o secretário da Universidade de Buenos Aires Mauricio Nirenstein, o reitor da Universidade de Buenos Aires José Arce e o ministro do Exterior Ángel Gallardo, Buenos Aires, 27 de março de 1925 (cortesia do Archivo General de la Nación, Buenos Aires).

44 OS DIÁRIOS DE VIAGEM DE ALBERT EINSTEIN

atraso, o navio chega a Buenos Aires no dia seguinte. A visita de Einstein não tem um bom começo: "Estou meio morto em função dessa gentalha repulsiva."[94]

Fica aparente, desde a primeira carta enviada a Berlim, que ele está satisfeito com suas acomodações e grato a seus anfitriões pelo isolamento em relação ao mundo externo: "Estou alojado com uma família muito agradável e protegido contra todas as intrusões."[95] Mas, ao mesmo tempo, ele claramente não sente entusiasmo pelos eventos planejados e não dá muita importância à viagem de modo geral: "O cronograma é muito corrido, mas sou indiferente às pessoas. Pois o que estou fazendo aqui provavelmente é pouco mais que uma comédia."[96]

Sua primeira impressão de Buenos Aires é desanimada e crítica: "Cidade confortável e tediosa. Pessoas delicadas, com olhos de corça, graciosas, mas estereotípicas. Luxo, superficialidade."[97] Após dois dias, ele conclui que a cidade o faz lembrar de uma contraparte norte-americana: "Nova York suavizada pelo sul. [...] Os judeus querem me 'celebrar' em uma reunião em massa. Mas, como estou farto de Nova York, neguei resolutamente."[98] E informa a Elsa e Margot que "Buenos [Aires] é uma cidade enfadonha do ponto de vista do romantismo e da intelectualidade".[99]

Suas primeiras reuniões com os líderes universitários geram impressões positivas, mas não exatamente entusiásticas: "Pessoas despretensiosas e amigáveis, sem arrogância, mas também sem qualquer senso de missão. Sóbrios, mas republicanos genuínos que, de certas maneiras, lembram os suíços."[100] A sucinta descrição da primeira recepção e palestra introdutória realizada em um prestigiado colégio de ensino médio associado à universidade revela seu claro desdém pelo evento: "Discursos incitadores; eu, murmurando em francês em meio à comoção. Situação filistina."[101] Em sua primeira palestra científica, ele expressa uma atitude mais positiva pela geração mais jovem: "Os jovens são sempre agradáveis porque estão interessados nos tópicos."[102]

Após "uma semana de teatralidade" em Buenos Aires, ele escreve para casa: "Essa farsa é totalmente desinteressante e bastante exaustiva." Expressando seu desejo de já estar na viagem de retorno, decide não repetir a experiência: "Não embarcarei em uma viagem assim novamente, mesmo que a compensação seja melhor; é uma grande labuta." E afirma claramente: "Não quero estar aqui."[103] Também generaliza sua impressão da capital para englobar toda a nação: "O país, estranhamente, é bem como imaginei: Nova York suavizada pelas raças do sul da Europa, mas igualmente superficial e sem alma."[104] Mais tarde, expande a analogia entre a Argentina e suas contrapartes no norte: "Os jornais são tão impertinentes e intrusivos quanto na América do Norte. De modo geral, a despeito das diferenças raciais entre os habitantes, há grandes similaridades, explicadas pela miscigenação da população e a riqueza natural do país."[105] E, em outra comparação com os Estados Unidos, reconhece que há algum interesse pela educação, mas faz julgamentos duros sobre os valores que, em sua opinião, são os mais importantes para o país: "no geral, só o dinheiro e o poder importam aqui, como na América do Norte."[106]

Após duas semanas na Argentina, Einstein declara que está "terrivelmente cansado das pessoas. A ideia de ainda ter de permanecer por tanto tempo me oprime".[107] Ele ainda tem de passar mais duas semanas na Argentina e quatro em outros países da América do Sul. Mas obviamente sente que já ficou tempo suficiente no país para resumir seu sentimento ge-

3. Einstein em Buenos Aires, fim de março de 1925 (cortesia do Archivo General de la Nación, Buenos Aires).

ral: "Impressão geral, índios envernizados, ceticamente cínicos, sem qualquer amor pela cultura, degenerados pela banha bovina."[108]

Após três semanas, o sumário de suas experiências para Elsa e Margot soa mais positivo: "Quantas coisas experimentei! Vocês lerão sobre elas em meu diário. No geral, tudo correu bem, mas parece que minha cabeça foi revirada com uma concha. Se os Wassermann não tivessem me protegido tão bem, eu certamente teria enlouquecido; dessa maneira, estou só a meio caminho da loucura." Mesmo assim, parece lamentar ter feito a viagem, que só valeu a pena em função da recompensa financeira: "Recebi um excelente pagamento e, desse ponto de vista, não foi tudo em vão."[109]

Ao fim de seu tempo em Buenos Aires, ele descreve os acadêmicos locais em termos mais favoráveis: "Ao meio-dia, café da manhã oferecido por colegas mais próximos no Clube Tigre." E as figuras-chave de sua estadia — a anfitriã Berta Wassermann, o guia Mauricio Nirenstein e a animada escritora Else Jerusalem — receberam fotografias com poemas à guisa de dedicatória.[110] Podemos concluir que, de modo similar a sua viagem ao Japão, ele parece ter desenvolvido um elo mais próximo com alguns indivíduos que tornaram sua estadia mais tolerável.

Notavelmente, Einstein parece não diferenciar os membros das várias nações falantes de espanhol dos habitantes da Argentina. Ao descrever um evento celebrando a inauguração da Universidade Hebraica, ele se refere aos argentinos da seguinte maneira: "Os espanhóis subiram ao palco com elegante *páthos*. Fiz um curto discurso."[111]

Embora sinta desdém generalizado pelos argentinos, ele parece gostar de alguns. Mas claramente os vê como exceções à regra. Sobre o reitor da Universidade de Buenos Aires, José Arce, declara: "Homem capaz. Destaca-se muito dos que o cercam."[112] Também descreve positivamente o filósofo Coriolano Alberini, deão de humanidades da Universidade de Buenos Aires, em contraste com "as pessoas em geral".[113]

INTRODUÇÃO HISTÓRICA

Algumas experiências de sua estadia indubitavelmente se destacam. Ele gosta muito do voo sobre a capital em 1º de abril: "Impressão sublime, especialmente durante a subida."[114] Mas claramente prefere seu tempo longe de Buenos Aires. Encontra "novas energias" nos três dias passados na estância de sua anfitriã em Llavallol, 30 quilômetros ao sul da capital. Também aprecia o cenário da cordilheira Sierras de Córdoba: "Fui de carro a montanhas de granito antigas, pitorescas, com vegetação esparsa."[115] E fica impressionado com a arquitetura de Córdoba. Em sua mente, a cidade "exibe vestígios de uma cultura genuína, com amor pelo solo e senso de sublime. Catedral maravilhosa. Edifícios de proporções refinadas (espanhóis antigos) sem ornamentação estúpida". Embora desaprove o "governo clerical" da cidade, Córdoba vence na comparação com Buenos Aires: "É melhor que uma civilização orgulhosa sem nenhuma cultura."[116] Mas acha as interações humanas quase tão desinteressantes quanto as da capital: "Refeição do meio-dia com o novo governador da província, uma pessoa muito refinada e interessante. Com exceção dele, somente uma cansativa pletora de espanhóis, jornalistas e judeus."[117] Claramente, também gosta da arquitetura de La Plata: "Cidade bonita e silenciosa, parecida com as italianas, com magníficos edifícios universitários, mobiliados no estilo norte-americano."[118]

De modo similar à viagem ao Japão, Einstein conhece a cultura local através da música: "Jesinghaus me apresentou à música popular argentina, originada nos incas. Naturalista e grandiosa. Coisas gloriosas devem ter perecido com aquela nação."[119] E escreve para casa dizendo que "também há coisas mais mundanas, um tipo de música folclórica que me interessou muito".[120]

A opinião de Einstein sobre os argentinos não muda quando ele retorna à Europa. Após atracar em Bilbao, escreve a um conhecido contando suas impressões gerais sobre a turnê sul-americana. Mas, por causa das palavras que usa, parece que tem os argentinos em

4. Einstein e Berta Wassermann-Bornberg, hidroavião Junkers, Buenos Aires, 1º de abril de 1925 (cortesia do Instituto Leo Baeck, Nova York).

INTRODUÇÃO HISTÓRICA

mente: "Por lá, é possível encontrar mais roupas bem-cortadas que sujeitos dignos e interessantes para vesti-las."[121] Meses depois do retorno, seu duro julgamento da Argentina e seus habitantes permanece inalterado: "Tenho em casa uma espécie de pequeno museu etnográfico, cheio de coisas belas e adoráveis vindas do Japão. Eles são um povo com uma alma profunda e terna, em contraste com a Argentina, que parece tão banal e vulgar."[122] Nessa frase, Einstein riscou "América do Sul" e escreveu "Argentina". Certamente é significativo que, nessa correção, ele mude sua declaração generalizada sobre o continente para uma focada especificamente na Argentina.

Como podemos interpretar sua inclemente avaliação dos argentinos? Qual é o contexto cultural e histórico de suas observações estereotípicas, tanto em seus próprios escritos quanto nas percepções alemãs da América do Sul em geral e da Argentina em particular?

Nas caracterizações dos argentinos feitas por Einstein, podemos detectar o impacto de imagens alemãs e europeias relacionadas à América Latina em geral e à Argentina em particular. Talvez influenciado pela inversão do mito do El Dorado, ele perceba os argentinos, desde o início, como superficiais, materialistas, escravos da luxúria e focados em adornos externos como roupas e cosméticos. Também os vê como "infantis", "blasés" e "estúpidos", possivelmente ecoando estereótipos europeus das populações latino-americanas nativas. Ainda pior, ataca sua integridade moral repetidamente, vendo-os como "mais ou menos sórdidos" e, de maneira ainda mais derrogatória, "gentalha repulsiva". No passado, Einstein só usara o termo "sórdido" (*unsauber*) em relação a indivíduos para atacar oponentes de suas teorias.[123] Usara o epíteto "gentalha" (*Gesindel*) para criticar extremistas antissemitas que ameaçavam sua vida e, em seu diário de viagem anterior, para caracterizar populações locais que o atacaram no Levante.[124] Como os termos alemães *unsauber* e *Gesindel* têm conotações de impureza, podemos interpretar suas descrições como xenofóbicas.

50   OS DIÁRIOS DE VIAGEM DE ALBERT EINSTEIN

De qualquer modo, podemos presumir que o encontro com os argentinos evocou nele fortes emoções.

Curiosamente, assim que chegou, os argentinos o lembraram positivamente dos suíços, em razão de seu espírito republicano. Todavia, ele rapidamente prefere chamá-los de "índios" e "espanhóis", fundindo as duas populações locais do continente. Em nenhum desses casos parece pretender que os termos sejam entendidos como caracterizações favoráveis. Ao usar esses descritores, enfatiza o caráter superficial e enfadonho e o *páthos* eloquente que percebe nos argentinos. No passado, Einstein se referira ironicamente aos "índios" como guardiões dos "segredos da vida natural" e usara a expressão "viver como os índios" para descrever as acomodações desconfortáveis de uma cabana de verão.[125] Em seu diário de viagem anterior, há dicas esparsas de que via os espanhóis como povo exótico.[126]

Em relação à Argentina, é a suposta falta de cultura dos locais que evoca seu criticismo mais duro. Mesmo antes de iniciar a viagem, Einstein caracterizara a população local como "índios semiaculturados [...] usando smoking".[127] Após duas semanas na Argentina, ele resume sua impressão geral de maneira comparável, mas muito mais extrema: "índios envernizados, ceticamente cínicos, sem qualquer amor pela cultura, degenerados pela banha bovina."[128] Após seu retorno à Europa, acrescenta uma dimensão moral ao foco na aparência externa: embora sejam "bem-vestidos", ele critica a população local por não ser "digna", um traço de personalidade que, para ele, sempre alude à integridade pessoal. A grande similaridade entre essas três declarações nos permite concluir que Einstein, definitivamente, percebeu a população local através de noções preconcebidas. Além disso, em suas acusações de decadência e ruína, ele ecoou imagens europeias de inversão do mito do "bom selvagem". Esses ataques ao vazio cultural e à devassidão parecem não ter precedentes em seus textos.

INTRODUÇÃO HISTÓRICA

Inicialmente, ele retrata Buenos Aires e seus residentes em termos tanto positivos quanto negativos, mas, no fim, de modo mais negativo, como áridos e desolados, ecoando descrições da experiência dos imigrantes alemães na Argentina. Em contraste, Córdoba possui qualidades majoritariamente positivas. Todavia, essas impressões favoráveis não modificam sua atitude geral. Buenos Aires lhe lembra Nova York e a Argentina evoca memórias dos Estados Unidos. Porém essas recordações associativas não são de natureza agradável. Nos dois países somente o poder e a riqueza material são importantes, e ambos são caracterizados pela superficialidade e pela ausência de alma. Mesmo assim, para Einstein, as características negativas da capital argentina e do país como um todo são "atenuadas" por sua localização geográfica no hemisfério sul, em uma aparente adoção das atitudes positivas dos europeus em relação ao "sul". Além disso, como veremos, o encontro com a América do Sul tem implicações na percepção de seu próprio continente — as similaridades negativas entre os dois continentes americanos são maiores que suas diferenças, especialmente quando comparados a sua visão positiva da Europa.

Einstein sobre o Uruguai e os uruguaios

Não há menção ao Uruguai nos textos ou na correspondência de Einstein antes de sua chegada ao país. Porém, desde o início, ele registra impressões muito favoráveis: "No Uruguai, encontrei genuína cordialidade, como raramente antes em minha vida. Aqui encontrei o amor pelo solo sem qualquer tipo de megalomania."[129] Sua descrição da cordialidade como "genuína" parece significativa após um mês na Argentina, onde ele criticou fortemente a percebida superficialidade dos habitantes. Também fica imediatamente impressionado com a ausência de nacionalismo exagerado. Essa admiração pelas condições políticas e sociais do Uruguai aumenta

52 OS DIÁRIOS DE VIAGEM DE ALBERT EINSTEIN

ao longo da visita: "O Uruguai, um paisinho feliz, possui não somente uma natureza encantadora, com clima úmido e agradavelmente quente, como também instituições sociais modelares [...] Muito liberal, com o Estado completamente separado da Igreja."[130] Ele claramente aprova as políticas progressistas do governo uruguaio e sua Constituição, que compara à da Suíça. Evidentemente, também se sente mais à vontade em Montevidéu que em Buenos Aires: acha a cidade "muito mais humana e prazerosa" que a capital argentina e fica entusiasmado com a localização pitoresca do porto e a arquitetura colonial.[131] Acha a cidade acolhedora e até mesmo o clima mais frio o lembra da Europa.[132]

Einstein vê os uruguaios como "modestos e naturais" (novamente, comparando-os implicitamente aos argentinos). Aprecia sua falta de cerimônia, mas também comenta que, mesmo ali, "nada acontece sem um smoking". Compara-os favoravelmente a suíços e holandeses, relaciona essa similaridade ao tamanho equiparável dos países e defende dividir as grandes nações em nações menores.[133] Também vê favoravelmente os indivíduos que encontra: descreve o filósofo Carlos Vaz Ferreira como "sujeito decente, negro, nervoso" e o engenheiro Carlos M. Maggiolo como "pessoa muito gentil e decente, quieto e introvertido, de modo algum americano".[134]

As impressões positivas sobre o Uruguai e seu povo formam um grande contraste com sua visão inclemente da Argentina. Ao cruzar o rio da Prata, encontra um país muito diferente daquele que deixou. Claramente aprova o que percebe como falta de ostentação, a pequena escala, as políticas progressistas e a maior autenticidade. Também parece ver o país como mais europeu, tanto no caráter quanto no clima. No contexto da imagética alemã da América Latina, as descrições de Einstein evocam tanto a percepção positiva dos esforços republicanos quanto a avaliação de uma população nativa alinhada com seu ambiente natural.

5. Einstein com o comitê de boas-vindas em Montevidéu, 24 de abril de 1925 (cortesia do Instituto Leo Baeck, Nova York).

Einstein sobre o Brasil e os brasileiros

Só possuímos evidências de segunda mão em relação à primeira referência de Einstein ao Brasil. Philipp Frank, seu sucessor como professor de Física em Praga, relatou em sua biografia que Einstein precisou usar uniforme para fazer o juramento de lealdade antes de assumir seus deveres como professor austríaco. O uniforme se parecia "com o de um oficial naval e consistia em um chapéu de três pontas com penas, casaco e calças ornamentados com largas faixas douradas, um sobretudo preto muito quente, feito de lã grossa, e uma espada". Seu filho Hans Albert supostamente pediria que ele usasse o uniforme pelas ruas de Zurique. Einstein teria respondido: "Não me importo; no pior dos casos, as pessoas pensarão que sou um almirante brasileiro."[135]

Antes da visita, a única conexão entre Einstein e o Brasil fora a expedição astronômica de 1919 a Sobral, no Nordeste do país,

54   OS DIÁRIOS DE VIAGEM DE ALBERT EINSTEIN

para verificar a teoria geral da relatividade. Einstein informou à mãe sobre o sucesso das expedições à África Ocidental e ao Brasil em junho de 1919. Mencionou sua localização explicitamente pela primeira vez em um apêndice de 1920 a sua popular exposição sobre a relatividade.[136]

Einstein não faz qualquer referência direta ao Brasil ou aos brasileiros no diário de viagem antes de chegar ao país. Durante a breve parada no Rio de Janeiro a caminho da Argentina, as impressões registradas são todas favoráveis. Ele gosta imediatamente do belo cenário montanhoso: "Céu coberto e chuva leve, mas, mesmo assim, uma impressão majestosa de rochedos bizarros e gigantescos." Também reage favoravelmente à luxuriante vegetação tropical: "O jardim botânico, na verdade, o mundo vegetal em geral supera os sonhos de *As mil e uma noites*. Tudo vive e prospera, por assim dizer, diante de nossos olhos." Sua percepção dos anfitriões também é muito positiva: "Companhia muito calorosa e agradável." E a composição multirracial dos habitantes locais recebe sua entusiástica aprovação: "A miscelânea de povos nas ruas é deliciosa. Portugueses, índios, negros e tudo no meio, de modo vegetal e instintivo, dominado pelo calor." A turnê oferece a Einstein uma introdução muito favorável à cidade e ao país: "Experiência maravilhosa. Uma indescritível abundância de impressões em algumas horas."[137] Alguns dias depois, ele escreve para casa contando que, em contraste com a "árida" Buenos Aires, está "fascinado" pelo Rio.[138] Sua entusiástica percepção da beleza física que encontra também é passada em uma nota que escreve para expressar sua gratidão pelo papel do Brasil na verificação da relatividade geral: "A questão que surgiu em minha mente foi respondida pelos céus ensolarados do Brasil."[139]

Ao chegar ao Rio seis semanas após as turnês pela Argentina e pelo Uruguai, ele fica novamente fascinado pelo cenário: "Em primeiro plano, ilhas de granito de formato fantástico." O exotis-

INTRODUÇÃO HISTÓRICA

mo do cenário é intensificado pela umidade, que "cria um efeito misterioso".[140] Seu passeio pela cidade no dia seguinte reforça a sensação de que está em um lugar indomado: "Em seguida, fui com professores até o Pão de Açúcar. Passeio vertiginoso sobre a floresta selvagem no teleférico."[141] Meses depois, muito após o retorno à Europa, o cenário exótico é uma das mais duradouras lembranças favoráveis da viagem: "Mas a viagem oceânica foi esplêndida, assim como a costa brasileira, com suas florestas de contos de fada, seu conglomerado de povos e seu sol escaldante."[142]

Todavia, a despeito da continuada percepção positiva do esplendor do país durante a segunda jornada na cidade, Einstein também começa a ter percepções menos favoráveis. Fica impressionado com o suposto impacto do clima nas habilidades cognitivas dos habitantes locais. Seus anfitriões "dão a impressão de terem sido amolecidos pelos trópicos. O europeu precisa de um estímulo metabólico mais intenso do que essa atmosfera eternamente mormacenta tem a oferecer. De que valem a beleza e a riqueza naturais nesse contexto? Acho que a vida de um trabalhador escravizado europeu ainda é mais rica e, acima de tudo, menos idílica e nebulosa. A adaptação provavelmente só é possível ao preço do estado de alerta".[143] Einstein vê correlação entre essa suposta falta de pensamento incisivo e a tendência dos brasileiros aos floreios linguísticos: "A linguagem exerce mais atração [...] que a observação."[144] Na Academia Brasileira de Ciências, essa impressão é aprofundada e ele denuncia a priorização da forma sobre a substância, que também acredita ser causada por fatores geográficos: "Esses camaradas são palestrantes excepcionais. Quando elogiam alguém, eles elogiam — a eloquência. Acredito que tal tolice e irrelevância tenham relação com o clima. Mas as pessoas não pensam assim."[145]

Suas impressões dos indivíduos que encontra durante essa breve estadia variam consideravelmente. Entre os anfitriões judeus, ele acha o presidente da comunidade local, Isidoro Kohn, "um

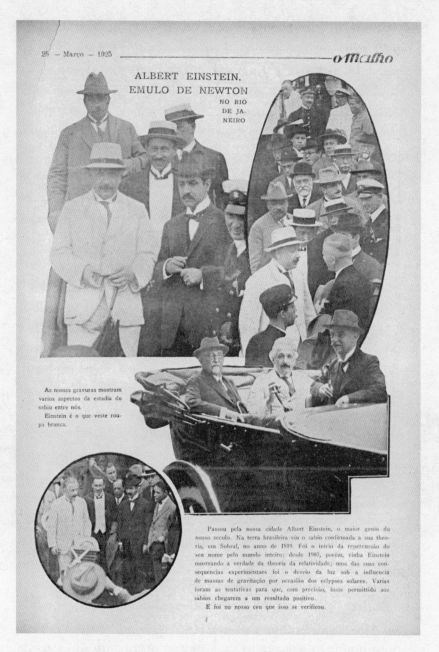

6. Fotomontagem da primeira visita de Einstein ao Rio de Janeiro, em 21 de março de 1925, *O Malho*, 28 de março de 1925 (cortesia da Biblioteca Nacional, Rio de Janeiro).

INTRODUÇÃO HISTÓRICA

intrometido".[146] Porém, fica favoravelmente impressionado com o rabino Isaiah Raffalovich, que considera "muito agradável, inteligente e decente".[147] Na comunidade científica, acha o reformador médico Antônio da Silva Mello "uma pessoa esperta e decente", e caracteriza um almoço em sua casa como "muito aconchegante".[148] Em contraste, rotula o chefe da Faculdade de Medicina, Aloísio de Castro, de "legítimo macaco".[149] Parece mais impressionado com o psiquiatra Juliano Moreira, que descreve como "mulato e pessoa especialmente excepcional".[150] Todavia, embora obviamente desenvolva sentimentos favoráveis por alguns de seus anfitriões, adota uma atitude distante e bastante condescendente em relação à população local: "Aqui sou uma espécie de elefante branco para eles, e eles são macacos para mim."[151] Ao fim da viagem, deseja intensamente que os compromissos sociais terminem e já não precise interagir com pessoas pouco familiares: "ânsia irresistível de paz, silêncio e distância de tantas pessoas estranhas."[152]

Durante a segunda estadia no Rio, Einstein relata desenvolvimentos mais amplos na sociedade brasileira. Fica claramente impressionado com o que percebe como fortes sinais de mudança e progresso: "É interessante, para um europeu, ver um país prestes a estabelecer para si mesmo novas formas e costumes."[153] Também continua fascinado pela variada constituição étnica da população local: "Estatísticas sobre mistura racial. Os negros estão gradualmente desaparecendo através da miscigenação porque os mulatos não possuem poder de resistência. Índios relativamente menos numerosos."[154] Descreve essa rica diversidade de maneira bastante condescendente para Paul Ehrenfest: "Aqui é um verdadeiro paraíso, com uma alegre mistura de fofinhos."[155] O fato de que Einstein percebe a população indígena brasileira como primitiva pode ser derivado de seus comentários sobre as expedições do explorador da Amazônia general Cândido Rondon: "Sua obra consiste na incorporação das tribos indígenas à humanidade civilizada sem o uso de armas ou qualquer tipo de coerção."[156]

7. Einstein na recepção da Academia Brasileira de Ciências, com Juliano Moreira, seu vice-presidente, Isidoro Kohn, Henrique Morize e Ignácio do Amaral, Rio de Janeiro, 7 de maio de 1925, *Careta*, 16 de maio de 1925 (cortesia da Biblioteca Nacional, Rio de Janeiro).

Como podemos avaliar as observações de Einstein sobre o Brasil e seus habitantes nos contextos cultural e histórico das percepções alemã e europeia da América do Sul e de seus textos anteriores? Desde a primeira vez em que supostamente se referiu ao Brasil — o uniforme de almirante —, ficou claro que ele identificava o país com um local exótico e fantástico. Para Einstein, o uniforme comicamente exagerado e ornamentado era uma personificação de exotismo e ostentação. Ao chegar ao Rio, o cenário "majestoso", "selvagem" e "de contos de fada" e a vegetação tropical e luxuriante imediatamente confirmaram a associação entre a região e o imaginário europeu em relação ao Novo Mundo. Fica

INTRODUÇÃO HISTÓRICA

"fascinado" por esse paraíso semelhante ao El Dorado e deliciado com sua riqueza natural e abundância. O Brasil rapidamente evoca outra localização exótica, o Oriente.

Inicialmente, suas impressões expressam somente a variante positiva do mito do Novo Mundo. Contudo, quando observa o que percebe como efeitos deletérios do clima quente e úmido da região em seus habitantes, ele começa a associar características mais negativas a esse paraíso natural. Similarmente a seus comentários sobre os supostos efeitos adversos do clima local na acuidade cognitiva dos cingaleses no Sri Lanka em seu diário de viagem anterior,[157] Einstein exibe forte crença no determinismo geográfico. Isso se alinha com a noção histórica europeia de que o ambiente físico da América do Sul tinha impacto decisivo tanto nas capacidades intelectuais quanto no caráter moral da população. Embora Einstein não chegue a argumentar que os brasileiros são cognitivamente inferiores aos europeus, ele implica que, devido aos fatores ambientais, não são capazes de realizar integralmente seu potencial intelectual. Parece argumentar que mesmo um simples trabalhador escravizado europeu é capaz de um estado mental mais alerta que o mais educado brasileiro.

É difícil não ver essa observação como expressão da estereotípica superioridade europeia. Além disso, as observações sobre a predileção dos brasileiros por floreios linguísticos e pela oratória eloquente são análogas aos comentários desdenhosos sobre a ênfase dos argentinos nas aparências. Em ambos os casos, ele critica o que percebe como preferência pela forma acima da substância. Nisso, parece favorecer claramente a "introspecção alemã" (*deutsche Innerlichkeit*) sobre as formas de expressão cultural mais orientadas para fora que associa aos países do hemisfério sul.

Seus comentários positivos sobre o potencial brasileiro para a mudança e o progresso e sobre a criação de novas formas e costumes evocam tanto a tradicional admiração alemã pelas aspirações

60 OS DIÁRIOS DE VIAGEM DE ALBERT EINSTEIN

republicanas na América do Sul quanto a imagem europeia do Novo Mundo. As palavras específicas que emprega para articular sua gratidão pelo papel que o Brasil desempenhou na verificação da relatividade geral expressam sua visão de que a "nova" nação podia auxiliar os esforços intelectuais europeus.

A percepção do Brasil como região indomada, vibrante e fecunda não se estende somente ao cenário e à vegetação. Einstein também vê a população multirracial crescendo como uma planta, de maneira "instintiva". Aqui, ele chega muito perto de desumanizar o povo brasileiro. Essa tendência também se reflete em sua visão dos habitantes locais como macacos. Refere-se aos residentes como "fofinhos", expressando tanto afeto quanto condescendência pela população do país.

De modo geral, a diversidade étnica do país causa profunda impressão em Einstein. Fica evidentemente deliciado com a variedade de cores dos brasileiros. Mas sua observação sobre a suposta fraqueza genética dos habitantes multiétnicos revela tanto sua visão racial quanto sua firme crença nas características inerentes das várias raças. Esses dois pontos de vista ideológicos também são prevalentes em seu diário de viagem anterior.[158]

Talvez valha notar que Einstein não se refere ao passado colonial do Brasil. Porém elogia os esforços "civilizatórios" do general Rondon entre a população indígena. Essa apreciação evoca implicitamente o mito europeu do "bom selvagem" e infere que ele percebe os habitantes da Amazônia como primitivos. As observações também lembram comentários similares que fez em seu primeiro diário de viagem, no qual expressou aprovação pelo "colonialismo esclarecido" dos britânicos em Hong Kong.[159]

Finalmente, é importante indicar que a experiência de Einstein no Brasil, de modo similar a sua visita ao Uruguai, foi limitada à capital; em contraste, na Argentina ele visitou duas cidades além de Buenos Aires.

INTRODUÇÃO HISTÓRICA

Einstein sobre os judeus na Argentina, no Uruguai e no Brasil

As interações de Einstein com as comunidades judaicas dos três países que visitou durante a turnê sul-americana tiveram grande significância, tanto para ele mesmo quanto para os judeus locais. Quais foram suas impressões dessas comunidades, como suas experiências diferiram nos vários países e que tipo de interação teve com elas?

É importante notar que em dois casos — Argentina e Brasil —, os convites para visitar foram feitos pelas comunidades judaicas, embora enviados em nome das comunidades científicas. Em ambos os casos, representantes judeus também eram membros dos comitês criados para planejar as palestras e os eventos sociais. Nos três países, Einstein foi recebido formalmente por delegações de todas as principais organizações judaicas. Em dois países — Argentina e Uruguai —, ficou hospedado na casa de membros proeminentes das comunidades judaicas locais.

Na época da visita, os judeus da Argentina eram amplamente uma comunidade imigrante. Após a Primeira Guerra Mundial, houve imigração em massa, particularmente dos *shtetls* da Europa Oriental.[160] Consequentemente, a linguagem e a cultura predominantes da maioria asquenaze eram iídiches.[161] Também havia uma importante minoria sefardita que emigrara principalmente da Turquia, da Síria e do Líbano.[162] As duas comunidades tinham pouco em comum e desenvolveram suas próprias e distintas organizações comunitárias.[163] Os judeus adotaram uma posição insular em relação à sociedade mais ampla e eram vistos como estrangeiros pelos vizinhos não judeus. Havia substanciais manifestações de antissemitismo entre a população geral.[164] Meros seis anos antes da viagem de Einstein, a comunidade experimentara um evento traumático, a Semana Trágica, na qual centenas de judeus haviam sido mortos em um levante xenofóbico.[165] A geração

62 OS DIÁRIOS DE VIAGEM DE ALBERT EINSTEIN

mais jovem começava a formar novas instituições, como a Asociación Hebraica, com o objetivo de conquistar "uma síntese cultural entre o judaísmo e a argentinidade".[166] Foi essa associação que convidou Einstein a visitar o país.

Durante sua estadia em Buenos Aires, numerosos eventos foram planejados pela comunidade judaica local em homenagem ao convidado ilustre. Einstein conheceu o bairro judaico e conheceu várias instituições judaicas. Depois de visitar a redação de um jornal iídiche, várias sinagogas e um orfanato para meninas, escreveu em seu diário sobre "a tragédia do povo judaico: ele perde a alma junto com os piolhos. Isso é similar em outros povos? Não imagino que seja, ao menos não de forma tão marcada".[167] Essa é uma declaração importante, que reflete sua visão sobre o aculturamento judaico. Em contraste com sua opinião sobre as tentativas de assimilação dos judeus da Europa Ocidental, que percebia como "imitações indignas", sentia-se profundamente impressionado com o que via como autenticidade étnica e realizações culturais dos judeus da Europa Oriental.[168]

Einstein nem sempre gostava dos eventos planejados pelas comunidades locais. Logo após sua chegada a Buenos Aires, recusa-se a participar de um evento proposto por "uma delegação de judeus. Eles querem me 'celebrar' em uma reunião em massa. Mas, como estou farto de Nova York, neguei resolutamente".[169] Mesmo assim, duas semanas depois participa de uma grande reunião de 4 mil pessoas, organizada pela Federação Sionista local, para celebrar a inauguração da Universidade Hebraica.[170] Alguns eventos tiveram consequências divertidas. Durante sua visita à Federação Sionista, apresentaram-lhe algumas curiosidades: "tremenda sujeira foi revelada sob uma fotografia na parede. Espero que não seja um símbolo."[171] Perto do fim de sua estadia em Buenos Aires, após um mês no país, Einstein não hesitava em vocalizar suas opiniões: "Pela manhã, recepção de muito mau gosto no hospital judaico.

Coloquei aquela gente em seu devido lugar."[172] Todavia, também ficou profundamente comovido com algumas experiências: "Acabo de voltar de uma pequena recepção oferecida pelos judeus sefarditas em seu templo, tão belo que tive de chorar. Quase não falamos — estranho."[173]

8. Representantes do Comitê das Associações Judaicas se despedindo de Einstein em Buenos Aires, 23 de abril de 1925 (cortesia do Archivo General de la Nación, Buenos Aires).

O sistema de apoio a Einstein em Buenos Aires era amplamente judeu, o que lhe permitia se sentir mais à vontade em um ambiente pouco familiar. Ele ficou hospedado na residência do comerciante de papel Bruno Wassermann e tanto sua anfitriã, Berta Wassermann-Bornberg, quanto sua nova colega, Else Jerusalem, mantiveram os jornalistas a distância.[174] Também vale notar que os três indivíduos a quem Einstein dedicou poemas de despedida eram judeus.[175]

Einstein fez várias declarações sobre questões judaicas e sionismo durante a estadia em Buenos Aires.[176] Ele claramente se sentia ambivalente sobre a atenção que lhe era concedida pela comunidade judaica, mas também satisfeito com seus esforços em prol do movimento sionista. No fim de abril, ele escreveu para casa dizendo: "Nossos judeus são os que mais me importunam com seu amor. Pude ser muito efetivo para os sionistas. A causa ganha terreno, poderosamente, também aqui."[177]

9. Einstein com Ben-Zion Mossinson e líderes judeus argentinos. Da esquerda para a direita: José Lutzki, Luis Sverdlick, Natán Gesang, Isaac Nissensohn, Einstein, Mossinson, Wolf Nijensohn, José Mendelsohn e Marcos Rosovski, Buenos Aires, abril de 1925 (cortesia do Centro Marc Turkow, Asociación Mutual Israelita Argentina, Buenos Aires).

No Uruguai, a imigração judaica, predominantemente da Europa Oriental, começara no início do século XX. Também havia uma pequena minoria sefardita. A maioria dos imigrantes judeus era de pequenos comerciantes. A comunidade desenvolvera suas próprias estruturas organizacionais e instituições, separadas da

sociedade mais ampla. Os judeus gozavam de liberdade política, mas não de integração social — as relações com os compatriotas não judeus eram comerciais e profissionais, não sociais. A atividade sionista começara em 1914.[178]

Entre os que deram as boas-vindas a Einstein em Montevidéu estavam membros de uma delegação da comunidade judaica local e estudantes.[179] Similarmente ao que ocorrera em Buenos Aires, ele ficou hospedado com uma família de judeus russos, na casa de Naum Rossenblatt. Os anfitriões só falavam iídiche e seus filhos, francês.[180] Alguns poucos eventos oficiais foram planejados para a breve estadia em Montevidéu. Einstein foi apresentado a representantes da comunidade judaica no dia após sua chegada e um banquete formal em sua homenagem foi realizado alguns dias depois.[181]

Os judeus chegaram ao Brasil pela primeira vez em meados do século XVI. A imigração inicial foi dominada por judeus de background sefardita, principalmente para o norte do país.[182] Um grande influxo de judeus da Europa Oriental começou após a Primeira Guerra Mundial. Foi uma migração em cadeia: os recém-chegados vinham dos mesmos locais e das mesmas famílias.[183] Defrontavam-se com "um antissemitismo de raízes coloniais, entranhado na sociedade, que permeava até mesmo os mais altos escalões do governo".[184] O rabino Isaiah Raffalovich, que oficialmente convidou Einstein para ir ao Brasil, fazia a ligação entre as comunidades asquenaze e sefardita.[185] O movimento sionista também representava uma ideologia unificadora para as duas comunidades.[186]

Durante as duas estadias no Rio de Janeiro, Einstein foi acompanhado em suas várias excursões por representantes oficiais da comunidade judaica. As duas seções da comunidade, asquenaze e sefardita, juntaram forças para oferecer uma grande recepção

em sua homenagem no Automóvel Clube. Mais de 2 mil pessoas compareceram. Ele escreveu em seu diário: "Longos discursos com muito entusiasmo e excessiva adulação, mas sinceros." Em seu próprio discurso, ele enfatizou a importância da solidariedade judaica e dos esforços sionistas na Palestina.[187] No dia seguinte, compareceu a recepções no Centro Sionista e na Biblioteca Scholem Aleichem, honrando os representantes das culturas hebraica e iídiche.[188]

Ao retornar a Berlim, Einstein expressou satisfação pelas interações com as comunidades judaicas que visitou. Ele escreveu ao amigo Michele Besso: "Aonde quer que eu vá, sou entusiasticamente recebido pelos judeus, já que, para eles, sou uma espécie de símbolo da cooperação entre judeus. Gosto muito disso, e sei que sentirei muito prazer com a unificação dos judeus."[189] Um mês depois, ele informou à irmã que "em todos os lugares, promovi a causa sionista e fui recebido com indescritível simpatia pelos judeus".[190]

10. Einstein na recepção da comunidade judaica, com Isidoro Kohn e o rabino Isaiah Raffalovich, Rio de Janeiro, 9 de maio de 1925, *Careta*, 16 de maio de 1925 (cortesia da Biblioteca Nacional, Rio de Janeiro).

INTRODUÇÃO HISTÓRICA

Einstein sobre os alemães na Argentina, no Uruguai e no Brasil

As visitas de Einstein aos três países latino-americanos geraram considerável interesse nas respectivas comunidades alemãs. Já vimos que a iniciativa para convidá-lo à Argentina levou a significativas controvérsias antes de sua visita. Como ele se relacionou com as comunidades alemãs nos três países? Qual era a situação dessas comunidades como minorias nos países anfitriões? Como elas o receberam? E quais impressões da turnê os representantes diplomáticos oficiais repassaram ao Ministério do Exterior em Berlim?

Na época da visita, a comunidade alemã na Argentina tinha 30 mil membros.[191] Houvera uma significativa onda de imigração após a Primeira Guerra Mundial.[192] A comunidade não era socialmente integrada à sociedade argentina, via os habitantes locais com desdém e, como resposta, enfrentava disseminada hostilidade.[193] Havia consideráveis conflitos políticos no interior da comunidade alemã, causados pelo fim da monarquia guilhermina e pela fundação da República de Weimar.[194] A elite tradicionalista adotara uma atitude nacionalista, autoritária e monarquista que alienara republicanos e socialistas e "deixara a maior parte da comunidade alemã indiferente".[195] Os alemães estabeleceram seus próprios e exclusivos círculos sociais e clubes de elite, dominados pelos monarquistas.[196] Já vimos que os cientistas alemães desempenharam papel crucial no desenvolvimento e na infraestrutura da comunidade científica da Argentina, que era muito mais avançada que a de outros países sul-americanos. Isso formou um importante cenário para a visita de Einstein.

Em Buenos Aires, a controvérsia que cercava Einstein — e que se tornara aparente nos meses anteriores à visita — continuou. No dia em que ele chegou à capital, uma tradução para o espanhol de seu artigo pacifista "Pan-Europa" foi publicada no *La Prensa*.

Isso supostamente inflamou partes da comunidade alemã local.[197] Nem a Sociedad Científica Alemana nem a Institución Cultural Argentino-Germana, que haviam financiado parcialmente a viagem, ofereceram uma recepção ao ilustre visitante. Em vez disso, a comunidade focou sua atenção no almirante alemão Paul Behncke, que visitava o país na mesma época.[198]

Einstein parece não ter se perturbado com a falta de atenção: "A colônia alemã me ignora completamente, o que torna as coisas mais simples para mim; eles parecem ser ainda mais nacionalistas e antissemitas que em terras alemãs. O enviado alemão, porém, foi muito solícito; ele está sendo boicotado pelos alemães daqui por ser liberal. A tolice política dos alemães locais geralmente é motivo de riso."[199]

Uma semana antes de Einstein ir embora, o embaixador alemão finalmente lhe ofereceu uma recepção oficial. Einstein escreveu em seu diário: "Recepção noturna na embaixada alemã. Somente locais, sem alemães, pois o embaixador parece não ter ousado convidar os últimos para me ver. São um grupo engraçado, os alemães. Para eles, sou uma flor fedorenta; mesmo assim, colocam-me repetidamente na lapela."[200] Compareceram ao evento ministros, acadêmicos e artistas argentinos proeminentes, oficiais da embaixada alemã e um único representante alemão, o presidente da instituição cultural alemã, Ricardo Seeber.[201] Em seu relatório para o Ministério do Exterior, o embaixador manifestou sua decepção com o fato de a comunidade alemã local ter boicotado todos os eventos em homenagem a Einstein "porque alguns de seus membros nacionalistas desaprovaram a entrevista pacifista concedida por ele ao *La Nación*".[202]

Os primeiros imigrantes alemães chegaram ao Uruguai no início do século XIX.[203] O início da década de 1920 viu uma nova onda de imigração para o Uruguai, mas a Argentina e o Brasil continuaram a receber muito mais alemães.[204] A maioria era com-

INTRODUÇÃO HISTÓRICA

posta por fazendeiros; uma pequena minoria era de comerciantes. Alguns desses homens de negócios alcançaram altas posições nos círculos sociais de Montevidéu.[205] A comunidade alemã na capital tinha suas próprias instituições sociais, incluindo escolas, sociedades de auxílio mútuo e muitos clubes.[206]

Em contraste com Buenos Aires, a comunidade alemã de Montevidéu ofereceu uma recepção de boas-vindas a Einstein: "18 horas. Recepção oferecida pela colônia alemã. Aconchegante e agradável, acompanhada de café. Provavelmente só os mais liberais compareceram."[207] Porém, de acordo com o embaixador alemão, a Federação de Associações Alemãs decidira "unanimemente" saudar Einstein por meio de um comitê e homenageá-lo no Clube Alemão.[208] Einstein escreveu para casa contando sobre a recepção favorável: "Aqui a colônia alemã se comporta de maneira mais polida, depois que a de B[uenos] A[ires] desgraçou a si mesma seriamente com sua decisão de me ignorar. Mas isso significa apenas outro fardo para mim."[209] A despeito da acolhida mais calorosa, um evento oficial na embaixada alemã foi boicotado pelos alemães, assim como fora em Buenos Aires: "À noite, grande recepção oferecida pelo embaixador alemão, a que só compareceram políticos e acadêmicos uruguaios."[210] Foi durante a estadia em Montevidéu que Paul von Hindenburg foi eleito presidente da Alemanha. Einstein registrou seu desânimo e a reação de seus anfitriões: "Como nossos heróis de papel gostarão de ter persuadido o alemão comum e honesto a votar em Hindenburg. Foi constrangedor para o embaixador alemão em Montevidéu, e os uruguaios zombam dos alemães, chamando-os de nação que foi espancada até perder o bom senso."[211]

O impacto da comunidade de imigrantes alemães no Brasil foi mais qualitativo que quantitativo: eles importaram costumes e hábitos de seu país nativo, viviam juntos, aplicavam as experiências europeias a seu novo lar e se tornaram modelos. Tiveram pro-

fundo impacto na economia local. Criaram uma grande variedade de clubes sociais que desempenharam importante papel no início de sua imigração, especialmente para os empresários.[212]

No Rio de Janeiro, Einstein obteve aceitação mais universal. Um grupo de comerciantes alemães o convidou para uma reunião com representantes da comunidade alemã.[213] Alguns dias depois, o embaixador alemão ofereceu "um jantar aconchegante" no clube Germania.[214] O evento foi prestigiado pelo presidente da Câmara de Comércio Alemã, por vários empresários, industriais e banqueiros e por Isidoro Kohn. Em seu relatório a Berlim, o embaixador informou ao ministro do Exterior alemão que o ministro do Exterior brasileiro fora convidado, mas decidira enviar um representante.[215]

Os embaixadores alemães dos três países que Einstein visitou enviaram relatórios favoráveis a Berlim. Todavia, focaram em sua acolhida pelas sociedades anfitriãs, e não pelas comunidades alemãs. O embaixador na Argentina relatou que a visita foi "bem-sucedida de todas as maneiras. O convidado teve uma recepção muito calorosa e recebeu mais honrarias que qualquer outro erudito até hoje". Segundo ele, Einstein fez "mais para defender os interesses de nossa cultura e, consequentemente, o prestígio alemão" que "qualquer outro acadêmico [...]. Seria impossível encontrar um homem melhor para combater a mentirosa propaganda inimiga e demolir o conto de fadas da barbárie alemã".[216] Do Uruguai, o embaixador relatou que a recepção de Einstein "pelo governo, pelas autoridades acadêmicas, pela população e pela imprensa [...] poucas vezes foi oferecida a outro acadêmico". Ele também expressou seu prazer pelo fato de Einstein ser chamado de *sabio alemán*, erudito alemão, na imprensa uruguaia.[217] E o embaixador no Rio declarou que a visita de Einstein "indubitavelmente beneficiou a causa alemã".[218]

11. Einstein na recepção oferecida pela comunidade alemã no clube Germania, com o embaixador Hubert Knipping, Assis Chateaubriand e Mário de Souza, Rio de Janeiro, 8 de maio de 1925, *Careta*, 16 de maio de 1925 (cortesia da Biblioteca Nacional, Rio de Janeiro).

Impacto da viagem na percepção de Einstein sobre europeus e americanos

Como a viagem de Einstein à América do Sul alterou sua posição sobre as populações do continente que visitava e do continente do qual viera? Como a turnê mudou sua atitude em relação aos habitantes dessas regiões do mundo radicalmente diferentes entre si? E que impacto teve a viagem em sua percepção dos dois hemisférios americanos?

Nos textos anteriores ao diário de viagem, a posição ambivalente em relação a seu próprio grupo de referência, os europeus, era clara. A violência assassina da Primeira Guerra Mundial levara a expressões de repulsa pelos "horrendos europeus".[219] Mas, em seu diário anterior, da viagem ao Extremo Oriente, sua percepção dos europeus oscilara entre o polo extremamente positivo e o polo decisivamente negativo.[220] No diário atual, vimos como ele se relaciona muito favoravelmente com os habitantes de seu próprio continente

72 OS DIÁRIOS DE VIAGEM DE ALBERT EINSTEIN

e, em muitos casos, desfavoravelmente com os sul-americanos. Além disso, o diário expressa uma visão crítica também dos norte--americanos. Em Buenos Aires, ele escreve para casa dizendo: "O país, estranhamente, é bem como imaginei: Nova York suavizada pelas raças do sul da Europa, mas igualmente superficial e sem alma."[221] No Uruguai, ele se refere a um dos anfitriões como "pessoa muito gentil e decente, quieto e introvertido, de modo algum americano".[222] Também compara os europeus positivamente aos brasileiros "amolecidos" cujos intelectos supostamente não são tão alertas quanto os de suas contrapartes europeias.[223] Quando chega novamente a solo europeu, ele resume sua preferência por seu próprio continente: "Eu estava em uma turnê de palestras pela América do Sul e agora estou na jornada de retorno [...]. A Europa ainda é melhor e mais interessante, a despeito das várias tolices europeias, políticas e outras."[224] E, após seu retorno a Berlim, ele reafirma sua preferência pela Europa, em termos muito claros, ao amigo Michele Besso: "Para apreciar a Europa, é preciso visitar a América. Os povos de lá são mais livres de preconceitos, é verdade, mas, ao mesmo tempo, são mais irracionais e desinteressantes que os daqui."[225] Significativamente, essa declaração esclarece que a principal razão pela qual Einstein preferia a Europa era a natureza supostamente mais avançada de sua cultura intelectual.

Embora os comentários privados de Einstein no diário de viagem e em sua correspondência revelem seus pensamentos autênticos em relação à Europa e à América, também devemos notar que, durante a viagem, ele publicou um artigo no qual expressou seus pensamentos mais públicos sobre as tradições intelectuais dos dois continentes. Em "Sobre os ideais", publicado durante sua estadia em Buenos Aires, ele declarou: "o ideal de vida europeu tende a produzir uma 'personalidade grandiosa e única', separada da multidão e do momento presente. O europeu ideal é 'um herói,

INTRODUÇÃO HISTÓRICA

um guerreiro', e sua devoção ao mundo dos ideais, e não ao mundo material, é praticamente equivalente à 'veneração dos heróis' de tons religiosos [...]. Esse europeísmo já é claramente evidente no helenismo. A devoção aos ideais da beleza e da verdade é a manifestação de um espírito criativo ativo [...]. Não importa o quanto os ideais e valores da vida possam ter mudado na história da Europa, eles ainda retêm esse caráter ativo e produtivo." Em contraste, escreveu o seguinte sobre os aspectos intelectuais da sociedade americana: "Na América, o alto nível de perspicácia técnica e econômica prevalece, mas não acredito que isso exclua toda vida espiritual. A ação técnica e econômica, afinal, também cria espaço para os dons criativos, já que o gênio pode superar as regras mecânicas e desenvolvê-las livremente. Além disso, a organização mais rigorosa da vida econômica cria a possibilidade de liberar os criadores espirituais das preocupações materiais."[226] Mesmo em uma declaração tão pública, ele claramente favorece a tradição europeia em relação a sua contraparte no Novo Mundo.

Seus comentários sobre a América do Norte no diário revelam outros dois *insights* importantes. Em primeiro lugar, ele trata ambos os hemisférios, norte e sul, como um único continente. Mesmo que veja os supostos aspectos negativos da América do Sul com menos desdém que as características desfavoráveis de sua contraparte no norte, as similaridades ainda são maiores que as diferenças, particularmente em comparação à Europa. Quer seus habitantes falem inglês, espanhol ou português, Einstein vê o continente americano de modo muito depreciativo. Em segundo lugar, uma consequência imprevista de suas rudes observações sobre os norte-americanos foi o fato de confirmarem, quatro anos depois, os comentários depreciativos que lhe foram atribuídos em uma entrevista holandesa após sua viagem aos Estados Unidos em 1921. Na época, ele tentara, sem muito empenho, desmentir as alegações.[227]

O olhar de Einstein

No diário de viagem ao Extremo Oriente, vimos como se manifestaram "os dois poderosos olhares objetificantes, o do patriarcado, o [...] 'olhar masculino', e o do colonialismo, o 'olhar imperial'".[228] O diário sul-americano também fornece múltiplos exemplos dos dois olhares desse viajante ocidental do sexo masculino.

Um aspecto crucial do olhar de Einstein como europeu viajando pelo Novo Mundo são as preconcepções que influenciam a maneira pela qual ele vê os cenários e habitantes que encontra. No diário do Extremo Oriente, suas percepções frequentemente eram filtradas por lentes europeias, em particular as suíças e alemãs. Não se dá o mesmo neste diário. O cenário de Buenos Aires suscita memórias de Nova York, o clima de Montevidéu o faz lembrar da Europa e a baía do Rio de Janeiro evoca associações com o exótico Oriente.

Mesmo assim, como vimos na análise de sua percepção dos habitantes dos vários países que visitou, suas impressões revelam muitos exemplos nos quais ele se relaciona de modo condescendente com as populações locais. Esse é predominantemente o caso em relação a argentinos e brasileiros.

Ele rotula os argentinos de "espanhóis" e "índios" e os vê como materialistas, superficiais e escravos das aparências. Também os considera moralmente inferiores. O fato de as características negativas de Buenos Aires serem atenuadas tanto por sua localização sulista quanto pelo fato de seus habitantes serem majoritariamente europeus meridionais também revela o ambivalente relacionamento de Einstein com aquela parte de seu próprio continente. Da perspectiva da Europa Central, ele claramente concebe a Europa Meridional como tanto atraente quanto inferior.

Similarmente, acredita que os brasileiros preferem a forma à substância e que seus intelectos são prejudicados pelo clima

INTRODUÇÃO HISTÓRICA 75

tropical. Além disso, claramente associa o luxuriante cenário brasileiro e seus habitantes multiétnicos ao exotismo e à ostentação. Ele tem uma relação ambivalente com essas duas qualidades. Certamente expressa algum afeto pelos brasileiros, mas até mesmo essas expressões são tomadas pela condescendência. A aprovação que dá aos esclarecidos esforços "civilizatórios" do general Rondon entre a população indígena brasileira também revela seu "olhar imperial". Em contraste com seu desdém generalizado pelos argentinos e sua atitude condescendente em relação aos brasileiros, ele claramente admira os uruguaios, que, de modo revelador, associa aos europeus do centro e do norte do continente.

Outro aspecto do olhar de Einstein é a maneira como percebe sua recepção pelos habitantes locais. O diário inclui um exemplo muito revelador, quando ele comenta que é visto pelos locais como "elefante branco" e os vê como "macacos".[229] Assim, as interações com os indígenas intensificam a consciência de sua própria identidade como ocidental e celebridade. Como disse E. Ann Kaplan, "a identidade das pessoas quando viajam frequentemente é mais autoconscientemente nacional do que quando estão em casa".[230] Consequentemente, um resultado importante das interações de Einstein com os sul-americanos é a intensificação de sua identidade europeia. Como em sua viagem ao Extremo Oriente, a viagem à América do Sul o torna ainda mais europeu.

Outro aspecto do olhar de Einstein é sua qualidade masculina. No campo dos estudos culturais, o "olhar masculino" é uma expressão usada para descrever a apresentação das mulheres como objetos do prazer masculino.[231] Em seu diário de viagem, Einstein frequentemente registra encontros com mulheres. Que *insights* de seu olhar masculino essas entradas fornecem?

Uma diferença fundamental em relação às viagens transoceânicas anteriores é o fato de que ele viaja sozinho, sem a esposa

76   OS DIÁRIOS DE VIAGEM DE ALBERT EINSTEIN

Elsa e sem a enteada Margot, que iria acompanhá-lo, mas ficou doente logo antes da partida.

Desde o início da viagem, as mulheres surgem como figuras exóticas. Em Bilbao, ele repara nas mulheres espanholas "de cabelos e olhos pretos e mantilhas de renda na cabeça".[232] Em Lisboa, registra um encontro similar: "Peixeira fotografada com tigela de peixes na cabeça, em um gesto orgulhoso e travesso."[233]

Durante essa viagem, os encontros de Einstein com duas mulheres em especial são de considerável significância. No início da jornada marítima, ele conhece Else Jerusalem, uma escritora judia austríaca que morava em Buenos Aires desde 1911 e retornava da Europa. Ele fica muito impressionado e imediatamente dá a ela um apelido revelador ("indomável como uma pantera").[234] Parece justo especular que o fato de ela desafiar as noções burguesas de moralidade e sexualidade em suas obras atraiu Einstein. Intrigantemente, ele a percebe como possuindo somente limitada feminilidade: "Esta manhã, conversei com a pantera. Honesta, impertinente, vaidosa e feminina somente nesses aspectos."[235] Eles passam muito tempo juntos, na companhia do capitão — ela lê uma de suas peças em voz alta e Einstein explica a relatividade.[236] Claramente gosta dela, mas também a acha irritante: "Provoco muito a pantera, que está sempre me interrogando. Ela é divertida, de sua maneira séria e impertinente; uma judia do tipo russo."[237] Quando chegam a Buenos Aires, ela desempenha papel importante, formando uma camada de isolamento contra a multidão que espera para recebê-lo, incluindo jornalistas: "A sra. Jerusalem e todos os comissários me cercam."[238]

A anfitriã de Einstein na capital argentina, Berta Wassermann-Bornberg, é outra mulher que desempenha papel significativo durante sua estadia. Ele a descreve como "dona de casa amável e alegre". Em conjunto com Else Jerusalem, ela faz parte

INTRODUÇÃO HISTÓRICA 77

de seu sistema de apoio em Buenos Aires: "Assume toda a chicanaria de uma 'secretária voluntária' juntamente com a sra. Jerusalem."[239] De fato, parece que Einstein tinha toda uma falange de mulheres dispostas a protegê-lo das perturbações externas: "À tarde, círculo de damas ('soldadas') aqui, assim como o embaixador alemão."[240] Wassermann participa da que provavelmente foi a experiência mais excitante de Einstein durante a viagem. Juntos, eles voam sobre a capital em um hidroavião Junkers: "Impressão sublime, especialmente durante a subida."[241]

Significativamente, Jerusalem e Wassermann são duas das três pessoas que recebem poemas de dedicatória na véspera de sua partida de Buenos Aires. A essa altura, seu relacionamento com Jerusalem parece ter se deteriorado: "À tarde, aula particular na casa dos Wassermann para o regimento, sem a pantera. Ela está *broges* [iídiche para 'zangada'] por ser negligenciada."[242] Em seu poema, Einstein reconhece a raiva e as emoções negativas de Jerusalem em relação a ele: "Este é para a pantera / Em fúria, ela recuou / Para a selva, bravia e selvagem / Então este é o retrato que recebe."[243]

A menção de Jerusalem na correspondência com a esposa Elsa é lacônica: "Há uma escritora, a sra. Jerusalem, um professor e um padre bávaro. Acrescente a isso o capitão, um excêntrico incomumente espirituoso. Com exceção deles, presto pouca atenção à sociedade."[244] Todavia, ele estava consciente de que Elsa leria suas palavras quando retornasse a Berlim, pois diz que ela e Margot devem recorrer ao diário para ter um relato detalhado da viagem.[245] De qualquer modo, no fim, Einstein parece acreditar que a decisão de viajar sozinho foi correta. Ele escreve: "No fim das contas, devo admitir que viajar sem a esposa em tais circunstâncias é mais simples, porque há menos rebuliço de socialização."[246]

O encontro entre Einstein e Else Jerusalem fornece um interessante *insight* da maneira como ele lida com uma mulher

12. Einstein com sua anfitriã Berta Wassermann-Bornberg e a escritora Else Jerusalem, residência dos Wassermann, Buenos Aires, fim de março de 1925 (cortesia do Archivo General de la Nación, Buenos Aires).

criativa e intelectual, livre das amarras da moralidade burguesa. Significativamente, ele a chama de "pantera" e reconhece sua natureza "indomável" e "selvagem", mesmo que, até certo ponto, use esses epítetos como zombaria. Curiosamente, embora seja originária da Europa Central, na percepção de Einstein ela adquire características exóticas, tanto como "judia do tipo russo" quanto como criatura da selva. Também se sente compelido a negar até certo ponto sua feminilidade, pois, como intelectual, ela não se encaixa corretamente em seu rígido conceito dos papéis de gênero. Todavia, a despeito dessas imagens estereotípicas, ele parece ter ido além do mero "olhar masculino" em suas interações com ela, o que certamente foi único durante esta viagem e a viagem anterior ao Extremo Oriente. Talvez ironicamente, ele deixa uma fotografia sua para ela olhar.

Einstein e o Outro

Que *insights* sobre o diário de Einstein podem ser fornecidos pelos estudos culturais da alteridade? A base do relacionamento entre o viajante e as populações nativas visitadas em terras distantes é a díade Eu/Outro. O viajante projeta um reflexo do Eu no Outro.[247] Nesse processo, o Outro é "uma tela na qual as melhores e piores qualidades do Eu podem ser projetadas e examinadas".[248] Como disse Vamik D. Volkan, os estrangeiros são "alvos adequados de externalização". O viajante projeta no Outro aquilo que é doloroso demais para ser solucionado internamente.[249] Além disso, o visitante ocidental define o Outro não familiar "não nos termos da realidade do Outro, mas nos termos das normas promulgadas pelo Eu". O viajante emprega um filtro para comparar "semelhanças e diferenças entre o mundo conhecido e familiar e o mundo desconhecido do Outro".[250]

80 OS DIÁRIOS DE VIAGEM DE ALBERT EINSTEIN

Como a díade Eu/Outro se expressa no diário de Einstein? Que qualidades ele projeta no Outro? Como concebe seu próprio papel em relação aos outros? E como lida com o fato de estar na presença dos Outros não familiares enquanto viaja para terras distantes?

Em seu diário de viagem para o Extremo Oriente, vimos que ele frequentemente se sentia atacado pelos estrangeiros que conhecia. Similarmente, neste diário, parece ver a viagem como um incômodo a ser suportado. Mesmo antes de embarcar, concebe a turnê como uma aflição, um sofrimento que lhe é imposto. Diz à irmã Maja que os argentinos "o importunam há anos" para visitá-los.[251] Dois dias após a partida, ele decide que, o que quer que aconteça, o resultado não será prazeroso: "Pois lá terei uma escolha entre a importunação e a agitação, como consequência da irritação e da decepção."[252]

Desde a primeira entrada do diário de viagem, Einstein lida com o fato de que seu Eu célebre é reconhecido: "Todo mundo reconhece minha cara, mas até agora não fui incomodado."[253] Todavia, menos de duas semanas depois, suas tentativas de criar alguma distância começam a falhar. Ele se sente compelido a dar uma aula sobre relatividade: "O isolamento esplêndido está desmoronando." Mas, ao mesmo tempo, sua atitude em relação à solidão é ambivalente. A despeito de receber mais atenção, ou talvez por causa disso, ele parece lidar com um grau considerável de solidão. "Que pena Margot não estar aqui. A solidão é agradável, mas não entre tantos macacos estrangeiros."[254] Ele procura a companhia de alguns falantes de alemão, mas está claro que não acha sua existência a bordo, em meio a uma maioria de não alemães, particularmente atraente.

Após a chegada à América do Sul, a sensação de distância que ele tentara manter a bordo do transatlântico em relação aos outros aumenta ainda mais. No início da turnê, ele usa a apatia

INTRODUÇÃO HISTÓRICA 81

como mecanismo de defesa: "O cronograma é muito corrido, mas sou indiferente às pessoas."[255] Não surpreende que se sinta cada vez mais esgotado pela companhia de estranhos e estrangeiros: "Somente uma cansativa pletora de espanhóis, jornalistas e judeus."[256] No dia seguinte, escreve: "Estou terrivelmente cansado de pessoas."[257] No fim da turnê, a distância desejada parece sair pela culatra. O sentimento avassalador parece ser o de completo isolamento: "Aqui sou uma espécie de elefante branco para eles, e eles são macacos para mim." Para compensar, ele aprecia os momentos solitários e restauradores do Eu: "À noite, nu e sozinho em meu quarto de hotel, aproveito a vista da baía, com incontáveis ilhas rochosas, verdes e parcialmente desnudas, ao luar."[258]

Durante a turnê, Einstein emprega maneiras específicas para proteger o Eu. Dada a incomum atenção que recebe, isso é compreensível. Várias pessoas assumem o papel de protetoras, a fim de manter o mundo externo a distância, ao menos até certo ponto. Em Buenos Aires, o papel de escudo é assumido por sua anfitriã, Berta Wassermann-Bornberg, por Else Jerusalem e por um "regimento" de mulheres.[259] Em Montevidéu, ele é guardado por dois estudantes.[260] Às vezes, tem dificuldades mesmo com as interações agradáveis. Ele percebe em termos bastante negativos a atenção positiva que recebe e como um engolfamento do Eu o afeto franco que lhe é oferecido: "Sem os Wassermann, eu não teria resistido. Teria sido devorado por puro amor."[261] Ele claramente vê seu papel na turnê como o de artista performático, convidado a entreter os outros. Mas não vê esse papel em termos positivos. Logo após a chegada, escreve para casa dizendo que "o que estou fazendo aqui provavelmente é pouco mais que uma comédia"[262] No fim da turnê, está convencido de que a iniciativa foi um ato de "bufonaria"[263] e duas vezes se refere a ter de "retornar ao trapézio".[264]

Como a forte ambivalência que sente por seus semelhantes afeta a maneira como percebe os habitantes locais? Podemos supor

82   OS DIÁRIOS DE VIAGEM DE ALBERT EINSTEIN

que ele projeta as seguintes qualidades negativas nos estrangeiros que conhece durante a turnê: superficialidade, materialismo,
falta de alma, incultura, inferioridade moral e escravidão ao luxo
e às aparências na Argentina; atenção e pensamento incisivo limi-
tados no Brasil; e eloquente *páthos* e priorização da forma sobre
a substância na Argentina e no Brasil. Em contraste, admira as
seguintes qualidades nos habitantes locais: autenticidade, mo-
déstia e espírito republicano no Uruguai; e alegria e diversidade
multirracial no Brasil.

Suas atitudes em relação aos dois grupos étnicos mais importantes da viagem, alemães e judeus, também são caracterizadas
pelo desejo de se distanciar e revelam forte ambivalência. No caso
dos alemães que o boicotam em Buenos Aires, isso certamente
faz sentido: "São um grupo engraçado, os alemães. Para eles, sou
uma flor fedorenta; mesmo assim, eles colocam-me repetidamente
na lapela."[265] Em relação às comunidades judaicas, ele exibe oca-
sional desprazer, mas também um grau considerável de afeto, até
mesmo ficando comovido com alguns encontros.

Einstein e o caráter nacional

Como concluímos da análise de seu diário de viagem ao Extremo
Oriente, Einstein acreditava firmemente no caráter nacional. Essas caracterizações nacionais "funcionam como lugares-comuns,
declarações que obtiveram um tom de familiaridade através da
frequente reiteração". Isso funciona em dois níveis. No nível mais
superficial, "o discurso do estereótipo nacional lida primariamente
com psicologismos, designando às nacionalidades traços específicos
de personalidade". Mas, em um nível mais profundo, "o 'caráter' de
uma nação [...] é o conjunto essencial e central de atributos tempe-
ramentais que a distinguem das outras e que motiva e explica a es-
pecificidade de sua presença e comportamento no mundo". Durante

INTRODUÇÃO HISTÓRICA 83

o processo de designar tais qualidades essencialistas, "certos traços são isolados e destacados porque são típicos" em dois sentidos: "representam o tipo e são incomuns e notáveis".[266]

Em nosso estudo das percepções de Einstein sobre os países que visitou durante a turnê sul-americana, vimos como ele repetidamente generaliza e estereotipa os grupos nacionais locais. Como no Extremo Oriente, ele forma essas opiniões muito rapidamente e com base em encontros iniciais com um número muito limitado de representantes de cada país. As futuras interações somente reforçam noções preconcebidas e impressões originais. Isso acontece a despeito de ele conhecer indivíduos que não se adequam ao perfil estereotípico de cada grupo, pois ele considera esses casos exceções à regra. Seu desejo de aderir a tais caracterizações nacionais é simplesmente forte demais para que ele examine criticamente suas próprias observações e conclusões.

Essa estereotipização tem consequências reais para Einstein e para os habitantes locais. Em um nível pessoal, sua qualidade fatalista parece ter profundos efeitos em sua habilidade de se divertir durante a viagem. E, em um nível mais público, ao menos até certo ponto, faz com que ele ignore as contribuições que os locais poderiam fazer para um discurso intelectual mais amplo com membros de outros países.

Einstein, raça e racismo

Em seu diário de viagem anterior, vimos Einstein usar a categorização racial para distinguir diferentes raças e pessoas. Mas ele foi além das meras classificações por raça e comentou a origem biológica da alegada inferioridade intelectual de japoneses e chineses e os fatores ambientais que supostamente prejudicavam o intelecto dos indianos. No caso dos chineses, ele até mesmo os percebeu, demograficamente, como ameaça às outras raças. Concluímos que,

84   OS DIÁRIOS DE VIAGEM DE ALBERT EINSTEIN

embora não subscrevesse a teoria geral do racismo, ele definitivamente fez alguns comentários racistas e desumanizadores sobre
vários habitantes locais naquele diário.[267]

Estudos sociológicos recentes sobre o racismo categorizariam
as declarações de Einstein como "assembleia menos coerente de
estereótipos, imagens, atribuições e explicações"[268] que empregou
para justificar as diferenças que discerniu entre os membros de
vários grupos étnicos. De acordo com esses estudos, em tal estereotipização, as "populações são representadas como tendo origem
e status naturais e imutáveis e, consequentemente, como sendo
inerentemente diferentes". Além disso, ao grupo visado "devem
ser atribuídas características adicionais (consideradas negativas)
[...]. Essas características ou consequências podem ser biológicas
ou culturais".[269]

Como o atual diário de viagem se compara ao diário do Extremo Oriente em termos de categorização racial? Einstein continua
a fazer comentários que podem ser interpretados como racistas?
Ele argumenta que algum dos povos que encontrou na América do
Sul é biológica ou culturalmente inferior?

Einstein usa o termo "raça" explicitamente em somente uma
passagem do diário sul-americano. No Museu Nacional do Rio de
Janeiro, seus anfitriões lhe ofereceram "estatísticas sobre mistura
racial". Ele continua: "os negros estão gradualmente desaparecendo através da miscigenação porque os mulatos não possuem poder
de resistência. Os índios são relativamente menos numerosos".[270]
Ele emprega a palavra duas outras vezes em cartas escritas durante a viagem, ambas com referência à Argentina. Ele descreve
o país como "Nova York, suavizado pelas raças do sul da Europa,
mas igualmente superficial e sem alma".[271] E se refere a sua composição multiétnica: "De modo geral, a despeito das diferenças
raciais entre os habitantes, há grandes similaridades, explicadas
pela miscigenação da população, a riqueza natural do país."[272]

INTRODUÇÃO HISTÓRICA

Há outras instâncias nas quais ele comenta, mais implicitamente, os aspectos raciais das sociedades que visita. Ele aprova entusiasticamente a composição multirracial do Brasil: "A miscelânia de povos nas ruas é deliciosa. Portugueses, índios, negros e tudo no meio, de modo vegetal e instintivo, dominado pelo calor."[273] E se refere ao psiquiatra Juliano Moreira como "um mulato".[274]

Parece justo concluir, de seus comentários duros e desdenhosos sobre os argentinos, que Einstein os vê como moral e culturalmente inferiores. Essas críticas parecem ser de natureza primariamente social, e não biológica. Todavia, suas descrições deles como "sórdidos" e "gentalha repulsiva" (ambas expressões que implicam impureza) parecem ser mais biológicas que meramente culturais. Além disso, ele os percebe como "estúpidos" e intelectualmente inferiores, aparentemente por questões biológicas. No caso dos brasileiros, ele claramente atribui a suposta incapacidade de pensamento incisivo ao clima, ou seja, a fatores ambientais. Contudo, sua referência à natureza "vegetal e instintiva" dos habitantes multirraciais parece uma caracterização baseada na biologia. Adicionalmente, a observação de que as pessoas multirraciais — ou "mulatos", como as chama — supostamente não possuem "poder de resistência" em relação às outras raças revela que vê alguns grupos étnicos como inerentemente mais fracos que outros. Curiosamente, Einstein chama o museu carioca, no qual os dados estatísticos sobre "mistura racial" lhe foram informados, de museu de história natural, muito embora o nome oficial fosse Museu Nacional do Brasil. Isso revela que, conceitualmente, de modo similar a muitos europeus de sua era, ele subordina a antropologia e a etnografia à história natural, enquadrando a discussão da composição étnica do Brasil em termos biológicos e desumanizantes. Além disso, como nenhum dado em relação à composição racial do Brasil foi coletado entre 1890 e 1940,[275] devemos nos perguntar quão confiáveis eram os dados estatísticos fornecidos a ele no mu-

86 OS DIÁRIOS DE VIAGEM DE ALBERT EINSTEIN

seu. É muito provável que seus anfitriões baseassem seus "dados" no pensamento ilusório por trás da política de branqueamento em voga entre as elites e os intelectuais brasileiros da época, que visava a reduzir o número de pessoas negras e multirraciais.[276] Finalmente, o apoio de Einstein aos esforços "civilizatórios" entre a população indígena no Amazonas também pode ser visto como possuindo subtons raciais.

De modo geral, podemos concluir que, similarmente a seu diário do Extremo Oriente, Einstein faz comentários que podem ser interpretados como racistas. No entanto, há diferenças sutis e cruciais. Neste diário, ele percebe a "mistura" das populações da Argentina e do Brasil como benéfica para as sociedades desses países. Além disso, não vê nenhuma das populações que encontra como ameaça a outros grupos étnicos.

A natureza da viagem de Einstein

O diário de viagem de Einstein ao Extremo Oriente revelou que as extensas viagens oceânicas funcionavam para ele como moratória da vida agitada em Berlim. Ele usava o tempo considerável proporcionado por essas viagens para a introspeção pessoal, o trabalho científico intenso e o relaxamento. De fato, a travessia dos oceanos pareceu se tornar a motivação primária das viagens: as turnês de palestras e os eventos sociais eram o preço que ele tinha que pagar pelo isolamento a bordo.[277] Também concluímos que o humor das viagens era informado por características do viajante e do turista. Os historiadores diferenciam entre o "viajante", que é "desbravador e automotivado", do "turista", que é "reativo, seguindo canais estabelecidos e buscando experiências prescritas de maneiras predeterminadas".[278] As entradas dos diários têm o tom independente do viajante. Mas, como turista VIP, ele ficava feliz em deixar que outros cuidassem de seu itinerário.[279]

INTRODUÇÃO HISTÓRICA

Já vimos que Einstein esperava repetir as experiências da viagem ao Extremo Oriente e usar as longas travessias oceânicas como moratória. Conseguiu? E como a turnê na América do Sul se compara aos agitados itinerários no Japão, na Palestina e na Espanha? O que podemos aprender com a natureza da viagem de Einstein?

Mesmo antes de partir para a viagem ao hemisfério sul, desdobramentos cruciais relacionados às cidadanias de Einstein influíram nas circunstâncias formais sob as quais ele embarcou na turnê. Quando visitou os Estados Unidos e o Extremo Oriente, ele viajou como cidadão suíço. No entanto, em fevereiro de 1924, um ano antes da partida para a América do Sul, ele descobriu que se tornara cidadão prussiano já em 1913. Inicialmente, não ficou feliz em reobter a cidadania alemã, à qual renunciara na juventude. Mas parece que se resignou ao novo status.[280] De fato, ele pediu e recebeu um passaporte diplomático do Ministério do Exterior alemão em fevereiro de 1925 e viajou para a América do Sul com um visto argentino.[281]

No início da travessia oceânica de ida, Einstein aproveita a solidão. Ele escolhe alguns falantes de alemão com quem conversar e ouve música com alguns passageiros. Similarmente à travessia oceânica até o Japão, engaja-se em algum trabalho científico. Porém, em contraste com a jornada anterior, não parece dedicar muito tempo à introspecção pessoal — ao menos pelo que podemos dizer a partir das entradas do diário. Menos de duas semanas após a partida, a tentativa de estabelecer uma moratória da existência cotidiana é frustrada quando ele tem de dar uma palestra para os oficiais do navio: "O isolamento esplêndido está desmoronando."[282] Mesmo assim, ele gosta muito da travessia oceânica e a acha "maravilhosamente relaxante".[283]

Ao chegar à América do Sul, Einstein declara que se sente "à altura do que está à frente, que encaro com serenidade, mas sem muito interesse".[284] Essa falta de entusiasmo e o cronograma agitado

88   OS DIÁRIOS DE VIAGEM DE ALBERT EINSTEIN

das palestras e eventos sociais definitivamente fazem com que ele fique "terrivelmente cansado das pessoas".[285] Sua introversão natural também faz com que esse intenso cronograma de palestras e a multitude de eventos sociais sejam bastante complicados. De qualquer modo, no fim da turnê, ele tem uma "ânsia irresistível por paz, silêncio e distância de tantas pessoas estranhas".[286] Como no Extremo Oriente, Einstein demonstra suas visões independentes nas entradas do diário. Somente nesse aspecto podemos categorizar seu modo de viajar como o de viajante. No que se refere aos arranjos para palestras e eventos sociais, parece que ele deixa tudo a cargo de seus anfitriões. Assim, o padrão estabelecido na viagem ao Extremo Oriente, o de turista VIP, parece ser repetido nesta jornada. Entretanto, ocasionalmente Einstein se rebela contra os planos e se recusa a colaborar, como quando declina o convite para uma grande reunião planejada pela comunidade judaica em Buenos Aires.[287] Todavia, em contraste com seu tempo no Japão, ele não parece ter saído sozinho em nenhum estágio da visita. O fato de que a esposa Elsa não o acompanhou pode ter sido um fator. De modo geral, muito pouco tempo de lazer é programado na intensa turnê pelos três países. Inevitavelmente, isso leva a um considerável *burnout*, expressado muito claramente nas palavras finais do diário: "Finalmente livre, mas mais morto que vivo."[288] Pode ter sido essa esmagadora sensação de tédio que o levou a abandonar o diário e nada escrever durante a viagem de volta. Isso contrasta fortemente com o diário da viagem anterior. Parece que a moratória da viagem de retorno se estendeu até a própria manutenção do diário.

A pesquisa científica de Einstein durante a viagem

De acordo com o plano de usar a viagem oceânica para a América do Sul tanto para relaxamento quanto para continuar sua pesquisa, Einstein faz a primeira entrada relacionada a trabalho no

INTRODUÇÃO HISTÓRICA

terceiro dia de jornada: "Ideia sobre os fundamentos da geometria de Riemann."[289] Também escreve para casa falando de sua preocupação com a ciência e sua inevitabilidade: "Para além disso, eu me ocupo sem pressa da ciência. Sem ela, eu não suportaria [...]. Quando tento, a vida fica muito vazia. Nenhuma leitura a substitui, nem mesmo a científica."[290] Ele fala sobre seu progresso em três outras entradas durante a viagem.[291] Todavia, na véspera da chegada ao Rio, relata que "não trabalhei muito devido ao calor, ao contrário da viagem ao Japão".[292]

Mesmo assim, tem mais duas oportunidades de registrar avanços em seu trabalho durante a turnê. Em meados de abril de 1925, ele informa a Elsa e a Margot a conexão entre seu progresso mais recente e os esforços anteriores: "Estive na casa de campo dos Wassermann em Llavajol durante três dias de completa tranquilidade, e tive uma ideia de incrível valor científico que, peculiarmente, baseia-se no que descobri quando retornava do Japão."[293] Isso é bastante notável porque, durante a agitada turnê pelos países que visitou no Extremo Oriente, ele não registrou nenhuma ocasião em que teve tempo para ponderar solitariamente sobre teorias científicas inovadoras. A única pesquisa concreta que realizou foi em colaboração com seu intérprete japonês, Jun Ishiwara.[294] Mas, duas semanas após o descanso no campo, voltando do Uruguai para o Brasil, ele decide que não houve progresso: "Todas as ideias científicas que tive na Argentina se provaram inúteis."[295]

A indicação de Einstein de que o trabalho científico na Argentina estava relacionado à pesquisa que fizera quando retornava do Japão é muito reveladora. Ele trabalhara em uma teoria unificada dos campos eletromagnético e gravitacional que se baseava nas pesquisas do matemático Hermann Weyl e do astrônomo Arthur S. Eddington. O artigo que escreveu na viagem de retorno foi publicado em março de 1923.[296] No mesmo ano, ele abandonou essa abordagem, mas os esforços durante a viagem sul-americana constituíram

uma nova tentativa nessa direção. Como não continuou seu diário de viagem durante o retorno à Alemanha, não sabemos se deu prosseguimento a essa abordagem. Porém, parece justo especular que o fez e que seu comentário pessimista a respeito da inutilidade de suas ideias na Argentina foi prematuro. Dois meses após o retorno a Berlim, ele submete um artigo à Academia de Ciências prussiana, no qual desenvolve uma nova abordagem da unificação dos campos com base na hipótese de uma métrica assimétrica.[297]

A recepção da relatividade durante as visitas de Einstein e o impacto de sua turnê

Nesta seção, examinaremos as maneiras pelas quais a relatividade foi recebida nos países sul-americanos que Einstein visitou. Extensas pesquisas sobre a recepção da relatividade durante sua estadia foram realizadas por historiadores da ciência, e resumiremos suas descobertas. Também examinaremos o impacto de sua presença nas comunidades científicas e acadêmicas dos países que visitou.

Similarmente às matérias em outros países onde esteve, a imprensa argentina alegou que somente um número muito limitado de "cientistas do país [...] era capaz de seguir os argumentos de Einstein e estava em posição de julgar a qualidade da teoria".[298] Devido a sua complexidade, era difícil disseminar o trabalho de Einstein na imprensa popular.[299] Havia pouco esforço por parte dos jornais para explicar a relatividade e somente debates ocasionais sobre suas teorias, incluindo alguns artigos escritos por antirrelativistas como Dante Tessieri. Sem surpresa, os jornais focaram nas declarações positivas feitas por Einstein, nas quais — em brutal contraste com as entradas de seu diário de viagem — ele elogiava a comunidade científica local e previa que a Argentina teria "um grande futuro econômico e cultural".[300]

INTRODUÇÃO HISTÓRICA

Entre os cientistas do país, o impacto imediato de suas palestras foi restrito a um pequeno número de especialistas.[301]

Mesmo assim, sua presença levou a um maior prestígio e status da comunidade científica do país, ao menos durante a turnê. Extensas discussões sobre a relatividade ocorreram em jornais filosóficos e literários de circulação limitada. Neles, a turnê de Einstein foi colocada no contexto de uma série de visitantes ilustres que conferiam um ambiente moderno e cosmopolita a Buenos Aires. A visita, portanto, foi enquadrada como parte de um fenômeno cultural mais amplo que aproximava a Argentina das tendências intelectuais da época.[302]

Um grupo importante que ficou discretamente interessado na visita de Einstein foi a comunidade filosófica argentina. Em suas fileiras, havia forte rivalidade entre os positivistas liderados por José Ingenieros e os antipositivistas liderados por Coriolano Alberini. A segunda facção esperava que Einstein condenasse o positivismo e o convidou a dar a aula inaugural da Universidade de Buenos Aires naquele ano.[303] Mas ele os desapontou ao "ler um texto que preparara e que evitava a controvérsia entre os dois campos".[304] Mesmo assim, Alberini conseguiu que a visita fortalecesse seus argumentos públicos contra o positivismo.[305]

No curto prazo, a turnê não parece ter levado a grandes mudanças na recepção específica das teorias de Einstein: "somente alguns poucos continuaram a discutir a relatividade e o assunto morreu lentamente."[306] Porém, no longo prazo, parece que teve consequências para a comunidade científica mais ampla. Grandes mudanças conceituais ocorriam entre as elites intelectuais da Argentina, com um afastamento gradual do positivismo, que fora dominante por mais de vinte anos.[307] A visita "também recebeu o crédito de ter levado ar fresco para os círculos acadêmicos do país e foi ligada a outro desenvolvimento positivo, a saber, forçar as pessoas a refletirem sobre a natureza do conhecimento científico e

sobre a realidade física".[308] Cresceu o apoio, entre acadêmicos e criadores de políticas culturais, à ideia de que "a pesquisa em ciências teóricas era um elemento cultural essencial que fora injustamente negligenciado no passado".[309] Essa nova abordagem levou a mudanças organizacionais concretas. Um departamento dedicado exclusivamente à Física foi estabelecido na Faculdade de Engenharia da Universidade de Buenos Aires, e os estudos teóricos receberam particular atenção.[310] A presença de Einstein também teve impacto positivo sobre a geração mais jovem de cientistas argentinos.[311]

De acordo com as estimativas da imprensa, as três palestras de Einstein em Montevidéu obtiveram um comparecimento médio de 2 mil pessoas.[312] Contudo, similarmente à cobertura na Argentina, os jornalistas uruguaios duvidavam de que os membros da plateia compreendessem as teorias de Einstein e afirmavam que somente um número limitado de especialistas, principalmente engenheiros e alguns doutores, conseguia entender as palestras.[313] Em contraste com a morte virtual do debate sobre a relatividade na imprensa geral argentina durante a visita, alguns jornais uruguaios publicaram artigos criticando ou refutando as teorias de Einstein.[314] Espaço proeminente foi dado aos críticos argentinos da relatividade, mais notadamente Tessieri e Claro Cornelio Dassen, durante sua estadia em Montevidéu.[315] Como na Argentina, sua presença foi vista como impulso para os antipositivistas.[316] Devido à falta de infraestrutura para as ciências exatas no Uruguai, não houve mudanças institucionais imediatamente após a visita. No nível político e social, o fato de ele ser "ignorado pela alta sociedade argentina e uruguaia" foi atribuído à influência da Igreja católica e às atitudes antissemitas prevalentes entre as elites dos dois países.[317] A imprensa também viu Einstein como representante de ideias inovadoras, "até mesmo revolucionárias", que gerariam um mundo diferente do que fora no pré-guerra.[318]

INTRODUÇÃO HISTÓRICA

A imprensa popular brasileira fez relatos diários sobre Einstein e a relatividade durante sua estadia. Mas a cobertura esteve cheia de fatos errôneos sobre suas teorias.[319] Como no Uruguai, uma vez que as ciências exatas ainda não haviam se estabelecido no Brasil quando Einstein chegou ao país (com exceção da astronomia), suas palestras só podiam ser entendidas por um número limitado de cientistas. Somente astrônomos, matemáticos e alguns engenheiros compreendiam as teorias.[320] Durante sua estadia, Einstein interagiu principalmente com engenheiros e doutores cujos representantes haviam iniciado o convite original.[321]

Sua presença no Brasil estimulou a publicação de muitos artigos sobre suas teorias antes e depois da visita, alguns dos quais rejeitavam a relatividade.[322] Dois proeminentes antirrelativistas, o almirante Gago Coutinho e Licínio Cardoso, estiveram presentes nas palestras. Como na Argentina e no Uruguai, a turnê destacou as profundas diferenças entre as gerações mais velhas de positivistas, lideradas por Cardoso, e os matemáticos mais jovens, liderados por Manuel Amoroso Costa.[323] Cardoso publicou na imprensa popular um importante artigo atacando a relatividade logo após a partida de Einstein e o apresentou à Academia Brasileira de Ciências.[324] Em uma série de sessões subsequentes na academia, oponentes proeminentes de Cardoso, como Ignácio do Amaral e Roberto Marinho de Azevedo, expressaram seu forçoso apoio à relatividade e Cardoso ficou cada vez mais isolado. Costa, o mais vocal proponente da relatividade no Brasil, estava ausente do país durante esse período e não participou das discussões.[325]

Os historiadores brasileiros viram a visita e os debates que se seguiram como parte de um conjunto mais amplo de eventos ocorridos principalmente na década de 1920 e que tiveram impacto significativo na vida cultural e científica do país. Alguns desses eventos foram a criação da Academia Brasileira de Ciências, da Associação Brasileira de Educação e da Rádio Sociedade, a Semana de Arte

94   OS DIÁRIOS DE VIAGEM DE ALBERT EINSTEIN

Moderna e o interesse pela popularização e educação científica. Essas inovações também levaram à emergência, no Rio de Janeiro, de uma nova elite científica que defendia o avanço e a validação da pesquisa científica básica.[326] Todavia, as mudanças institucionais só ocorreram vários anos depois, em 1934, quando foi fundada a primeira Faculdade de Filosofia e Ciência do Brasil, na Universidade de São Paulo. Passariam décadas até que grupos de pesquisa teórica começassem a focar na relatividade geral e na cosmologia.[327]

Conclusões

Que conclusões gerais sobre a personalidade de Einstein, suas visões e opiniões, a maneira como viajava e o contexto mais amplo de sua viagem podem ser retiradas do diário que ele manteve durante sua primeira e última incursão pelo hemisfério sul?

As circunstâncias nas quais Einstein embarca em sua jornada são muito diferentes da viagem anterior, ao Extremo Oriente. Dessa vez, não houve ameaça externa a sua vida após um assassinato e ele não expressou o desejo de partir para terras distantes, como ocorrera com o Japão. Mesmo que tenha sido vista por historiadores e biógrafos como apenas outra dentre uma série de viagens feitas primariamente para disseminar as teorias de Einstein e fortalecer seus laços com outros físicos, ele não faz declarações explícitas confirmando que sua principal motivação está relacionada à ciência. Ele não expressa curiosidade ou excitação pelas interações com colegas estrangeiros ou habitantes locais. No melhor dos casos, sente-se ambivalente em relação aos eventos planejados. Na verdade, parece bastante desinteressado (e até enojado) pelo que esperará por ele quando chegar àquelas terras distantes. Consequentemente, precisamos concluir que seu incentivo para a viagem era muito mais pessoal que profissional.

Mais que a *necessidade* de estar distante de Berlim após o assassinato de um associado próximo, parece que Einstein foi motivado pelo *desejo* de se afastar da capital e, possivelmente, de Elsa. Nesse sentido, a viagem tem algumas similaridades significativas com suas frequentes ausências do apartamento no número 5 da Haberlandstraße e talvez pertença mais à longa série de fugas da vida "estressante" em Berlim e em casa, para lugares como Kiel, no norte da Alemanha, e Leyden, nos Países Baixos.[328] O fim do caso com Betty Neumann também pode ter desempenhado papel decisivo na decisão de viajar e no momento da viagem.

Embora Einstein não demonstre entusiasmo pela turnê de palestras, ele definitivamente aparenta estar ansioso pelas longas viagens marítimas e declara, em caráter privado, que elas são seu principal incentivo. E parece ter gostado muito delas. Como nas viagens de ida e volta ao Extremo Oriente, ele utiliza as travessias mais para fazer pesquisas científicas e relaxar e menos para a introspecção pessoal, ao menos explicitamente. A bordo, ele tenta se distanciar da maioria dos passageiros, desenvolve um relacionamento mais próximo com falantes de alemão e, finalmente, sente alguma solidão no grande transatlântico, cercado principalmente por estrangeiros. Parece sentir falta dos familiares, particularmente da enteada Margot, que deveria tê-lo acompanhado.

Einstein chega à América do Sul com preconcepções definidas sobre o continente que está prestes a visitar e seus habitantes.

13. Einstein em Buenos Aires, fim de março de 1925 (cortesia do Archivo General de la Nación, Buenos Aires).

96 OS DIÁRIOS DE VIAGEM DE ALBERT EINSTEIN

Ele é claramente influenciado pelas imagens alemãs e europeias da região e seus habitantes antes de desembarcar e durante a estadia. Suas lentes são da Europa Central, caracterizadas por condescendência, superioridade e bastante arrogância. Suas interações com representantes das nações anfitriãs não o dissuadem de seus preconceitos; na verdade, os reforçam. Nem mesmo as impressões positivas causadas por alguns indivíduos o fazem desistir das generalizações estereotipadas. Ele presumira que encontraria cidadãos exóticos, ostentatórios e superficiais, e suas impressões combinam com suas expectativas. Ele parece se sentir vindicado por suas experiências.

A distância, praticada cuidadosamente a bordo do navio, transforma-se em indiferença assim que ele chega à América do Sul. Como consequência do agitado cronograma de palestras e eventos sociais, a apatia finalmente se transforma em alienação de seus semelhantes. Ele não poderia ser mais claro a respeito quando diz: "Não quero estar aqui."[329]

As principais alegações de não estar se divertindo provavelmente foram feitas para as duas futuras leitoras do diário — Elsa e a enteada Margot —, a fim de que não se sentissem abandonadas enquanto ele viajava pelo mundo. Talvez haja um leve elemento de verdade nisso. Entretanto, como mesmo após o fim da viagem ele se ateve ao duro julgamento dos habitantes que conheceu, essa teoria é difícil de manter.

Como no caso da viagem ao Extremo Oriente, Einstein muitas vezes forma opiniões sobre os locais rapidamente e com base em primeiras impressões que, na maioria dos casos, não se modificam. Ironicamente, embora uma de suas principais críticas aos estrangeiros que conhece seja a superficialidade, ele baseia seus julgamentos em pouquíssimas evidências e sem um entendimento mais profundo das sociedades e culturas que visita.

INTRODUÇÃO HISTÓRICA   97

Seus julgamentos apressados nos fazem questionar o que estava por baixo de suas opiniões preconceituosas. Similar ao desdém pelo que percebera como inferioridade cognitiva de japoneses, chineses e indianos na viagem anterior, a atitude condescendente em relação a argentinos e brasileiros parece ser motivada primariamente pelo elitismo intelectual. Também nessa viagem, o humanismo de Einstein termina quando ele encontra intelectos supostamente prejudicados, independentemente de a deficiência ser causada por fatores biológicos ou ambientais. Como durante a viagem ao Extremo Oriente, ele oferece razões tanto inerentes quanto culturais para explicar essa alegada inferioridade. Os argentinos são apenas "indizivelmente estúpidos". No caso dos brasileiros, o culpado é o clima. Consequentemente, mais uma vez (como fizera no Sri Lanka), ele professa profunda crença no determinismo geográfico, a despeito da oposição de seus anfitriões. Como na alegação de superficialidade, essa crítica pode ser uma projeção, já que ele declara duas vezes que seu cérebro "parece ter sido revirado com uma concha".[330]

Também é importante notar que seu elitismo intelectual está ligado a dois valores morais adicionais de crucial significância para ele: a austeridade moral e a integridade pessoal.

Quando encontra argentinos pela primeira vez durante a passagem do Equador para a América do Sul e fustiga suas habilidades cognitivas supostamente deficientes, ele também os classifica como "membros da ociosa classe rica", em uma alusão às críticas sociais de George Bernard Shaw.[331] Consequentemente, faz duas coisas: conecta a opulência material deles com sua alegada estupidez e classifica os cidadãos de uma nação inteira como membros de uma classe social supostamente improdutiva. O pano de fundo é o fato de estar viajando na primeira classe do navio e só conhecer uma minúscula minoria da sociedade argentina. Mas, ao fazer

98   OS DIÁRIOS DE VIAGEM DE ALBERT EINSTEIN

isso, vê essa camada superior como representativa de todo o país. Em um nível mais profundo, também é possível que Einstein se sentisse ligeiramente (ou muito) desconfortável viajando em um navio tão luxuoso e projetasse sua própria ostentação nos passageiros argentinos. Ao viajar sem Elsa, ele usualmente preferia modos menos luxuosos de transporte e acomodação.[332]

Einstein continua a atacar a subserviência dos argentinos ao luxo mesmo após chegar ao país, vendo-a como característica do caráter nacional. Parece ter havido uma forma de esnobismo invertido em jogo, e esse esnobismo teve importantes consequências sobre sua percepção de todos os habitantes da Argentina.

Também vimos que, para Einstein, os argentinos não tinham integridade moral. Ele os chama de "mais ou menos sórdidos" e "repugnantes". Consequentemente, liga a decência pessoal a imagens da sujeira e parece adotar certos aspectos da respeitabilidade burguesa. Essa ênfase na limpeza também se alinha com sua visão de mundo biológica, que encontramos no diário de viagem anterior.[333]

A crítica ao que percebe como tendência argentina e brasileira de colocar a forma acima da substância (seja nas roupas ou na retórica) parece ter sido baseada em sua patente intolerância por expressões de cultura diferentes das suas. Parece que, em sua mente, somente modos culturais muito restritos eram legítimos e autênticos. Quando detectava a ausência de seus próprios padrões internos nas formas de autoexpressão de outros grupos, ele os considerava moralmente corruptos, inautênticos ou ambos. Novamente, há distinta superficialidade em sua atitude. Quando as formas culturais são predominantemente de natureza externa, ele foca nas aparências e não dá uma olhada mais profunda sob a superfície.

Em contraste com os duros comentários sobre os argentinos e as observações condescendentes sobre os brasileiros, Einstein expressa somente admiração pelos uruguaios, pela pequena escala de seu

INTRODUÇÃO HISTÓRICA

país e por suas instituições políticas e sociais progressistas. Sem surpresa, eles são os que mais o fazem lembrar-se dos europeus.

Como já comentamos, essa foi a segunda viagem de Einstein ao continente americano. E o hemisfério sul o lembra frequentemente de sua contraparte no norte. Da perspectiva altiva e distante de um membro elitista da Europa Central, talvez seja compreensível. Como resultado da viagem, ele passa a ver as duas partes como entidade única, coadjuvante de seu próprio continente, que percebe sob uma luz mais favorável. Suas punitivas observações sobre a América do Norte também confirmam as controversas críticas atribuídas a ele quatro anos antes, após a viagem aos Estados Unidos.

Quanto à natureza da viagem: de modo similar à jornada ultramarina anterior, ele adota um papel bastante passivo como turista VIP. De modo revelador, até mesmo viaja com passaporte diplomático. E certamente fica feliz em abrir mão da autonomia em nome da conveniência e deixar os arranjos logísticos para os anfitriões científicos e judeus, mesmo que, no fim, isso leve a um cronograma frenético e a seu *burnout*. Em contraste com a turnê no Japão, onde encontrou acomodações em hotéis e hospedarias, Einstein fica em residências privadas durante a maior parte da estadia na América do Sul. Não é coincidência o fato de se hospedar com famílias judaicas. Sem dúvida, isso contribui para que se sinta mais à vontade em lugares estranhos. Seus anfitriões fazem o possível para isolá-lo das intrusões externas, e ele aprecia muitos esses esforços. Ele tem um bom sistema de apoio nas várias localidades que visita, mais notadamente em Buenos Aires, onde todo um grupo de mulheres o protege. De certa maneira, isso replica a situação doméstica em Berlim, onde Elsa mantinha os intrusos a distância. Esses mecanismos deviam ser convenientes para sua personalidade introvertida e distante, embora tivessem eficácia limitada durante a turnê.

Na viagem ultramarina anterior, Einstein fora recebido por comunidades judaicas em Singapura, Hong Kong, Xangai e, é claro,

Palestina, mas não no Japão, o principal destino da viagem. No entanto, reunira-se com representantes da comunidade alemã em Tóquio. Em marcado contraste, na turnê pela América do Sul ele se relaciona tanto com a comunidade judaica quanto com a comunidade alemã. No caso dos residentes judeus, uma quantidade considerável de tempo é tomada por eventos organizados por seus representantes. Einstein acolhe bem essa atenção e, em alguns casos, até mesmo se comove com ela. De modo geral, sente-se sobrecarregado pelo afeto que recebe, mas feliz com seus esforços em nome da causa sionista e encorajado pelos sinais de solidariedade judaica. No caso das comunidades alemãs, encontra diferentes reações: rejeição na Argentina, recepção ambivalente no Uruguai e aceitação no Brasil. À luz do contido entusiasmo com que é recebido pelos imigrantes alemães (em oposição aos diplomatas), não surpreende que os veja com distanciamento e ironia.

Vimos como é o olhar de Einstein durante a viagem. Similarmente às percepções durante a viagem ao Japão, seu "olhar imperial" leva a atitudes condescendentes em relação aos habitantes locais. Entretanto, ao contrário do diário anterior, não há expressão de extrema misoginia. Ele desenvolve um relacionamento intrigante com uma mulher intelectualizada que conhece a bordo do vapor transoceânico, e nos perguntamos como Elsa terá reagido, em casa, ao ler no diário a descrição dos flertes do marido com sua quase xará. Não conseguimos fugir da impressão de que Einstein pode tê-la provocado de propósito.

Curiosamente, Einstein percebe seu próprio papel de maneira bastante diferente do que fez durante a jornada ao Extremo Oriente. Naquela viagem, possivelmente à luz da fuga temporária da Alemanha após o assassinato de Walther Rathenau, ele se via principalmente como protagonista que precisava se provar contra vários desafios, vindos de múltiplas direções. Ele parecia estar sob frequente ataque. Aqui, ele assume menos o papel de herói va-

INTRODUÇÃO HISTÓRICA

lente e mais o de artista de circo. Mesmo antes de sua chegada, ele entretém os oficiais do navio com uma palestra sobre relatividade. E passa a ver a turnê e os eventos sociais como "farsa" e "pouco mais que uma comédia". A seus próprios olhos, ele é um artista de trapézio que precisa se exibir repetidamente para a plateia que o adora. Há um nível considerável de autozombaria nessas observações, e precisamos admirar sua sinceridade ao registrá-las.

Como no caso dos perturbadores comentários xenofóbicos e mesmo racistas do diário anterior, encontramos comentários desagradáveis e ofensivos sobre vários habitantes locais. Em múltiplas ocasiões, Einstein chega perto de desumanizar as populações que encontra, comparando-as a plantas e animais. A evocação do estereótipo racista em relação a seu próprio grupo étnico (a referência aos supostos piolhos dos judeus não assimilados) não mitiga o impacto das observações preconceituosas contra outros. Ela simplesmente reforça a impressão de que sua visão de mundo racial se estendia a membros de todas as nacionalidades. Já comentamos que, crucialmente, há diferenças sutis em sua visão das raças aqui e no diário do Extremo Oriente: ele expressa-se positivamente sobre o impacto benéfico das composições multirraciais das sociedades que visita e não inclui quaisquer alusões a se sentir ameaçado por membros de outras raças. Às vezes, seus comentários racistas são casuais e mesmo calorosos e bem-humorados. Mesmo assim, temos de lidar com o caráter duro, perturbador e generalizado de suas observações. Todavia, sem desculpar sua natureza desagradável, talvez precisemos agradecer a Einstein por sua autenticidade e honestidade e por suas palavras francas, destinadas a pouquíssimos leitores. Elas nos oferecem a oportunidade de lidar com o fato de que mesmo os mais reverenciados seres humanos têm um lado mais sombrio e primal que não podemos e não devemos ignorar ou desculpar.

102   OS DIÁRIOS DE VIAGEM DE ALBERT EINSTEIN

Além disso, os limites óbvios do humanismo de Einstein, expressados nos francos comentários do diário anterior e também neste, desafiam-nos a confrontar os lados mais instintivos de nossas próprias personalidades e examinar preconceitos e vieses muito arraigados. Em ambos os diários, encontramos o gritante contraste entre o liberalismo público de Einstein e seu iliberalismo privado. Olhando para a frente a partir deste diário, também precisamos nos perguntar se seus pensamentos íntimos sobre os representantes de outras nações mudarão em anos posteriores, quando ele começar a se opor ao racismo, como em suas declarações contra a discriminação dos afro-americanos nos Estados Unidos. Isso constituirá uma fascinante questão quando explorarmos os diários de suas três jornadas aos EUA.

Como na viagem anterior, Einstein chega a um ponto no qual declara que não fará tal jornada novamente. No exemplo anterior, ele expressou dúvidas sobre se seguiria suas próprias intenções. Aqui, o pronunciamento soa mais definitivo e final. De fato, cinco anos se passarão antes que ele atravesse o oceano novamente, para a primeira das três viagens norte-americanas no início da década de 1930. Sua prolongada doença em 1928 presumivelmente contribuiu para que ele evitasse viagens cansativas nesse ínterim.[334]

Perto do fim da exaustiva turnê pelo Japão, Einstein dramaticamente declarou: "Estou morto, e meu corpo retorna a Moji."[335] As palavras finais do diário sul-americano ecoam essa vívida descrição: "Livre, finalmente, mas mais morto que vivo."[336] Em ambas as ocasiões, ele claramente foi pressionado até o limite, e não podemos deixar de nos perguntar o preço que tais jornadas cobraram dele e de sua saúde.

No fim, somos deixados com um enigma inescapável. Por que Einstein embarca em uma viagem que lhe fornecerá duas experiências muito dissimilares e contraditórias: jornadas transoceâ-

INTRODUÇÃO HISTÓRICA

nicas que constituem uma prolongada moratória de suas várias obrigações na capital alemã e de um casamento que claramente estava com problemas como resultado de uma infidelidade recente, de um lado, e um ritmo frenético de palestras e eventos sociais que levam seu Eu introvertido ao limite, de outro? Parece não haver resposta clara para essa desconcertante pergunta, ao menos se focarmos em Einstein como ser humano puramente racional e cerebral. Mas, é claro, tal percepção seria incompleta, no melhor dos casos, e negaria a ele parte crucial de sua humanidade. Como todos nós, Einstein às vezes era movido por forças irracionais e fatores conflitantes. Mesmo que ansiasse desesperadamente por um refúgio seguro, ele sabia que seus encontros em terras estrangeiras não lhe forneceriam um. Talvez tivesse de provar isso para si mesmo. De qualquer modo, similarmente a todos nós, Einstein tinha o direito de estar errado e tomar decisões potencialmente autossabotadoras. Isso somente o torna mais humano.

Südamerika 1925 1

TAGEBUCH

Diary trip South-America, 1925

No. 86 lin.

DIÁRIO DE VIAGEM
Argentina, Uruguai, Brasil[1]

5 DE MARÇO-11 DE MAIO DE 1925

[Hamburg]   25

5. III.

Gestern Frau, Katzenstein, Bärwalds mit Schwester
an der Bahn. Reise bei Sonnenschein
Ankunft trübe. Fr. Robinow mit Schwieger-
sohn an der Bahn. Nachmittag mit
Frau Robinow auf Kindervioline Mozart
Abends hamburgerisches Familienessen.
Melchior auch erschienen, nüchtern, witzig.
Hotel zu Fuss. Nüchtern, anständig. Gesellschaft

Heute um 9 Uhr aufs Schiff
mit Schwiegersohn R. Finer, intelligenter
Mensch. Abfahrt 9½ bei Sonnenschein
Hin Schiffen Speichern vorbei. Alles
Abschied. Alle kennen meine Visage, aber
bisher ungestört. 11 Uhr Himmel
trübe. Ufer weichen zurück. Glückselige
Ruhe

Gestern Abend schwarze Krawatte ins
Hotel erhalten, von Bärwalds besorgt telephonisch
Humorvolle, ungeheuer bewegliche Kerle.

5 DE MARÇO

Ontem minha mulher, Katzenstein com a irmã e os Bärwald na estação ferroviária.[2] O sol brilhou durante a jornada, mas o tempo estava encoberto ao chegarmos.[3] A sra. Robinow e o genro estavam na estação.[4] Tarde com a sra. Robinow, [toquei] Mozart em um violino infantil. À noite, refeição familiar no estilo de Hamburgo. Melchior também apareceu,[5] lúcido, espirituoso. Hotel a pé. Companhia sensível, decente.

Hoje às 9 horas, embarque no navio[6] com genro R[obinow].[7] Pessoa agradável, inteligente. Partida às 9h30 com sol, passando navios e armazéns. Foi uma despedida e tanto. Todo mundo reconhece minha cara, mas, até agora, não fui incomodado.

11 horas. Céu encoberto. A costa se afasta. Paz abençoada.

Ontem à noite, recebi uma gravata preta enviada ao hotel, encomendada por telefone pelos Bärwald. Sujeitos bem-humorados e terrivelmente ágeis.

Kabine luxuriös. Maschine nicht zu
spüren. Schiff wenig (23000). Hätte Margot
gefallen.

6. III.

Boulogne Hafen. Immer trübe,
aber die Luft schon mehr schmei-
chelnd. Neue Passagiere, meist
Südamerikaner zuströmend und
herausgeputzt. Hafendampfer
macht elegantes Abschiedsmanöver
Stadt grüsst aus Nebel herüber.
Habe die Bekanntschaft von Prof.
Isinghaus (Psychologe) gemacht,
der zu den Mahlzeiten bei mir
sitzt. Still und fein, wenn auch
ziemlich viel. In den Zwischen-
Zeiten bin ich allein und recht
behaglich. Reise dauert gottlob noch
recht lang, aber mir graust schon
vor der Ankunft.

DIÁRIO DE VIAGEM: ARGENTINA, URUGUAI, BRASIL   **109**

Cabine luxuosa. Não consigo sentir o motor. Navio enorme (23 mil). Margot teria gostado.[8]

6 DE MARÇO

Porto de Boulogne. O tempo continua encoberto, mas o ar já está mais cálido. Novos passageiros, na maioria sul-americanos, tagarelando e embonecados. Vapor no porto faz elegante manobra de despedida. A cidade nos saúda através da névoa. Conheci o professor Jesinghaus (psicólogo),[9] que se senta perto de mim durante as refeições. Quieto e cavalheiresco, também muito culto. Entre as refeições, fico sozinho e muito confortável. A viagem ainda levará algum tempo, graças a Deus, mas já temo a chegada.

7. III

Gespräch mit Tesinghaus über Kausalität. Idee über Begründung der Riemann'schen Geometrie. Lektüre feiner Geschichten von Chaucer.

8.

Das erstemal strahlende Sonne. Gegen 11 Uhr nähern wir uns Bilbao See blaugrün Ufer mit Hügeln erst silbrig dann in strahlender Sonne. Viel Neugierige kamen aufs Schiff Spanier neugierig, nicht ermüdet oder blasiert, kindlich, selbstbewusst, die Frauen mit schwarzen Haaren, Augen + Spitzentücheln auf dem Kopf Ich genoss die Sonne dankbar, ganz oben. Frau Jerusalem kennen gelernt. Unverwüstig wie Tauterkatze 9 Uhr abends im Zimmer für Kinder und Frauen Klavier gespielt. Von zwei Schwätinnen

7 DE MARÇO

Conversa com Jesinghaus sobre causalidade. Ideia sobre as fundações da geometria de Riemann.[10] Leitura de histórias decentes de Chaucer.[11]

8

Primeiro sol forte. Por volta das 11 horas, nos aproximamos de Bilbao. Mar azul-esverdeado, litoral com colinas primeiro prateadas, depois recobertas da brilhante luz do sol. Muitas pessoas inquisitivas subiram a bordo. Inquisitivas no sentido espanhol, não exaustas nem *blasées*, infantis, autoconfiantes, as mulheres com cabelos e olhos pretos e mantilhas de renda na cabeça. Grato, aproveito o sol no deque superior. Conheço a sra. Jerusalem.[12] Indomada como uma pantera. Às 21 horas, toco piano para crianças e mulheres. Perseguido por duas mulheres suábias

vertrieben, die wohl nur zuhören wollten. Ich muss drollige Figur gemacht haben bei der Flucht.

9.

Fast den ganzen Tag bei der Sonne. Morgens Landung in Comma, nachmittags der Lüge. von hügeligen Inseln ... abgeschlossene Bucht nicht malerischen, terrassenartig gebauten Nest. (Nachmittags Gespräch über Logik). Farbenpracht und Sonnenuntergang in Vigo unvergleichlich. Die Sonne des Südens berauscht

Heute Morgen Gespräch mit Pantherkatze. Ehrlich, impertinent, eitel, war teures Weib.

11.

Gestern mit Beringhaus und Sievers Streifzug durch Lissabon. Macht verlumpten aber sympathischen Eindruck. Gemütlich, gutmütig, ohne Eile oder auch nur Ziel

DIÁRIO DE VIAGEM: ARGENTINA, URUGUAI, BRASIL   113

que provavelmente só queriam ouvir. Deve ter sido um espetáculo engraçado me ver fugindo.

9

Passei quase todo o dia ao sol. Atracagem pela manhã em Corunha e à tarde em Vigo, baía cercada por ilhas com pitorescos povoados nas encostas das colinas.[13] (Conversa vespertina sobre lógica.) Incêndio colorido durante pôr do sol em Vigo, incomparável. No sul, o sol é inebriante.

Esta manhã, conversa com a pantera.[14] Honesta, impertinente, vaidosa e feminina somente nesses aspectos.

11

Ontem com Jesinghaus e Sievers,[15] passeio por Lisboa. A impressão que ela causa é decrépita, mas agradável. A vida parece se desdobrar de maneira confortável e amável, sem pressa ou mesmo objetivo

und Bewusstsein scheint sich das
Leben abzuspielen. Allenthalben wird
man alter Kultur bewusst. Grosse.
Fischverkäuferin photographiert
mit Fischplatte auf dem Kopf, stolzer
scheinischer Geste. Besuch auf Kastell
mit imponierender Aussicht auf
Stadt und Hafen. Dann im Auto
zu nahem Kloster am Meere. Ganz
spielerische Spätgothik. (Gewölbe
mit palmartigen Tuschen und
oberer Ausstrahlung wie Palmkrone.
Wundervoller Kreuzgang in zwei Stock-
werken. Drolliger Brunnenlöwe. Dann
aufs Schiff zurück. Dies verlumpte
Land flösst mir eine tief Sehnsucht
ein.

Heute schon gehörig warm bei
bedecktem Himmel.

ou consciência. Por toda parte, fica-se consciente da cultura antiga. Graça. Peixeira fotografada com tigela de peixes na cabeça, em gesto orgulhoso e travesso. Visita ao castelo com impressionante vista da cidade e do porto.[16] Então de carro até um monastério próximo, à beira-mar.[17] Gótico tardio, muito brincalhão. Extensa abóbada elíptica, com aparência de uma palma, e radial superior espalhado como a coroa da palmeira. Claustros maravilhosos em dois andares. Divertida fonte de leão. Então de volta ao vapor. Esse país decrépito instila em mim uma espécie de ânsia.

Hoje foi realmente quente, com céu encoberto.

12.

Schon morgens (bei ziemlich heiterem Himmel) so warm, dass man nicht fühlt, ob Kabinenfenster offen ist. Lese Meyerson. Geistreich, aber inso- fern ungerecht, als die Eskapaden von Weyl und Eddington zum Wesen der Relat. Theorie gerechnet werden. So kommt er zum Vergleich mit Hegels. Habe gestern bewiesen, dass bei feststehenden Lichtkegeln und Elektronenbahnen (von bei festliegenden Koordinaten aller $\frac{\varepsilon}{\mu}$) keinerlei Veränderung des Feldes möglich ist, falls man die Gleichungen für Elektronenbahnen aus der Extremaleigenschaft von

$$\int \left(g_{\mu\nu} \frac{dx_\mu}{ds} \frac{dx_\nu}{ds} + \varphi_\mu \frac{dx_\mu}{ds} \right) ds$$

ableitet.

Längs Teneriffa gefahren. Pik im Sonnenglanz. Wunderbare Beleuchtung

12

Pela manhã, já estava tão quente (com céu claro) que não parecia que a janela da cabine estava aberta. Estou lendo Meyerson.[18] Muito perspicaz, mas injusto na medida em que as escapadas de Weyl e Eddington são consideradas parte essencial da teoria da relatividade. É assim que ele chega à comparação com o hegelianismo. Provei ontem que, com cones de luz fixos e as órbitas dos elétrons (de todos os $\frac{\varepsilon}{\mu}$) com coordenadas definidas, absolutamente nenhuma mudança no campo é possível se derivarmos as equações das órbitas dos elétrons da propriedade extrema de

$$\int \left(g_{\mu\nu} \frac{dx_\mu}{ds} \frac{dx_\nu}{ds} + \varphi_\mu \frac{dx_\nu}{ds} \right) ds.^{19}$$

Passamos por Tenerife. Picos sob a brilhante luz do sol. Maravilhosa iluminação

der grünen steilen Höhen.

13.

Mittagessen mit Punterkatze und Kapitän. Viel Humor und auch Ernst. Irden und Ostdeutscher, beides feste Exemplare. Hat 3 Stunden gedauert. Habe Krigens Buch zu lesen begonnen. Merkwürdiges Manövrieren mit abstrakten Begriffen, die für östliche Menschen wohl auch einen Gefühlsgehalt haben. Weniger als 20° nördliche Breite bei ziemlich frischer Temperatur und starker Brise.

14.

Vormittag Musizieren mit einer jungen Witwe und Jüngling, es war sehr mässig. Nachmittags liest Frau Jerusalem bei dem sehr netten Kapitän, ihr Drama vor. Konflikt zwischen jüdischem Milieu

para as escarpadas montanhas verdejantes.

13

Almoço com a pantera e o capitão. Muito humor, mas também seriedade. Judia e alemão oriental, ambos espécimes sólidos. Durou três horas. Comecei a ler o livro de Koigen.[20] Estranha manipulação de conceitos abstratos que, para as pessoas do Oriente, certamente possuem conteúdo emocional. Menos de 20 graus de latitude norte, com temperatura bem baixa e vento forte.

14

Antes do almoço, toquei com uma jovem viúva e um rapaz; foi muito medíocre. À tarde, a sra. Jerusalem leu sua peça em voz alta na presença do agradabilíssimo capitão. Conflito entre o meio judaico

und einem grösseren Gesichts-
und Wirkungskreis suchendem
Sohn, einer Jesusgestalt. Allzu
abstrakt aber doch packend.
Erklärte der Frau Grundgedanken
der Relativität.

    Morgens wurde mir Geburts-
tagsbriefchen gebracht. Ich war
doch gerührt. Abends Gespräch
über Wesen der Religion mit Jesing
haus. ~~Sonnenuntergang~~ bei ~~wundervollem Sternhimmel~~
Sonnenuntergang bei
wunderbarer Beleuchtung der
(Kap Vord.) Insel Fuike. Die Spitze der jäh
aufragenden Gebirgsinsel glühte,
das übrige in mattem Blau.
        15.
    Erster Tropentag, Matt aber doch
angenehm bei bedecktem Himmel.

e um jovem buscando um horizonte mais amplo e uma esfera de autoridade, uma figura como Jesus.[21] Excessivamente abstrata, mas cativante, mesmo assim. Expliquei à mulher o princípio básico da relatividade.

Pela manhã, recebi uma breve carta de aniversário.[22] Fiquei comovido mesmo assim. À noite, conversa sobre a essência da religião com Jesinghaus sob o maravilhoso céu estrelado. Pôr do sol com prodigiosa iluminação da ilha do Fogo (Cabo Verde). A ponta da íngreme e altíssima montanha brilhava, e o restante era de um azul fosco.

15

Primeiro dia tropical. Lânguido, mas agradável, com céu encoberto.

17.

Heute Aequatorfest mit Neptun und Taufe. Viel harmloser Jux. Habe verschiedentlich musiziert mit der fidelen Witwe Ohnesorg und einer jungen bemalten Chilenerin. Denn man muss am 19. bei Fest mitmachen. Muss auch den Offizieren Rel Vortrag halten. Splendid Isolation bröckelt ab. Aber die Reise dauert auch nicht mehr ewig. Hitze 22 Ream. im Schatten Nachts gehörig schwitzen Habe Überzeugung gewonnen, dass $(R_{ik} - \frac{1}{4} g_{ik} R) = T_{ik\alpha}$ nicht das Richtige ist. Überzeugung von Unmögl. von Feldtheorie im bisherigen Sinne verstärkt sich. Schade dass Margot nicht da ist.

17

Hoje, celebração com Netuno e batismo equatorial. Muitas brincadeiras inocentes. Toquei várias vezes com a alegre viúva Ohnesorg e uma jovem chilena excessivamente maquiada. Comparecimento ao jantar do dia 19 é obrigatório. Também fiz uma palestra sobre relatividade para os oficiais. O isolamento esplêndido está desmoronando. Mas a viagem não durará para sempre. Calor de 22 graus Réaumur na sombra.[23] Suei a noite toda. Estou convencido de que $\left(R_{ik} - \frac{1}{4} g_{ik} R \right) = T_{ik_{el}}$ não é a coisa certa. Minha convicção sobre a impossibilidade da teoria do campo se intensifica.[24] Que pena Margot não estar aqui.

Allein ist schön, aber nicht
allein unter viel fremden Affen.
19.
Vorgestern Aequatorfest in 1., gestern
in 2. Klasse mitgemacht. Bei ersterem
Argentiner schlecht abgeschnitten.
Reiche Klasse. Blasiert und dabei
Kinder. Bei letzterem naive
dankbare Menschen. Kapstein
schöne Witze (Schrot im Urin,
Patient mit den (wandernden
Schmerzen). Heute Besuch
des Maschinen- und Kesselraums
Grosser Eindruck. Abends
Konzert in 1. Klasse. Ich spielte
im Quartett Mozarts Nachtmusik
u. dann Beethovens Romanze
in f-dur. Argentiner unsäglich
blöde Produktionen. Und für
mich — was Herzigkeit und son-

A solidão é agradável, mas não entre tantos macacos estrangeiros.

19

Antes de ontem, batismo equatorial na primeira classe; ontem, na segunda classe. Na primeira, os argentinos fizeram feio. Classe rica. *Blasé*, mas infantil. Na segunda, pessoas ingênuas e gratas. Capitão, boas brincadeiras (partículas na urina; paciente com dor viajando de cima para baixo). Hoje, visita às salas do motor e da caldeira. Grande impressão. À noite, concerto na primeira classe. Toquei em um quarteto, primeiro "Nachtmusik" de Mozart, e depois "Romance em fá maior" de Beethoven.[25] Os argentinos são criaturas indizivelmente estúpidas. Estou livre deles, finalmente. No que diz respeito ao intelecto e

stigen Gehalt anlangt erledigt, wenigstens die M d? F. Tesinghaus zeigte mir populäre urgente Musik, von Chikas herrührend. Naturhaft und gross. Da muss herrliches untergegangen sein an diesem Volk. Necke mich viel mit Punterkatze, die mich unausgesetzt ergründet. Sie ist amüsant in ihrer ernsten und impertinenten Art. Fräulein von russischem Typus

Ich spiele jeden Tag mit einem H. Holländer, Frau Ohnesorg und dem Promgeiger der Schiffskapelle Quartett, Mozart und Schubert in meiner Kajüte. Man schwitzt arg dabei, aber man ist beglückt.

Idee zur ~~Begründung~~ Erklärung der Kohärenz von nach verschiedenen Richtungen emittierter Strahlung. (18.III.)

DIÁRIO DE VIAGEM: ARGENTINA, URUGUAI, BRASIL   **127**

outras questões, são membros da classe rica e ociosa.[26] Jesinghaus me apresentou à música popular argentina, originada nos incas. Naturalista e grandiosa. Coisas gloriosas devem ter perecido com aquela nação. Provoco muito a pantera, que está sempre me interrogando. Ela é divertida, de sua maneira séria e impertinente; uma judia do tipo russo.

Toco quartetos, Mozart e Schubert, todos os dias com certo sr. Holländer, a sra. Ohnesorg e o primeiro violonista da banda do navio em minha cabine. Suo terrivelmente ao fazer isso, mas fico deliciado.

Ideia sobre explicação da coerência da radiação emitida em diferentes direções.[27] **(18 DE MARÇO)**

22

Gestern Rio Rabbiner u. sonst einer sowie einige Ing. und Mediziner holten mich am Schiff ab. Zuvor $5\frac{1}{2}$-7 Rundfahrt in den Hafen. Himmel bedeckt und schwacher Regen, aber doch majestätischer Eindruck der bizarren Riesenfelsen. — Mein Begleitung sehr gemüthlich und angenehm. Botanischer Garten wie überhaupt Pflanzenwelt übertrifft die Träume von 1001 Nacht. Alles lebt und wächst sozusagen unter den Augen. Köstlich ist das Völkergemisch in den Strassen. Portugiesisch- indianisch - Negerisch mit allen Übergängen Pflanzenartig triebhaft, hitzgedämpft. Wundervolles Erlebnis. Eine unbeschreibliche Fülle von Eindrücken in

22

Ontem, no Rio, o rabino e mais alguém, além de engenheiros e médicos, buscaram-me no navio.[28] Mais cedo, entre 5h30 e 7 horas, entrada no porto. Céu encoberto e chuva leve, mas impressão majestosa de despenhadeiros gigantescos e bizarros. Companhia muito calorosa e agradável. O jardim botânico, na verdade, o mundo vegetal em geral supera os sonhos de *As mil e uma noites*.[29] Tudo vive e prospera, por assim dizer, diante de nossos olhos. A miscelânia de povos nas ruas é deliciosa. Portugueses, índios, negros e tudo no meio, de modo vegetal e instintivo, dominado pelo calor. Experiência maravilhosa. Indescritível abundância de impressões

14. Cartão-postal enviado por Einstein a Elsa e Margot. Einstein retratando a vista do bairro de Botafogo, no Rio de Janeiro, e incluindo uma nota na caligrafia de Einstein: "Guardem o cartão-postal, porque é bonitinho", 5 de maio de 1925 (cortesia dos Arquivos Albert Einstein).

OS DIÁRIOS DE VIAGEM DE ALBERT EINSTEIN

wenig Stunden.

27.

24. Montevideo mittags. Journalisten und andere Juden verschiedener Sorte, unter andren Nierenstein, Sekretär der Universität. Dieser ist ein resignierter, guter Mensch, aber die andern alle mehr oder weniger unsauber.

Schiff sollte 12 Uhr in Buenos eintreffen, blieb aber gegen 11 Uhr stecken, sodass erst 2½ Nachts Ankunft. Bin halbtot von dem unappetitlichen Gesindel. Frau Jerusalem und alle Stewarts stehen mir bei. 7 Uhr Morgens geht der Tanz auf dem Schiff wieder los 8½ gingen wir aus Land. Nierenot. hilft. Fahren zu Wassermanns. Endlich Ruhe, ganz abgehetzt. Gütiges(Haus

DIÁRIO DE VIAGEM: ARGENTINA, URUGUAI, BRASIL

em algumas horas.

27

24 Montevidéu ao meio-dia. Jornalistas e judeus variados, entre eles Nierenstein, secretário da universidade. Ele é boa pessoa, resignado a seu destino, mas os outros são mais ou menos sórdidos.[30]

O navio deveria chegar a Buenos Aires às 17 horas, mas encalhou às 11 horas, então a chegada foi às 2h30. Estou meio morto em função dessa gentalha repulsiva. A sra. Jerusalem e todos os comissários me cercam. 7 horas, recomeça a dança a bordo do navio. 8h30, desembarcamos.[31] Nierenstein ajuda. De carro até os Wassermann.[32] Paz, finalmente; completamente exausto. Amável e alegre

15

Frau. Nimmt alle Chikanen einer „freiwilligen Sekretärin" auf sich zusammen mit Frau Jerusalem. Nachmittags Kreis der Freundinnen („Soldaten") da sowie deutscher Gesandter.

Abends Besuch bei Rektor und Dekan, schlichte und freundliche Menschen ohne Pose, aber auch ohne das Gefühl einer Mission. Nüchtern, aber die und andere richtige Republikaner, in manchem an Schweizer erinnernd.

Stadt komfortabel und langweilig. Menschen zart, Rehaugen, Grazie, aber schablonenhaft. Luxus, Oberflächlichkeit.

Am 26. Menge Journalisten und Photographen. Um 12 Uhr Fahrt in Stadt und zum Markt.

DIÁRIO DE VIAGEM: ARGENTINA, URUGUAI, BRASIL

dona de casa. Assume toda a chicanaria de uma "secretária voluntária" juntamente com a sra. Jerusalem. À tarde, círculo de damas ("soldadas") aqui, assim como o embaixador alemão.[33]

À noite, visita ao reitor e ao deão.[34] Pessoas despretensiosas e amigáveis, sem arrogância, mas também sem qualquer senso de missão. Sóbrios, mas republicanos genuínos que, de certas maneiras, lembram os suíços.

Cidade confortável e tediosa. Pessoas delicadas, com olhos de corça, graciosas, mas estereotípicas. Luxo, superficialidade.

NO DIA 26, uma multidão de jornalistas e fotógrafos. Por volta das 12 horas, fomos de carro à cidade e à feira.[35]

16

südlich gemildertes New York.
Nachmittags Dekan von Laplata
zialiches Rektorenmenscherl mit
analogem Franchen und Deputation
der Juden. Letztere wollen mich
in Massenversammlung „feiern".
Da ich aber Nase pleng von
New York, lehne ich entschieden
ab. Nur Zusammenkunft mit
Deputationen bleibt übrig. Abends
Familie. Frau Terus spielt sich auf
mit sehr viel Witz und Geist, aber mit
forzierter Lustigkeit.

Heute Vormittag ruhig zuhause.
Nachmittag Empfang an der Universität
mit einleitendem Vortrag. —

Langer Saal, Cylindergewölbe.
Schwungvolle Reden, ich französisches
Gestöpsel bei Unruhe. Kulturlose Ange-
legenheit.

Nova York atenuada pelo sul. À tarde, deão de La Plata, homúnculo pequenino com esposinha análoga,[36] e delegação de judeus. Os últimos querem me "celebrar" em uma reunião em massa. Mas, como estou farto[37] de Nova York, neguei resolutamente.[38] Somente reunião com delegações permanece. Noite com a família. A sra. Jerusalem interpreta com muita espirituosidade e intelecto, mas hilaridade forçada.

[27] Manhã quieta em casa. À tarde, recepção na universidade com palestra introdutória. —[39]

Salão comprido, abóbada de berço. Discursos incitadores; eu, murmurando em francês em meio à comoção. Situação filistina.

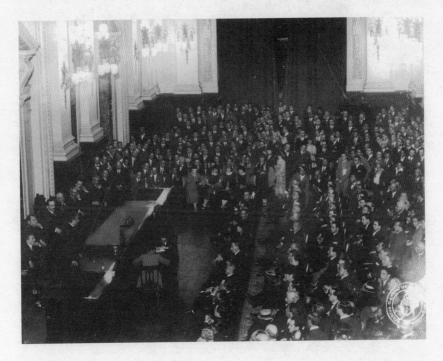

15. Aula inaugural de Einstein no Colegio Nacional, Buenos Aires, 27 de março de 1925 (cortesia do Archivo General de la Nación, Buenos Aires).

17

28. Erste Vorlesung in überfülltem
Saal bei Fredebütze. Jugend
ist immer erfreulich, weil in-
teressiert für die Dinge. Sym-
patischer Unterricht. Minister ist
auch da. Viel belanglose Besuche,
aber gut zum Aushalten.

Av. Abend des 27. Kleine Gesellschaft bei Hirsch. Er gewaltiger
Willensmensch, sie schöne Jüdin
ins ~~nigunghierende übersetzt~~
Typus Vice? Haus mit prächtigen
Bildern nebst Orgel. Die Sucht,
das Schöne für sich haben zu
bez. durch Kauf an ~~sich reissen zu wollen~~
wollen, ist immer erste Schritt vom
Barbaren zum feinen Menschen.
Käglichkeit dem Kinde, dem es nicht
genügt, sich am Anblick der Schmetter-
lings zu freuen — sondern das nach
ihm tappen oder ihn gar ins Maul
nehmen muss, ... die ihren eigen-

DIÁRIO DE VIAGEM: ARGENTINA, URUGUAI, BRASIL 137

28 Primeira aula em salão superlotado com calor escaldante. Os jovens são sempre agradáveis, porque estão interessados nos tópicos. Agradável ministro da Educação também estava lá.[40] Muitas visitas insignificantes, mas toleráveis.

Na noite do dia 27, pequena reunião na casa dos Hirsch. Ele, uma pessoa poderosa e voluntariosa; ela, uma bela judia, do tipo Alice, mas com uma natureza triunfante.[41] Casa com magníficas fotografias e órgão. O desejo de se apossar da beleza, ou de comprá-la e agarrá-la, é o primeiro passo do bárbaro para a pessoa refinada. Comparável a uma criança, para quem não é suficiente sentir prazer ao ver uma borboleta, precisando tatear atrás dela ou mesmo colocá-la na boca a fim de obter

tümliche Befriedigung zu erlangen.

29. Regensonntag in glückseliger Ruhe
allein auf meinem Zimmer am
Nachmittag Spaziergang mit H. Wassermann
Vormittag. Man braucht ziemlich viel
äussere
Ruhe, um in der Ruhe Seligkeit
finden zu können. Meine Vorbereitung
hiefür in der letzten halben Woche war
30. Regens   *Montag 30.*
reichlich genügend. Nachmittags
Vorlesung mit Diskussion. Abends
bei
Robert und Hofer; wie sind zwar
alt geworden! 12 - 1½ Besuch
bei Prensa. Ungeheuer Aufwand
von Papier und Menschen und
Technik für?. Traurige Zeit
kommt einem zu Bewusstsein.

31. Besuch in Redaktion von „Das Volk"
und in Judenviertel sowie mehreren
„Schulen" und Waisenhaus. Die Tragik
des jüdischen Volkes; es verliert mit
den Läusen die Seele. Ist es nicht

DIÁRIO DE VIAGEM: ARGENTINA, URUGUAI, BRASIL

a satisfação peculiar de uma criança.

29 Domingo chuvoso em abençoada paz, sozinho em meu quarto durante a manhã. É preciso muita inquietação externa para se sentir abençoado pelo silêncio. Minha preparação para isso na última meia semana foi bastante copiosa. À tarde, conversei com o sr. Wassermann. **30** Segunda-feira chuvosa. **30** À tarde, palestra com discussão. Noite na casa dos Robert com Hofer; como envelhecemos![42] 12 horas às 13h30, visita à *Prensa*. Imenso uso de papel, pessoal e tecnologia, e para quê? Dei-me conta de quão tristes são os tempos.[43]

31 Visita à redação do *Dos Volk* e ao bairro judaico, assim como muitos *shuls* e o orfanato.[44] A tragédia do povo judaico: ele perde a alma junto com os piolhos. É

mit anderen Völkern auch so
ähnlich? Ich glaube doch nicht
so ausgesprochen.

Nachmittags bei Hofer auf seinem
Landgut im „el Tigre". Hat eine
Tochter von ächt Schweizer Art
und lebt sehr beschaulich.
1 IV. Vormittags Flug über Stadt
mit Junker-Wasserflugzeug
mit Frau Wassermann. Erhabener
Eindruck, besonders beim
Auffliegen.

Nachmittags Besuch bei Ministern und Präsident. Besuch
des Völkermuseums, Vortrag und
Abendessen bei Lugones. Das
reicht.
2 IV. Besuch in La Plata. Hübsche,
stille, italienisch anmutende
Stadt mit prächtigen Universitäts-

similar com outros povos? Acho que não tão marcadamente.

À tarde, com Hofer em sua propriedade rural em "El Tigre". Tem uma filha de genuína natureza suíça e leva uma existência plácida.

1º DE ABRIL Pela manhã, voo sobre a cidade em hidroavião Junker[s] com a sra. Wassermann.[45] Sublime impressão, especialmente durante a subida.

À tarde, visita a ministros e presidente. Visita ao museu etnológico, palestra e jantar na casa dos Lugones.[46] Mais que suficiente.

2 DE ABRIL Visita a La Plata. Cidade bonita e silenciosa, parecida com as italianas, com magníficos

16. Voo de Einstein sobre Buenos Aires, *Crítica*, 1º de abril de 1925 (cortesia da Biblioteca Nacional Mariano Moreno, Buenos Aires).

gebäuden, die nach nordamerikanischer Art eingerichtet sind. Besuch des sehr interessanten naturhistorischen Museums. Einweihungsfeier des Semesters mit sehr langer Rede und musikalischen Vorträgen.

3 IV. Essen von Rektor. Vortrag

4. Abends Robert mit Dreyfus. Letzterer gescheit und dabei gemütlich. Macht bürgerlich-schiffig-gutmütigen Eindruck. Vorher nachmittags Vorlesung in philosoph. Fakultät über anschaul. Vorst. des sphärischen Raumes.

5. Mit Wassermanns Autofahrt in deren Gut Lavajol.

6. Morgens Besuch mit hiesigem Physiologen bei Augenarzt und Börsenmakler Tortin. Zeigte Experimente über subjekt. Ersch.

edifícios universitários, mobiliados no estilo norte-americano. Visita ao muito interessante museu de história natural. Cerimônia inaugural do semestre com longuíssimo discurso e apresentações musicais.[47]

3 DE ABRIL Refeição com o reitor. Palestra.[48]

4 Noite, Robert com Dreyfus. O último perspicaz, mas prazerosamente jovial. Causa impressão burguesa, afiada, bem-humorada. Antes disso, palestra à tarde na Faculdade de Filosofia sobre a representação intuitiva do espaço esférico.[49]

5 Com os Wasserman, de carro até sua propriedade Lavajol.[50]

6 Pela manhã, com fisiologista local, visita ao oftalmologista e corretor de ações Fortin. Demonstração de experimentos sobre fenômenos subjetivos

21

auf der Retina bei Verwendung
von intens. monochromatischem
Licht. Nachmittags Vortrag. Abends
grosse Versammlung der Zionisten
in Theater wegen Univ. Jer. Spanier
mit eleganten Pathos traten auf
Ich kurze Ansprache. Mossinsohn
auf jüdisch in volkstümlicher
Weise. Das jüdisch ist von merk-
würdiger Innigkeit des Ausdrucks.
7. Besuch in Klinik des Rektors Arce.
Gute Einrichtungen. Tüchtiger
Mann. Sticht sehr ab von Umgebung.
8.9.10. Landaufenthalt in Lavajol
Schöpfte neue Kräfte. Original
Don Pablo Ameisen. Schönes Wetter
wunderbare Ruhe. Prächtige Idee
für neue Theorie des Zus. Grav.
Elektrizität.
11.12. Abends Reise in Extrawagen

na retina através da aplicação de intensa luz monocromática. Palestra à tarde. À noite, grande reunião de sionistas no teatro em relação à universidade de Jerusalém. Espanhóis subiram ao palco com elegante *páthos*. Eu, curto discurso. Mossinson em iídiche de maneira informal.[51] O iídiche tem uma notável intimidade de expressão.

7 Visita à clínica do reitor Arce.[52] Bem equipada. Homem capaz. Grande contraste com o que o cerca.

8 9 10 Estadia no campo em Lavajol. Renovei as energias. Formigas Don Pablo originais. Clima agradável, maravilhosa quietude. Esplêndida ideia para uma nova teoria sobre a conexão entre a gravitação e a eletricidade.[53]

11 Viagem noturna em vagão ferroviário especial

17. Parada de Einstein em Sunchales, província de Santa Fé, a caminho de Córdoba, 12 de abril de 1925 (cortesia do Centro Marc Turkow, Asociación Mutual Israelita Argentina, Buenos Aires).

Logarte

mit Ing. Butty, Phil. Dekan Alberdue
und Ing. Dekan nach Cordoba.

12. Sonnt. Autofahrt in altes, malerisch-
kärglich bewachsenes Granitgebirge
Abends sehr langweiliges Essen
v. Regierung.

13. Festsitzung und Vortrag in Universität
wunderv. Saal der
Mittagessen neben neuem Gouverneur
der Provinz, einem sehr feinen, interessanten Menschen. Sonst nur ermüdende
Fülle von Spaniern, Journalisten
und Juden drollige hebräische Anrede
von zitternder Jungfrau. Abends
Schlaf in Extrawagen

14. Rückfahrt nach Buenos. Ausser
Alberdi gew. Menschen. Glücklich
bei Ankunft. Bin schrecklich
menschenmüde. Der Gedanke,
noch so lange herumziehen
zu müssen, lastet schwer auf mir.

com engenheiro Buty, Loyarte, deão de Filosofia Alberini e deão de Engenharia até Córdoba.[54]

12 Domingo. De carro até montanhas de granito antigas, pitorescas, esparsamente arborizadas. À noite, refeição muito tediosa [oferecida] pelo governo.[55]

13 Sessão festiva e palestra no maravilhoso salão da universidade. Refeição do meio-dia com o novo governador da província, uma pessoa muito refinada e interessante. Com exceção dele, somente uma cansativa pletora de espanhóis, jornalistas e judeus; divertido discurso em hebraico feito por uma donzela trêmula.[56] À noite, dormi no vagão ferroviário especial.

14 Viagem de retorno a Buenos. Com exceção de Alberini, pessoas comuns.[57] Feliz por chegar. Estou terrivelmente cansado de pessoas. A ideia de ainda ter de permanecer por tanto tempo me oprime.

18. Einstein chegando a Córdoba com professores da universidade, incluindo o professor de Direito Guillermo Rothe e o reitor Léon S. Morra, 12 de abril de 1925 (cortesia do Archivo General de la Nación, Buenos Aires).

23

Gesamteindruck lackierte Indianer
mexikanisch ohne Kulturliebe, im
Ochsenfett vorkommen. Cordobe zeigt
Reste ächter Kultur mit Liebe
zum Boden und Sinn für das
Hohe. Wunderbare Kathedrale. Häuser
fein proportioniert (altspanisch) ohne blöden Schmuck
Schöner aber Pfaffenherrschaft. Ist aber
immer noch besser als suffisante
Zivilisation ohne Kultur

16. 10h Sitzung der zionistischen Exekutive
im dortigen Bureau. Sehr feierlich
Als mir Kuriositäten gezeigt wurden
fand sich unter Wand-Photographie
ungeheurer Dreck. Hoffentlich nicht
als Symbol zu werten.

Nachmittags Sitzung der Akademie
Wurde auswärtiges Mitglied. Man stellte
wissenschaftliche
sehr dumme Fragen an mich, sodass
es schwer war, ernst zu bleiben.

Impressão geral, índios envernizados, ceticamente cínicos, sem qualquer amor pela cultura, degenerados pela banha bovina. Córdoba exibe vestígios de genuína cultura, com amor pelo solo e um senso de sublime. Catedral maravilhosa.[58] Edifícios de proporções refinadas (espanhóis antigos) sem ornamentação estúpida. Mas, em contrapartida, governo clerical. Ainda é melhor que uma civilização orgulhosa sem nenhuma cultura.[59]

16 Sessão às 10 horas com o executivo sionista no cargo aqui. Muito festiva.[60] Quando me mostraram curiosidades, tremenda sujeira foi revelada sob uma fotografia na parede. Espero que não seja um símbolo.

À tarde, sessão da Academia. Tornei-me membro estrangeiro. Perguntas científicas muito estúpidas foram feitas, então foi difícil permanecer sério.[61]

19. Einstein na Universidade de Córdoba, 13 de abril de 1925 (cortesia do Archivo General de la Nación, Buenos Aires).

Früh

17.[Vor.] Maler photographiert. Nachmittags vorletzte Vorlesung. Abends Empfang bei der deutschen Botschaft. Lauter Hiesige, keine Deutsche, denn der Gesandte scheint es nicht gewagt zu haben, letztere zu mir einzuladen. Drollige Gesellschaft, diese Deutschen. Ich bin ihnen eine stinkende Blume und sie stecken mich doch immer wieder ins Knopfloch.

18. Nachmittags Privatvortrag in Wassermanns Haus für Regiment ohne Pauterkatze. Letztere proges wegen Vernachlässigung. Abends Societa Hebraica. Vortrag über Wesen des Zionismus und Grösse der Atome.

19 Sonntag. Ausflug mit W. nach Lavajolle. Abends bei Zaslavski mit Robert. Dann Empfang durch Vertretung jüdischer Kreise in Hotel. Reden von Gesang und Morrinson.

DIÁRIO DE VIAGEM: ARGENTINA, URUGUAI, BRASIL   **151**

17 Fotografado mais cedo por um pintor. À tarde, penúltima palestra. À noite, recepção na embaixada alemã. Somente locais, sem alemães, pois o embaixador parece não ter ousado convidar os últimos para me ver.[62] São um grupo engraçado, os alemães. Para eles, sou uma flor fedorenta; mesmo assim, eles colocam-me repetidamente na lapela.

18 À tarde, aula particular na casa dos Wassermann para o regimento sem a pantera. Ela está *broges* [iídiche para "zangada"] por ser negligenciada. À noite, Sociedade Hebraica. Palestra sobre a natureza do sionismo e tamanho dos átomos.[63]

19 Domingo. Excursão com W[assermann] até Lavajolle. À noite, casa dos Zaslavski com Robert. Então recepção dos representantes das associações judaicas em um hotel. Discursos de Gesang e Mossinson.[64]

25

20. Letzter wissenschaftlicher Vortrag
   mit Begeisterung des Publ.
21. Vormittags sehr geschmackloser
   Empfang in jüdischem Spital.
   Ich habe die Leute heruntergeputzt.
   Mittags Frühstück der engeren Kollegen
   im Klubhaus Tigre. Abends Widmungs-
   gedichte für Photographien:

Frau Wassermann:

   Herrgott was sie alles kann
   Die signora Wassermann
   Doch das Telefon regieren
   und der Haute Volée servieren
   Auch verbreiten herbe Tugend
   Bei der - ach! - schon ältern Jugend
   Warm Gemüt und hell Verstand
   Dankend reich ich ihr die Hand.

DIÁRIO DE VIAGEM: ARGENTINA, URUGUAI, BRASIL   153

20 Última palestra científica para delírio da plateia.[65]

21 Pela manhã, recepção de muito mau gosto no hospital judaico. Coloquei aquela gente em seu devido lugar. Ao meio-dia, café da manhã oferecido por colegas mais próximos no Clube Tigre.[66] À noite, poemas de dedicatória para fotografias:

Sra. Wassermann:[67]

Deus todo-poderoso, quantas coisas pode fazer

aquela *signora* Wassermann.

Governar pelo telefone

E oferecer voos altos

Também disseminar austera virtude

Entre os — infelizmente! — agora mais velhos jovens.

Temperamento caloroso e mente clara

Gratamente lhe estendo a mão.

Prof. Nierenstein

Wohl Geführt von Ihrer Hand
Tappt' ich tapfer durch dies Land
Wer weiss so, was sich gebührt,
Dass mir keiner mroges wird?
Allen sieht ins Herz hinein
Herr Professor Nierenstein
Dank um seine Seele mild
Künd' ihm dieses Tabio – Bild

Panterkatze:

    Dieses für die Panterkatze
    Traurig sich verkrochen hat se
    In den Dschungel bös und wild
    Also kriegt sie dieses Bild,

22. Offizielles Frühstück für Gross-
kopfete der Wissensch + Politik
(Gallurdo, Rektor Dekane (Gesandte etc)
Abends Studenten Guitarre + Gesang
ich zum Schluss mit Gedge

Professor Nierenstein[68]
Guiado por sua mão
Trotei bravamente por esta terra.
Quem sabe o que é adequado
Para evitar que alguém fique *broges*?[69]
Ele vê o coração de todos,
o professor Nierenstein
Meu agradecimento a sua alma gentil
Representado por este retrato de um *sabio*.[70]
Pantera:[71]
Este é para a pantera
Em fúria, ela recuou
Para a selva, bravia e selvagem
Então este é o retrato que recebe.

22 Café da manhã oficial para figurões da ciência e da política (Gallardo, reitor, deãos, diplomatas etc.). À noite, estudantes, violão e canto; no fim, toquei violino.[72]

27

23. Viel Einzelheiten, Scharf
schenkt mir Ölbild. Abend
Abreise

24 2 Uhr morgens Ankunft
Montevideo. Beschlösse
Krankheit. Übersicht über
M. vom Versicherungs-
Gebäude. Einquartiert
in russische jüd. Familie
Rosenblatt. Besuch des deutsch.
Gesandten. Ras Fereira Bummel
einer schwarzer nervöser Kerl. Spricht
schlecht französisch, noch schlechter
als ich. Hatte Scheu vor mir wie der
meisten.

In Uruguay fand ich eine ächte
Herzlichkeit wie selten in meinem
Leben. Ich fand dort Liebe zum eigenen
Boden ohne irgend welchen Grössenwahn.
Nach der Ankunft mit Rosenblatt und

23 Muitos detalhezinhos. Scharf me deu uma pintura a óleo. Partida noturna.[73]

24 7 horas, chegada a Montevidéu. Decidi que estou doente. Vista de M[ontevidéu] do edifício da seguradora. Hospedado com família de judeus russos Rosenblatt. Visita do embaixador alemão. Passeio com Ras Fereida, camarada decente, negro, nervoso.[74] Fala francês muito mal, ainda pior que eu. Tímido em minha companhia, como a maioria.

No Uruguai, encontrei genuína cordialidade, como raras vezes antes em minha vida. Aqui encontrei o amor pelo solo sem qualquer tipo de megalomania. Após chegada com Rosenblatt e

20. Einstein desembarcando do navio ao chegar a Montevidéu, 24 de abril de 1925 (cortesia do Instituto Leo Baeck, Nova York).

Schönen von Versicherungs-Haus aus
prachtvoller Blick auf Stadt und Hafen.
Die Familie sehr herzlich und treu-
herzig. Es ... jiddisch, die Kinder
nur französisch.

Prof. Ing. Maggiolo sehr lieber, feiner
Mensch, leise und in sich gekehrt,
gar nicht amerikanisch. Ing. Castro
jüngerer auch netter Mensch mit
reizendem rotbackigem Söhnchen.

25. Erste Vorlesung mit feierlichem
Empfang. Abends mit Maggiolo
und Rosenblatts, deutschem Gesandten
Traviata von italienischer Truppe.
Recht hübsch.

26. [Sonntag] Küsten-Spaziergang mit
Bürgermeister. Sehr hübsch, mit Sonnen-
Untergang. Geschmackvolles Strandhotel
wurde mir gezeigt, von einem ...
gebaut. Abends Lohengrin mir zuliebe

filhos, esplêndida vista da cidade e do porto a partir do edifício da seguradora. A família foi muito receptiva e confiante. Ele e ela só falam iídiche, as crianças só falam francês.[75]

Professor engenheiro Maggiolo, pessoa muito gentil e decente, quieto e introvertido, de modo algum americano. Engenheiro Castro, mais jovem, também gentil, com o adorável filhinho de bochechas vermelhas.[76]

25 Primeira palestra com recepção cerimonial.[77] Noite com Maggiolo, os Rossenblatt e o embaixador alemão. *Traviata* pela companhia italiana. Bastante agradável.

26 (Domingo) Caminhada pela praia com o prefeito. Muito bonito, com pôr do sol. Hotel à beira-mar de muito bom gosto, construído por um nativo. À noite, *Lohengrin*

21. Einstein e Amadeo Geille Castro, Montevidéu, 24 de abril de 1925 (cortesia do Instituto Leo Baeck, Nova York).

29

gespielt. Schwankte zwischen gut und komisch. Liegt nicht nur an der Truppe.' Zwei Studenten halten immer Wache, dass kein Unberufener zu mir kommt. Habe einen rührenden Diener zugeteilt bekommen, mit dem ich mich nur mit den Händen verständigen konnte.

Uruguay glückliches Ländchen, nicht nur lieblicher Natur und angenehmen feuchtwarmen Klima sondern auch mit vorbildlichen sozialen Einrichtungen. (Mutter & Kinder-Schutz, Versorgung alter Leute und unehelicher Kinder, 8-Stundentag, Ruhetag). Sehr liberal Staat von Kirche ganz getrennt. Verfassung der schweizerischen einigermassen ähnlich. Montevideo

DIÁRIO DE VIAGEM: ARGENTINA, URUGUAI, BRASIL **161**

foi tocada em minha homenagem. Flutuou entre o bom e o cômico. Não somente por causa dos cantores![78] Dois estudantes mantiveram guarda constante a fim de que nenhuma pessoa não autorizada se aproximasse de mim. Um garçom comovente me foi designado, com quem só pude me comunicar através de gestos.

O Uruguai, um paisinho feliz, possui não somente uma natureza encantadora, com clima úmido e agradavelmente quente, como também instituições sociais modelares (proteção a mães e crianças, atenção a idosos e filhos ilegítimos, jornada de 8 horas, dia de descanso). Muito liberal, com o Estado completamente separado da Igreja. Constituição em alguns aspectos similar à Suíça.[79] Montevidéu

30

architektonisch hübsch im Kolonialstil.
27. Morgens mit Senats-Präsident
in Fabrik zur Bearbeitung des einheimischen,
sehr schönen und mannigfaltigen
Marmors. Sehr gescheiter aber geriebener
jüngerer Mann, der Lugones in
der Kommission d. Coop. Int. des V. B.
vertreten soll. Maggiolo und Castro
sowie einige andere waren auch
dabei. Dann Besuch des neuen,
fast vollendeten Regierungsgebäudes.
Sehr geschmackvoll in Hochrenaissance
von innen, von italienisch — schwei-
zerischem Architekten ausgeführt.
Nachmittags Besuch bei Präsidenten
der Republik und Unterrichtsminister.
(Auch bei Schweizer-Konsul Meyer, der in Aarau Schüler war)
Ersterer interessanter Kopf, letzterer
in sehr schönem altspanischem
Hause. Dann Vorlesung. Abends
Familie Rosenblatt. Drei Söhne, zwei

DIÁRIO DE VIAGEM: ARGENTINA, URUGUAI, BRASIL

arquitetonicamente bonitinha, em estilo colonial.

27 Pela manhã, visita com o presidente do Senado a uma fábrica de beneficiamento do mármore nativo, muito belo e variado. Jovem muito esperto, mas malicioso, que supostamente representa Lugones no Comitê de Cooperação Intelectual da Liga das Nações. Maggiolo, Castro e alguns outros também estavam presentes. Depois visita ao novo e quase terminado edifício governamental. Interior de muito bom-gosto da alta Renascença, executado por arquiteto suíço-italiano.[80] À tarde, reunião com o presidente da República e o ministro da Educação. (Também com o cônsul suíço Guyer, que estudou em Aarau.) O primeiro tem uma mente interessante, o último em um edifício espanhol antigo e muito belo. Então palestra.[81] À noite, família Rossenblatt. Três filhos, dois

verheiratet und eine nicht hübsche.
aber gutherzige verlobte Tochter.
28. 6 Uhr Empfang der deutschen
Kolonie. Gemütlich und angenehm
mit Kaffee - Begleitung. Wahrschein-
lich waren nur die liberalsten erschienen
Abends feierliches Bankett der Juden
Völkerbundskommission zur Immigration von Kriegs - Vertriebenen
war dabei. Sass neben interessanten
Engländer (Nansens Mitarbeiter)
Latzki (Russe, in Berlin wohnend)
war auch dabei. Erhielt von
ihm Empfehlungsbrief an Gallardo.
29. Empfang in ~~Polyt~~ Ing. Schule
~~Dipla~~ Gedenkmedaille der Studenten.
Letzte Vorlesung. Abends grosser
Empfang bei deutschem Gesandten,
bei dem nur ungarische Politiker
und Gelehrte waren.

casados, e uma filha noiva, de pouca beleza, mas gentil.

28 18 horas, recepção oferecida pela colônia alemã. Aconchegante e agradável, acompanhada de café. Provavelmente só os mais liberais compareceram. À noite, banquete formal organizado pelos judeus. Comissão de Imigração de Refugiados de Guerra da Liga das Nações estava presente. Sentei-me ao lado de um inglês interessante (colega de Nansen). Latzki (russo, residente de Berlim) também estava lá. Recebeu de mim uma carta de recomendação para apresentar a Gallardo.[82]

29 Recepção na Faculdade de Engenharia. Medalha memorial dos estudantes. Última palestra. À noite, grande recepção oferecida pelo embaixador alemão, à qual compareceram somente políticos e acadêmicos uruguaios.[83]

22. Einstein visitando a Faculdade de Engenharia de Montevidéu com Amadeo Geille Castro e o deão Donato Gaminara, 29 de abril de 1925 (cortesia do Instituto Leo Baeck, Nova York).

32

30. Morgens kino Südpol-Expedition, austral. Archipel und ein hübscher Shapley-Films (der falsche Pastor) eigens für mich von Glücksmann aufgeführt. Nachmittags wundervolle Segelpartie. 6 Uhr Empfang im Jugendverein. Abends 9 Uhr grosses Bankett gegeben von Regierung und Universität. Ich sass neben Präsident und einem Minister (Wacht am Rhein statt deutsche Hymne gespielt, deutsche Ges. und ich schmunzle) und unterhielt mich vortrefflich. Die Menschen waren verehrend und ohne Ceremoniel. Aber ohne Smoking gehts nicht. N.B. Bemerkung, das über Montevideo ist aus dem Gedächtnis am Dampfer geschrieben. In Wirklichkeit war es viel mehr und viel bunter, sodass ich bei aller Liebe manchmal kaum mehr gaben konnte. Es war aber

30 Pela manhã, cinema. Expedição ao Polo Sul, arquipélago australiano e um agradável filme de Shapley [Chaplin] (*Pastor de almas*), exibido especialmente para mim por Glücksmann.[84] À tarde, passeio maravilhoso em um veleiro. 18 horas, recepção na Associação de Engenheiros. 21 horas, grande banquete oferecido pelo governo e pela universidade. Sentei-me ao lado do presidente e de um ministro e fui fantasticamente entretido. "Wacht am Rhein" foi tocada no lugar do hino alemão![85] Eu e o embaixador alemão rimos. As pessoas foram comoventes e não fizeram cerimônia. Mas nada acontece sem um smoking.

Comentário: o texto sobre Montevidéu foi escrito de memória no navio.[86] Na realidade, houve muito mais e foi tudo muito mais vívido, a ponto de às vezes eu mal conseguir respirar debaixo de todo aquele amor. Mas foi

viel menschlicher und erfreulicher
als in Buenos Aires, wozu natürlich die kleineren Dimensionen
des Landes und der Stadt beitrugen.
Diese Leute erinnern eben an Schweizer und Holländer. Bescheiden
und natürlich. Hol' der Teufel
die grossen Staaten mit ihrem
Fimmel. Ich würde sie alle
in kleinere zerschneiden, wenn
ich die Macht dazu hätte.
1V. Alle Arbeit ruht und
keine Autos dürfen fahren
Ich werde mit Stadt-Auto
zur Bahn gebracht und mit
Hafendampfern samt der zahl
reichen Begleitung aufs Schiff
gebracht. Valdivia, französisch.
Sehr dreckig, und klein aber freundliche
Mannschaft und gemütlich. Nur

muito mais humano e agradável que em Buenos Aires, para o que as dimensões menores do país e da cidade contribuíram, é claro. As pessoas simplesmente me lembraram dos suíços e alemães. Modestas e naturais. Danem-se os países grandes e seus modismos! Eu os dividiria em países menores, se tivesse poder para isso.

1º DE MAIO Ninguém trabalha e nenhum bonde pode circular. Sou levado de automóvel até o porto e de lancha, juntamente com meus numerosos companheiros, até o navio Valdivia. Francês, muito sujo e pequeno, mas aconchegante e com tripulação amigável.[87]

23. Einstein partindo de Montevidéu, 1º de maio de 1925 (cortesia do Archivo El País, Montevidéu).

vor dem Abtreten graut man.
3 Tage kann mans aber aushalten.
Meine Nerven sind abgespannt. Ich
gäbe was drum, wenn ich in Rio
nicht noch einmal aufs Trapez
müsste. Aber man muss aushalten.
2V Der Schiffsarzt hat mir ein
Buch von Le Bon mit Aphorismen
zur Politik und Soziologie gegeben.
Geistreich, aber nicht frei von gewissen
Vorurteilen, insbesondere das kommunis-
tische Problem betreffend. Er raisonniert
wie die Liberalen von 1850. Auch ist
er nicht frei von Militarismus.
Es wird ziemlich heiss. Dazu das
ziemlich schwere und schlecht
gekochte Essen. Man schläft schlecht Gesellschaft am
„Honoratiorentisch" recht gemütlich,
besonders Kapitän. Sind viel angenehmer
als Deutsche, viel schlechter und

Estremeço ao lembrar das latrinas. Mas posso suportá-las por três dias. Estou tenso. Daria tudo para não voltar ao trapézio no Rio. Mas é preciso persistir.

2 DE MAIO O médico do navio me deu um livro de Le Bon com aforismos sobre política e sociologia. Espirituoso, mas não livre de certos preconceitos, particularmente em relação ao problema comunista. Ele argumenta como os liberais de 1850. Tampouco está livre de militarismo.[88] Está ficando muito quente. Soma-se a isso a comida muito pesada e mal preparada. Durmo mal. A companhia na "mesa dos dignitários" é bem-humorada, particularmente o capitão. Eles são muito mais agradáveis que os alemães, menos pretensiosos e

natürlicher. Dabei von einem gewisse[n] Feingefühl, nicht zudringlich. All meine wissenschaftlichen Ideen, die ich in Argentinien ausdachte, erweisen sich als unbrauchbar. Das Wetter ist schlecht bis mittelmässig.

3. Wetter etwas besser. Viel Wind, aber wenig erfrischend. Die Ruhe aber thut wohl. Morgen abend ist die Herrlichkeit vorbei, und ich muss ein letztesmal aufs Trapez. Diese paar Tage Affenkomödie werde ich mit Gottes Hilfe noch aushalten. Dann kommt dafür eine schöne lange Heimreise. Ich kann mir ein regelmässiges, stilles Leben kaum mehr vorstellen, soviel Unruhe und Wechsel liegen hinter mir. Wie werden sich unsere Papierhelden freuen, dass sie dem Michel den Hindenburg auf-

DIÁRIO DE VIAGEM: ARGENTINA, URUGUAI, BRASIL   **173**

mais naturais. Ao mesmo tempo, têm certa sensibilidade, não são intrusivos. Todas as ideias científicas que tive na Argentina se provaram inúteis.[89] O clima vai de ruim a ameno.

3 Clima um pouco melhor. Muito vento, mas ele praticamente não refresca. A tranquilidade é agradável, porém. Amanhã à noite esse esplendor chegará ao fim e terei de subir no trapézio pela última vez. Com a ajuda de Deus, sobreviverei a mais dois dias de bufonaria. Em troca, haverá uma longa e bela viagem de retorno para casa. Quase já não consigo imaginar uma vida quieta e regular, em função de toda a agitação pela qual passei. Como nossos heróis de papel gostarão de ter persuadido o alemão comum e honesto a votar em Hindenburg.[90]

geschwatzt haben. Dem Deutschen Gesandten in Montevideo wars peinlich, und die Uruguayer machten sich über die Deutschen lustig: Die Nation, der man mit dem Stock die Klugheit ausgetrieben hat. 4. Ankunft in Rio bei Sonnenuntergang und prächtigem Wetter. Granitfels-Inseln von phantastischen Formen sind vorgelagert. Feuchtigkeit gibt geheimnisvolle Wirkung. Schiffsarzt erzählt von zwei Erlebnissen über Telepathie (Er träumt, von Bauer von Lande abgeholt zu werden zu 17jähr. Tochter wegen Geschwulst in Achselhöhle, die aufgeschnitten werden muss. Hat sich nächsten Tag genau bewahrheitet.) Er erzählt von zwei anderen Fällen, die ihm selbst passiert sein sollen. Gebildeter und nüchterner Mann. Zuletzt

DIÁRIO DE VIAGEM: ARGENTINA, URUGUAI, BRASIL   **175**

Foi constrangedor para o embaixador alemão em Montevidéu, e os uruguaios zombam dos alemães, chamando-os de nação que foi espancada até perder o bom senso.

4 Chegada ao Rio ao pôr do sol, com clima esplêndido. Em primeiro plano, ilhas de granito de formato fantástico.[91] A umidade produz um efeito misterioso. O médico do navio fala de duas experiências com telepatia. (Ele sonhou com um fazendeiro que o chamou para falar de uma massa na axila da filha de 17 anos, que precisaria ser lancetada. No dia seguinte, foi precisamente isso que aconteceu.) Ele conta de dois outros casos que supostamente aconteceram com ele. Homem educado e razoável.

37

mir auch Notiz über Pariser Experimente über Bakteriophagen, die ich aber bestimmt für falsch interpretiert halte.

Von Hotelmenschen im Hafen abgeholt und von Prof. und Juden am Quai erwartet. Machen alle tropisch aufgeweichten Eindruck. Der Europäer braucht grösseren Stoffwechsel - Anreiz als diese ewig feucht-warme Atmosphäre bietet. Was hilft da Naturschönheit und Reichtum? Ich glaube, dass das Leben eines europäischen Arbeitsklaven immer noch reicher ist, vor allem weniger traumhaft und verschwommen. Anpassung wohl nur unter Preisgabe der Regsamkeit möglich.

5. Spaziergang in die Stadt mit Kohn, Typus Geschäftshuber. Mittag mit dessen Frau

Também me mostra uma nota sobre os experimentos parisienses com bacteriófagos, que considero falsamente interpretados.[92]

Fui apanhado pelo pessoal do hotel no porto e esperei pelos professores e judeus no cais.[93] Todos me dão a impressão de terem sido amolecidos pelos trópicos. O europeu precisa de um estímulo metabólico mais intenso do que essa atmosfera eternamente mormacenta tem a oferecer. De que valem a beleza e a riqueza naturais nesse contexto? Acho que a vida de um escravo europeu ainda é mais rica e, acima de tudo, menos idílica e nebulosa. A adaptação provavelmente só é possível ao preço do estado de alerta.

5 Passeio pela cidade com Kohn. Um fanfarrão.[94] Hora do almoço com sua esposa

24. Einstein com o presidente da comunidade judaica Isidoro Kohn, Rio de Janeiro, maio de 1925 (cortesia de Marcelo Gleiser, Dartmouth College, NH).

und deren Gesellschafterin (?) im Hotel. Die
Frauen nett und lustig. Nachmittags Besuch
u. Einladung einiger deutscher Kaufleute.
Darauf mit Professoren nach „Zuckerhut".
Schwindelnde Fahrt über wilden Wald
an Drahtseil. Oben prächtiges Wechselspiel
von Nebel und Sonne. Abends Begrüssung
von jüdischen Vereinen. Dann nächtliche
Autofahrt mit dem sehr sympathischen,
klugen und feinen Rabbiner Raffalovich.
6. Spaziergang mit Silvanello in
oberen Stadtteil. Kluger feiner Mensch
der mich in die kleinen Intriguen der
Fakultät einführt. Die Sprache zieht
hier mehr als die Beobachtung. Mittag
in besserer Hafenkneipe. Scharfes Fisch-
gericht. Nachmittags Besuch bei
Präsident, Unterrichtsminister, Bürgermeister. Um 4 ½ erster Vortrag im
Ing. Klub in überfülltem Saal

e a dama de companhia dela (?) no hotel.[95] As mulheres são agradáveis e animadas. À tarde, encontro com alguns homens de negócios alemães. Em seguida, fui com professores até o Pão de Açúcar. Passeio vertiginoso sobre a floresta selvagem no teleférico. No topo, interação esplêndida entre a neblina e o sol. À noite, boas-vindas das associações judaicas. Em seguida, passeio noturno de carro com o muito amável, inteligente e decente rabino Raffalovich.[96]

6 Passeio com Silvamello na parte alta da cidade. Pessoa esperta e decente, que me apresentou às pequenas intrigas entre os professores. Aqui, a linguagem exerce mais atração que a observação. Ao meio-dia, pub na parte alta do porto. Peixe apimentado.[97] À tarde, reunião com presidente, ministro da Educação, prefeito. Por volta das 16h30, primeira palestra no Clube dos Engenheiros, em salão superlotado,

25. Primeira palestra de Einstein no Clube de Engenharia, Rio de Janeiro, 6 de maio de 1925, com Isidoro Kohn, o jornalista Assis Chateaubriand e o almirante Gago Coutinho, *Careta*, 16 de maio de 1925 (cortesia da Biblioteca Nacional, Rio de Janeiro).

39

bei Strassenlärm mit offenen Fenstern. Schon rein akustische Verständigung unmöglich. Wenig wissenschaftlicher Sinn. Bin da so eine Art weisser Elefant für den andern, sie für mich Äffen. Abends allein im Hotel auf meinem Zimmer geniesse nackt Blick auf die Bucht mit zahllosen (eine teils nackten) Felseninseln bei Mondschein.

7) Besuch in naturhist. Museum Tiere und Anthropol. Hauptsache Schönheit der Wirbelsäule einer Schlange als Konstruktion. Kultur der Indianer. Mumien (verkleinerte), Giftpfeile. Herrlicher Garten vor Museum. Statistik der Rassenmischung. Schwarze verschwinden wegen mangelnder Resistenzkraft der Mulatten allmählich durch

com barulho da rua chegando pelas janelas abertas. Por razões acústicas, a comunicação era impossível. Pouco senso científico.[98] Aqui sou uma espécie de elefante branco para eles, e eles são macacos para mim. À noite, nu e sozinho em meu quarto de hotel, aproveito a vista da baía, com incontáveis ilhas rochosas, verdes e parcialmente desnudas, ao luar.

7 Visita ao museu de história natural. Animais e antropologia são o foco principal. Beleza do design da coluna vertebral de uma cobra. Cultura dos índios, múmias miniaturizadas, flechas envenenadas. Magnífico jardim em frente ao museu. Estatísticas sobre miscigenação racial. Negros desaparecendo gradualmente através da miscigenação porque mulatos não possuem poder de resistência.

26. Einstein no Museu Nacional do Brasil, em frente ao meteorito Bendegó, com o engenheiro Alfredo Lisboa, presidente da Academia Brasileira de Ciências, Henrique Morize e o matemático Ignácio do Amaral, Rio de Janeiro, 7 de maio de 1925 (cortesia da Biblioteca Nacional, Rio de Janeiro).

Mischung. Indianer relativ wenig
zahlreich. Mittags bei Prof. Castro.
Richtiger Affe, aber interessante Gesellschaft:
russischer Archäologe, kluger Journalist;
Schriftstellerin, hübsch, klug und etwas
arrogant. Nachmittags Akademie der
Wissenschaften. Kerle sind gewaltige Redner
Wenn sie einen rühmen, so rühmen
sie die – Beredsamkeit. Ich glaube,
dass solche Afferei und Unsachlichkeit
doch mit Klima zu Thun hat. Die
Leute glauben es aber nicht.
8) Morgens Bes. des Biologischen
Institutes. Path. Anatomie. Krankheits
übertragende Insekten. Trypanosomen
durch Mikroskop. Nachmittags
Vorl. in Ing. Schule. Grosse Hitze
in überfülltem Saal. Abends
Einladung in deutschen Klub
"Germania". Gemütliches Abendessen.

Índios relativamente menos numerosos. Ao meio-dia, casa do professor Castro. Um macaco, mas companhia interessante: arqueólogo russo, jornalista esperto, escritora bonitinha, inteligente e meio arrogante. À tarde, Academia de Ciências. Esses camaradas são oradores fenomenais.[99] Quando elogiam alguém, eles elogiam — com eloquência. Acredito que tal tolice e irrelevância tenham relação com o clima. Mas as pessoas não pensam assim.

8 Visita matutina ao instituto de biologia. Anatomia patológica. Insetos transmissores de doenças. *Trypanosoma* no microscópio. À tarde, palestra na Faculdade de Engenharia. Muito calor no auditório superlotado. À noite, convite para o clube alemão Germania. Jantar aconchegante.[100]

27. Einstein no Instituto Oswaldo Cruz, com o especialista tropical Adolfo Lutz, o diretor do instituto Carlos Chagas, o engenheiro José Carneiro Felippe e o vice-diretor Leocádio Chaves, Rio de Janeiro, 8 de maio de 1925 (cortesia do Arquivo da Casa de Oswaldo Cruz, Rio de Janeiro).

41

9) Sternwarte mit interessanten Apparaten für Erdbeben. ~~Nachm.~~ Mittagessen bei Salva- mello. Sehr behaglich mit brasilianischen Speisen. Es war sehr behaglich in diesem Hause. Zu Fuss Besuch bei zwei Brüdern, Physiologen mit interessanten Arbeiten über Athmung. Abendessen bei Kohn. Ordinäre aber gutmütige Menschen. Grosser Empfang der Juden um 9 Uhr abend im Tokay-Klub. Lange Reden mit viel Begeisterung und unmässiger Lobhudelei, aber alles redlich gemeint. Gottlob, dass es vorbei ist. Noch zwei Tage zu absolvieren, die dem äusseren nach angenehm sind. Aber unwider- stehliche Sehnsucht nach

9 Observatório com interessantes instrumentos para terremotos. Almoço na casa de Silvamello. Muito aconchegante, com pratos brasileiros. Casa muito confortável. Fomos a pé visitar dois irmãos, fisiologistas com interessante trabalho sobre a respiração. Jantar na casa de Kohn. Pessoas comuns, mas amáveis. Grande recepção oferecida pelos judeus às 21 horas no Jockey Club. Longos discursos com muito entusiasmo e excessiva adulação, mas sinceros. Graças a Deus acabou. Faltam dois dias, que aparentemente serão agradáveis. Mas ânsia irresistível por

28. Einstein no Observatório Nacional, com o astrônomo Domingos Costa, Alfredo Lisboa, Alix Correa Lemos, diretor Henrique Morize, Isidoro Kohn e Ignácio do Amaral, Rio de Janeiro, 9 de maio de 1925 (cortesia do Fundo Observatório Nacional, Acervo do Arquivo de História da Ciência do Museu de Astronomia e Ciências Afins [Mast], Rio de Janeiro).

Ruhe von den vielen unbekannten
Menschen. Abends noch Robert (auf Heimreise
von Santos).
10. Herrlicher Ausflug mit Kohns Tur.
und Kommission per Auto auf ver-
schiedene Aussichtspunkte. Sonnen
-Untergang mit Zahnradbahn
auf Corcovado. Abends Empfang
in zionist. Centrale in gefülltem
Saal bei ungeheurer Hitze. Ventilatoren
nicht mehr fühlbar. Reden kürzer
als gewöhnlich.
11. Besuch im Irrenhaus, dessen Direktor
ein Mulatte und besonders vorzüglicher
Mensch ist. Bei ihm brasilianisches
Mittagessen mit viel Pfeffer und
deutscher Frau. Dann Besuch bei
Ministern, die gottlob meistenteils
abwesend waren. Dann photographieren.
Grosse Kino-Vorführung des Indianerlebens
und deren vorbildliche Kultivierung

DIÁRIO DE VIAGEM: ARGENTINA, URUGUAI, BRASIL 187

paz, silêncio e distância de tantas pessoas estranhas. Noite novamente com Robert (a caminho de casa, voltando de Santos).[101]

10 Gloriosa excursão com a família de Kohn e comitê, de carro, a vários mirantes. Pôr do sol no trem subindo o Corcovado. À noite, recepção oferecida pelo escritório central sionista em um salão lotado e muitíssimo quente.[102] A ventilação já não era palpável. Discursos mais curtos que o usual.

11 Visita ao asilo dos insanos, cujo diretor é um mulato e pessoa especialmente excepcional. Almoço brasileiro na casa dele, com muita pimenta e esposa alemã. Então visita a ministros, que, graças aos céus, estavam quase todos ausentes. Depois sessão de fotos. Grande filme sobre a vida indígena e seu modelo de cultivo

43   General
durch Rondon, einen Menschen-
freund und Führer ersten Ranges
Endlich Abendessen im Hotel
gegeben von deutschen Gesandten
Dann noch viele Briefe und
Unterschriften. Endlich frei aber
mehr tot als lebendig.

pelo general Rondon, um filantropo e líder de primeira ordem. Finalmente, jantar no hotel, oferecido pelo embaixador alemão.[103] Então muitas cartas e autógrafos. Finalmente livre, mas mais morto que vivo.

TEXTOS ADICIONAIS

TEXTO 1. *De Max Straus*[1]

Berlin S. O. 33, Schlesischestr. 26, 5 de novembro de 1923

Estimado professor,

O proprietário da empresa Max Glücksmann em Buenos Aires, com quem minha empresa coopera há muitos anos em larga escala e que é meu amigo pessoal, enviou-me um telegrama há dez dias, dizendo o seguinte:

"Para Straus, Glücksmann, representante de excelentes famílias judaicas, solicita convite para que Einstein visite a Argentina; eles ofereceram garantia de 4 mil dólares, passagem de ida e volta na primeira classe e estadia gratuita, época favorável abril, maio, junho, julho, agosto, setembro; solicito resposta por telegrama. Rosenbaum."

que recebi somente hoje, pois acabo de chegar de uma viagem ao exterior.

Respeitosamente peço que o senhor me informe se pode me dar a oportunidade de conversarmos sobre o telegrama e, com agendamento prévio por telefone (Moritzplatz 11840), tenho o prazer de me colocar a sua disposição.

Meus mais respeitosos cumprimentos,

M. Straus.

192 OS DIÁRIOS DE VIAGEM DE ALBERT EINSTEIN

TEXTO 2. *Da Asociación Hebraica*[2]

Buenos Aires, 9 de janeiro de 1924

Caro professor,

O sr. Straus, que encarregamos de transmitir nossa proposta de uma viagem à República da Argentina, informou-nos sobre a conversa que teve a esse respeito com a sra. Einstein, assim como as questões para as quais o senhor solicitou esclarecimentos antes de tomar sua decisão.[3]

Consequentemente, fornecemos os esclarecimentos solicitados pelo senhor.

1) A "Asociación Hebraica" é uma sociedade criada com o único objetivo de elevar o nível geral de cultura intelectual entre a comunidade israelita de Buenos Aires e, em particular, aprimorar o estudo de história, literatura, língua e filosofia judaicas.

Todas as questões de natureza política ou nacionalista estão excluídas do programa da "Asociación Hebraica".[4]

2) De acordo com seu desejo, o qual, aliás, coincide inteiramente com nossas intenções, interviemos junto à Universidade de Buenos Aires a fim de que ela o convidasse a fazer algumas palestras científicas neste país.[5]

Nos recortes de jornais de Buenos Aires[6] em anexo, o senhor verá que a universidade, junto com outras quatro universidades argentinas, decidiu fazer um convite e aceitou, para esse fim, uma doação da "Asociación Hebraica", através da qual pretendemos facilitar a questão financeira.

O senhor verá nesses recortes que a Universidade de Buenos Aires decidiu lhe oferecer, como honorários, a soma de 4 mil dólares (incluindo nossa doação), assim como duas passagens de ida e volta.[7]

As outras universidades argentinas certamente também contribuirão.

TEXTOS ADICIONAIS 193

A universidade acaba de nos informar que um convite oficial já lhe foi enviado através de representantes dos ministérios argentinos na Alemanha e na Holanda.[8]

3) Demos passos similares na República do Uruguai, e a Universidade de Montevidéu decidiu convidá-lo, contribuindo com a soma de mil pesos.[9]

4) Acreditamos poder fazer o mesmo no Chile, se o senhor estiver interessado em viajar para aquele país, o que lhe permitiria fazer a viagem de retorno através do Pacífico; em caso afirmativo, por favor nos informe sem demora, a fim de que possamos dar os passos necessários junto à Universidade de Santiago.

5) Não precisamos definir seu cronograma durante a estadia na Argentina e nos outros países, já que ele dependerá de seus arranjos com as várias universidades.

De nossa parte, não temos obrigações a lhe impor, já que nosso único objetivo com a iniciativa de organizarmos a viagem foi atingir os propósitos de nosso programa cultural intelectual e, ao mesmo tempo, fornecer ao senhor a oportunidade de visitar a América do Sul.

Mesmo assim, ficaríamos muito satisfeitos em lhe oferecer uma recepção e em ouvir uma ou duas palestras populares sobre um tema que o senhor considerar apropriado ao caráter de nossa instituição.

Mas o senhor não precisa temer, de modo algum, nenhuma ação de nossa parte que use seu nome para qualquer tipo de publicidade ou propaganda, já que isso iria contra o caráter puramente intelectual da "Asociación Hebraica".

6) Alguns notáveis israelitas colocaram suas residências à disposição durante sua visita a Buenos Aires.

Consequentemente, esperamos ser capazes de oferecer, durante sua visita a nossa cidade, confortos que lhe permitam trabalhar e descansar de maneira satisfatória, a menos que o governo argentino, como é possível, decida estender ao senhor boas-vindas oficiais.

194   OS DIÁRIOS DE VIAGEM DE ALBERT EINSTEIN

7) Se o senhor estiver interessado na colônia agrícola israelita na Argentina, obra do barão de Hirsch que prosperou muito e é bastante conhecida, o diretor-geral das colônias argentinas da "Associação Judaica de Colonização", que também é presidente da "Asociación Hebraica", terá muito prazer em organizar uma visita.[10]

Esperamos que nossas explicações tenham sido satisfatórias e que possamos ter a honra de lhe estender pessoalmente, em Buenos Aires, as respeitosas saudações da "Asociación Hebraica" e recebê-lo com toda a *intelligentsia* argentina, que estudou e admira suas obras científicas.

Com nossos mais devotados sentimentos,

M. Nirenstein,[11] secretário
[Isaac] Starkmeth, presidente

TEXTO 3. *Para a Asociación Hebraica*[12]

Berlim, 8 de março de 1924

Confirmo, com meus agradecimentos, o recebimento de sua carta de 9 de janeiro. O convite me deu tanto prazer que quis aceitá-lo imediatamente. Após refletir com calma, no entanto, tive de dizer a mim mesmo que não posso viajar para a América do Sul no ano de 1924. Primeiro, estou atualmente envolvido em pesquisas científicas com outros e não posso interrompê-las. Segundo, nos últimos anos estive ausente de Berlim por tanto tempo que não tenho como justificar para as autoridades locais outra viagem tão longa.[13]

Ao agradecê-los de todo coração por seu magnânimo convite, peço que o mantenham em aberto até que me seja possível aceitá-lo. Em troca, prometo de bom grado não aceitar nenhum outro convite do exterior antes de tê-los visitado.

Muito respeitosamente,

Albert Einstein

TEXTOS ADICIONAIS   195

TEXTO 4. *Para Paul Ehrenfest*[14]

[Berlim,] 12 de julho de 1924

Caro Ehrenfest,

[...] Não quero ir para Pasadena no futuro próximo.[15] O melhor refúgio a que posso aspirar é o "esplêndido isolamento" em relação a meus semelhantes. Infelizmente, viajarei para a América do Sul em junho do ano que vem; eles estão praticamente me esfolando vivo. [...][16]

TEXTO 5. *Para Maja Winteler-Einstein e Paul Winteler*[17]

[Berlim, após 4 de dezembro de 1924][18]

[...] No início de março, viajarei para a Argentina; eles me importunam há anos, e agora cedi (em razão de meu amor pelo mar). Espero estar de volta no fim de maio. [...]

TEXTO 6. *De Isaiah Raffalovich*[19]

Rio de Janeiro, 27 de janeiro de 1925

Meu caro senhor!

A pedido do dr. Aloysio de Castro, diretor da Faculdade de Medicina de nossa universidade (que o senhor conheceu na reunião da Liga das Nações em Genebra), e do dr. Paulo de Frontin, diretor da Escola Politécnica do Rio de Janeiro e presidente do Clube de Engenharia, tive a honra de lhe enviar um telegrama na semana passada, fazendo, em nome das instituições mencionadas, o cordial convite para honrar nossa capital com sua presença em seu retorno da Argentina. A comunidade judaica, da qual tenho o

OS DIÁRIOS DE VIAGEM DE ALBERT EINSTEIN

privilégio de ser o líder espiritual, antecipa com orgulho e prazer a honra de sua presença. Esperamos que o senhor aceite o convite e nos responda assim que for conveniente, para permitir que as instituições façam os arranjos necessários para recebê-lo.

Minhas mais cordiais saudações,

Dr. I. Raffalovich
Grande rabino

TEXTO 7. *Para Hermann Anschütz-Kaempfe*[20]

[Berlim,] 17 de fevereiro de 1925

[...] No dia 5, partirei de navio para a Argentina. Longa vida ao mar, mas não tenho vontade de encontrar índios semiaculturados usando smoking. Retorno no fim de maio. [...]

TEXTO 8. *Para Elsa Einstein*[21]

Hotel [Hamburgo, 5 de março de 1925]

Querida Else!

Viagem apropriadamente magnífica. Céu azul e boa comida, especialmente figos. Sra. Rob[inow] na estação ferroviária com genro.[22] À noite, pequeno círculo social. Melchior também estava lá,[23] hamburguês genuíno. Vi um pouco da cidade. Agora está na hora de embarcar no navio,[24] que parte em uma hora. Carta de Mühsam com dinheiro.[25] Ainda não abri.

Saudações, esp. para a heroica Margot,[26]

Albert

TEXTOS ADICIONAIS

P. S. Em meu casaco cinza, esqueci um envelope que contém um memorando sobre a Argentina.[27] Envie imediatamente para mim, porque precisarei dele em Buenos A[ires].

TEXTO 9. *Para Elsa e Margot Einstein*[28]

[A bordo do Cap Polonio] 7 de março de 1925

Amadas!

Tudo correu muito bem até agora. Após receber a passagem no hotel em Hamburgo, embarquei no navio, acompanhado pelo genro da sra. Rob[inow],[29] e fui instalado em minha nobre cabine individual, após o que a viagem começou imediatamente. Inicialmente, estava frio e chovia sem parar. — Mas devo relatar algo muito engraçado que aconteceu em Hamburgo. Quando cheguei ao hotel na quarta-feira, por volta do meio-dia, recebi um pequeno pacote. Era uma gravata preta com um cartão de visita: "Encomendado por telefone pelo conselheiro governamental Bärwald em Berlim."[30] —

Desde ontem, está mais quente, e agora temos bom tempo. Ontem atracamos no porto externo de Bolonha, onde despachei uma carta para o prof. Lewin;[31] ainda não tinha uma para enviar a vocês. Frequentemente penso em como teria sido bom para Margot, mas não era para ser. Estou sentado perto de um professor alemão de filosofia que dá aulas na universidade de Buenos Aires.[32] Com exceção dele, não pretendo conhecer outras pessoas, e só me sento com ele, um homem muito agradável, durante as refeições. Gostei muito do livreto que Rudi[33] fez com que eu trouxesse. Para além dele, eu me ocupo sem pressa da ciência. Sem ela, eu não suportaria, apesar de Lewin. Quando tento, a vida fica muito vazia. Nenhuma leitura pode substituí-la, nem mesmo a científica.

Passo bastante tempo do lado de fora porque o clima ao longo da costa francesa, ou seja, na baía da Biscaia, é muito mais ameno do que onde estamos. Envie imediatamente o artigo sobre a Argentina que está em meu casaco cinza, no bolso lateral inferior, que um argentino (Gabiola) me deu em Berlim.[34] Precisarei dele em Buenos [Aires].

O navio é muito grande e balança pouco. Mas, estranhamente, eu o sinto mais intensamente que em viagens anteriores. Deixarei a carta de Mühsam com dinheiro fechada até meu retorno, desde que não precise de dinheiro; assim, ele deve aquiescer a meu desejo de ser deixado em paz. A conduta dele em relação a mim prova que ele não me conhece.[35]

A comida no navio é muito higiênica, e sou extremamente cuidadoso, porque estou muito consciente dos riscos de minha missão.[36] Por mais bela que seja a viagem marítima, ainda me considero tolo por ter sido atraído para ela, com minha predisposição. Pois lá tenho a escolha entre muito incômodo e agitação como consequência da irritação e do desapontamento. Não estou gastando muito tempo com o livreto espanhol; meu estômago se rebela contra aquela tagarelice em sua quarta edição, com a qual já me familiarizei nas três anteriores.

Acabo de devorar um abacaxi em homenagem à pobre Margot. Que vergonha ela não poder pedir um. Espero que ela esteja se sentindo melhor.

Calorosas saudações para vocês duas, os avós e Rudilse,[37]

Albert

TEXTOS ADICIONAIS

TEXTO 10. *Para Elsa Einstein*[38]

Cap Polonio, 15 de março de 1925

Einstein, Haberlandstrasse, Berlim
    Perto do Equador, saudável e queimado de sol. Obrigado pela carta de aniversário[39]
    Lembranças a todos,

Albert

TEXTO 11. *Para Elsa e Margot Einstein*[40]

[Cap Polonio] 20 de março [de 1925]

Amadas,
    Agora a vida despreocupada chegou ao fim. Porque amanhã, a uma hora pavorosa, chegaremos ao Rio, onde só Deus sabe o que espera por mim. A viagem foi maravilhosamente relaxante. Não tive mais interações humanas do que seria prazeroso. Um par de músicos com quem toquei e um par de pessoas com quem tive conversas interessantes. Havia uma escritora, a sra. Jerusalem, um professor[41] e um padre bávaro. Acrescente a isso o capitão, um excêntrico incomumente espirituoso. Fora isso, paguei muito pouco tributo à sociedade. Comparecia aos jantares sozinho, qualquer que fosse minha aparência — que nem sempre era palatável — e evitava as pessoas. Em troca, paguei tributo tocando o violino para as pessoas em um concerto festivo, o que causou muito deleite.[42]
    O calor é muito menos intenso que no mar Vermelho,[43] e fui sempre abstêmio e muito cauteloso com as refeições, de modo que nada me aconteceu. Às vezes, isso exigiu força de vontade, porque a comida é excelente. Não trabalhei muito por causa do

200 OS DIÁRIOS DE VIAGEM DE ALBERT EINSTEIN

calor, ao contrário da viagem ao Japão. Sinto-me à altura do que vem pela frente, que encaro com serenidade, mas sem muito interesse. Que a pequena Margot[44] não possa ter vindo é algo que lamento a cada experiência que ela acharia agradável. Com certeza haverá muitas outras. Sol, estrelas, mar, peixes-voadores, golfinhos, uma turnê charmosa pela suja e idílica Lisboa, a passagem pela grandiosa Pic a Tenerife[45] (similar ao monte Fuji) e muitas outras coisas.

Espero que vocês estejam bem e que tudo esteja em ordem. Não mande buscar o salário de maio, q[uerida] Else. Cuidarei disso quando voltar. Entrementes, telefonei para Planck,[46] então ele está sabendo.

Calorosas saudações para todos e para os avós,

Albert

TEXTO 12. *Para Elsa e Margot Einstein*[47]

Buenos Aires [26 de março de 1925][48]

Amadas,

Ontem, depois que o navio a vapor encalhou, cheguei, em excelente saúde e com muito rebuliço, a Buenos Aires. Estou hospedado na casa do sr. Wassermann (Sabala 1848).[49] Quando vocês receberem esta notinha, já estarei em Montevidéu ou no Rio, de onde, em 12 de maio, retornarei a Hamburgo. Estou hospedado com uma família muito agradável e sou protegido contra todas as intrusões. O cronograma é imensamente corrido, mas me sinto forte e indiferente às pessoas. Porque o que estou fazendo aqui provavelmente é pouco mais que uma comédia. Buenos [Aires] é uma cidade árida do ponto de vista do romantismo e da intelectualidade. Mas estou encantado com o Rio.

TEXTOS ADICIONAIS

Alguns camaradas esperam por mim novamente. Espero que vocês estejam tão saudáveis quanto eu e com barrigas menores. Saudações sinceras a vocês duas, aos avós[50] e aos amigos,

Albert

Provavelmente não serei capaz de enviar qualquer cartão-postal a despeito das belas paisagens. Diga ao Ehrmann que falei brevemente com o dr. Silvamello no Rio.[51] Em meu retorno ao Rio, onde ficarei por seis dias, devo vê-lo com mais frequência. Também mande saudações a Katzenstein e ao bom e velho Lewin.[52]

TEXTO 13. *Declaração sobre o sionismo*[53]

[Buenos Aires, 28 de março de 1925]

[...] Não sou sionista no sentido de acreditar que isso solucionará o problema judaico. Simpatizo com o trabalho feito pelos apoiadores desse ideal e participo dele por estar convencido da necessidade de criar um centro moral que possa unificar todos os judeus e, onde possível, disseminar a cultura judaica. Essa disseminação é papel da Universidade de Jerusalém, que será inaugurada em breve.[54] [...]

TEXTO 14. *Para Elsa e Margot Einstein*[55]

[Buenos Aires,] 3 de abril de 1925

Amadas,

Ontem recebi sua primeira carta, querida Else, com muitos relatos de doença. Espero que tudo esteja bem novamente. No navio, lamentei muito não ter trazido Margot, mas agora essa se provou uma decisão acertada. Acho que finalmente as converterei contra

os remédios! Deixei uma semana de agitação em Buenos Aires para trás. A melhor coisa foi que, em 1º de abril, voei a mil metros acima de Buenos Aires em um avião.[56] As pessoas são muito agradáveis e gentis comigo, e a família Wassermann facilita minha vida de todas as maneiras.[57] Se estivesse sozinho e desprotegido em um hotel, eu não teria suportado. Durante uma semana inteira (entre os dias 7 e 14), devo ficar quase completamente em paz, com exceção de uma viagem a Córdoba no dia 11.[58] Em 23 de abril, viajarei para Montevidéu e, por volta do dia 1º, para o Rio, de onde meu navio partirá de volta para Hamburgo no dia 12. Queria que essa data longínqua já tivesse chegado. Essa farsa é totalmente desinteressante e bastante exaustiva. Já passei uma noite na casa de Robert e passarei outra (no sábado); o chefe dele, L. Dreyfus, está aqui.[59] Ele possui 1 bilhão de francos, mas é tão sovina que dorme na cama de Robert, em vez de em um hotel. Não embarcarei em uma viagem assim novamente, mesmo que a compensação seja melhor; é uma grande labuta. O país, estranhamente, é bem como imaginei: Nova York suavizada pelas raças do sul da Europa, mas igualmente superficial e sem alma. Não quero estar aqui. Ficarei em Córdoba por pouco tempo, então praticamente não encontrarei N[icolai].[60] A sra. Hirsch[61] não reconheceu você, mas finalmente consegui entrar em contato. É uma casa cheia de obras de arte preciosas, escorrendo riqueza. O marido dela é um dos ricaços mais poderosos da Argentina,[62] e uma pessoa interessante de se encontrar — uma única vez. O ministro das Relações Exteriores[63] comparece regularmente a minhas palestras, em um sinal de genuína democracia, na qual ninguém é bom demais para aprender. Mas, no geral, somente o dinheiro e o poder importam aqui, como nos Estados Unidos. Mas há gente melhor entre os jovens, como lá.

Calorosas saudações,

Albert

TEXTOS ADICIONAIS

Metade das palestras já ficaram para trás, graças a Deus. Espero que todos estejam com boa saúde.

TEXTO 15. *Sobre a inauguração da Universidade Hebraica de Jerusalém*[64]

[Buenos Aires, 6 de abril de 1925]

Comunidade judaica celebra a fundação da Universidade de Jerusalém

Para celebrar a recente fundação da primeira universidade judaica na Palestina, um tributo formal foi organizado pela Federação Sionista da Argentina na noite passada, no Teatro Coliseo, cujo amplo auditório estava completamente lotado. [...][65]

Palestra do professor Einstein

O renomado erudito fez uma breve palestra em alemão, falando primariamente do movimento sionista.

Ele disse que o sionismo restaurou a dignidade dos judeus, que previamente eram percebidos como diminuídos e difamados. Então se declarou apoiador do fundador do sionismo, dr. Theodor Herzel, e do líder atual, dr. Weitzman, que, segundo ele, é um político inspirado.[66]

Ele acrescentou que o povo judeu não está lutando para reconstruir sua nacionalidade de maneira agressivamente nacionalista, mas com o nobre e humano propósito de fazer com que sua cultura especial se erga novamente, como parte da cultura universal.

Ele declarou que a recentemente criada universidade em Jerusalém é um dos elementos fundamentais da empreitada cultural promovida pelo sionismo, que deve ser apoiada por todos, já que missões de tal magnitude precisam do estímulo do esforço coletivo.

OS DIÁRIOS DE VIAGEM DE ALBERT EINSTEIN

Ele comentou que o judaísmo na Europa Ocidental está dissolvido. Grandes personalidades emergiram, mas, como núcleo, ele não possui significado espiritual.

Devemos evitar que esse processo continue, e isso só será possível através do estabelecimento do sionismo, que é a única salvação possível para a alma judaica.

É nossa missão nos esforçarmos, com todos os meios a nosso dispor, para que o sionismo prospere e, dessa maneira, salvaremos nossa cultura.

O professor Einstein foi saudado várias vezes com entusiásticos aplausos.

TEXTO 16. *Para Ilse Kayser-Einstein e Rudolf Kayser*[67]

[Buenos Aires,] 8 de abril [de 1925]

Amados,

Depois de uma viagem gloriosa e de ter ensinado e conhecido muitos argentinos, judeus e físicos, faço uma pausa de alguns dias em uma isolada propriedade rural.[68] Então seguirei para Córdoba, mais tarde (em 22 de abril) para Montevidéu e, em 2 de maio, para o Rio. Em 12 de maio embarcarei no navio de retorno e em 31 de maio chegarei a Hamburgo, se tudo correr bem. Meus cumprimentos a todos os Haberlander;[69] não tenho cartões-postais suficientes, ou escreveria para todo mundo.

Calorosas saudações,

Albert

TEXTOS ADICIONAIS

TEXTO 17. *Para Margot Einstein*[70]

[Buenos Aires,] 10 de abril de 1925

Querida Margot,

Espero que você esteja bem. Passei três belos dias na propriedade rural dos Wassermann[71] — Ilha dos Benditos. Mas as coisas ficarão freneticamente agitadas de novo (Córdoba, Montevidéu, Rio), um verdadeiro teste para os nervos. Em 31 de maio, chegarei de volta a Hamburgo. Eu me saí muito bem até agora, e consegui espremer meu francês até soltar faíscas.

Saudações amorosas a todos,

Albert

TEXTO 18. *Para Elsa e Margot Einstein*[72]

[Buenos Aires,] 15 de abril de 1925

Amadas,

Quantas coisas experimentei! Vocês lerão sobre elas em meu diário.[73] No geral, tudo correu bem, mas parece que minha cabeça foi revirada com uma concha. Se os Wassermann[74] não tivessem me protegido tão bem, eu certamente teria enlouquecido; dessa maneira, estou só a meio caminho da loucura. Em uma semana, viajarei para Montevidéu e, no dia 11 de maio, para o Rio.[75] No dia 11, meu navio parte de lá para Hamburgo.[76] Em termos de saúde, sobrevivi a tudo. As pessoas foram muito boas comigo por toda parte. A colônia alemã ignora-me completamente, o que torna as coisas mais simples para mim; eles parecem ser ainda mais nacionalistas e antissemitas que em terras alemãs.[77] O enviado alemão,[78] porém, foi muito solícito; ele está sendo boicotado pelos

alemães daqui por ser liberal. A tolice política dos alemães locais geralmente é motivo de riso.

Estou feliz por vocês terem se recuperado. Recebi sua carta de 18 de março ontem, ao retornar de Córdoba. Fui muito decente em relação a Nicolai. Ele não perguntou sobre seu filhinho, e eu também não disse nada.[79] Ele ainda usa monóculo, envelheceu consideravelmente, ainda tem uma boca enorme e se encaixa muito bem em Córdoba. Mas as mentes mais refinadas também não o levam a sério por aqui. Até agora, fiz oito palestras e compareci a um monte de jantares oficiais. Um deles afetou meu intestino, em La Plata, após comer no "Jockey Club".[80] Disse aos eruditos de Buenos Aires que devo ter comido parte de um cavalo de competição, por causa de todas as vezes que precisei sair correndo. Essa bela piada conquistou muita simpatia, porque as piadas são adoradas por aqui. Os jornais são tão impertinentes e intrusivos quanto nos Estados Unidos. De modo geral, a despeito das diferenças raciais entre os habitantes, há grandes similaridades, explicadas pela miscigenação da população, a riqueza natural do país. Mas também há coisas mais mundanas, como um tipo de música folclórica que me interessou muito. Uma quantidade horrenda de carne é devorada por aqui, geralmente de excelente qualidade, o que deu a minha silhueta uma amplidão indesejada. Mas me contenho tanto quanto posso. Ainda tenho de resistir por mais quatro semanas, o que me causa certo medo. Passei três dias na propriedade rural dos Wassermann em Llavajol, em completa tranquilidade, e tive uma ideia científica extremamente valiosa que, peculiarmente, apoia-se no que descobri durante a viagem de retorno do Japão.[81] No fim das contas, devo admitir que viajar sem a esposa em tais circunstâncias é mais simples, porque há menos rebuliço de socialização.

Faltam somente seis semanas para que eu volte para casa. Já enviei muitos cartões-postais, mas ainda não o suficiente. Espero conseguir fazer isso. Estou curioso sobre o que Ehrmann tem a

TEXTOS ADICIONAIS   **207**

dizer sobre a Palestina.[82] Você provavelmente já sabe da grande doação para um instituto de física em Jer[usalém].[83]

Saudações amorosas,

Albert

Não venda o manuscrito, querida Else.[84] Ehrmann tem toda razão. Não é uma boa época para vender. É melhor fazer isso logo após minha morte. Recebi um belo pagamento aqui,[85] então, desse ponto de vista, não foi tudo em vão.

TEXTO 19. *Declaração sobre o nacionalismo e o sionismo*[86]

[Buenos Aires, 18 de abril de 1925]

[...] De meu ponto de vista ideológico, uma humanidade indivisa seria desejável; mas isso parece impossível hoje e tampouco será possível amanhã; o nacionalismo é justificado como fato prático e, consequentemente, o sionismo também é justificado. O sionismo é uma solução digna para um Estado moral, cultural e nacional, não somente para os judeus que adotam a Palestina como nação, mas também para o judaísmo em geral; é um motivo para coesão e uma razão de ser. [...]

TEXTO 20. *Para Elsa e Margot Einstein*[87]

Buenos Aires, 23 de abril de 1925

Amadas!

O programa em Buenos Aires foi exaurido, assim como eu. Agora parto para Montevidéu. Sem os Wassermann,[88] eu não teria resistido, teria sido devorado por puro amor. Vou ganhar 20 mil em Montevidéu e, no Rio, um honorário muito decente.[89] No entanto, jamais farei tal coisa novamente. É uma labuta. Mas permaneci com-

pletamente saudável durante o processo, embora tenha engordado um pouco. Recebi cartas amorosas de vocês e de Rudilse e adorei particularmente a carta de Margot.[90] Esta carta será breve e vocês terão de se consolar com o diário, porque não tenho tempo para narrativas. Nossos judeus são os que mais me importunam com seu amor. Pude ser muito efetivo para os sionistas.[91] A causa ganha terreno, poderosamente, também aqui. Acabo de voltar de uma pequena recepção oferecida pelos judeus sefarditas em seu templo, que é tão belo que tive de chorar.[92] Quase não falaram — estranho.

Estou sendo chamado. Falaremos mais outra hora. Mas esta carta precisa ser enviada, porque não sei quando conseguirei escrever outra. Estou feliz por me ver livre do manuscrito, e agradeço por seu trabalho amoroso; antes assim que queimado ou vendido.[93] Essa última ação teria sido especialmente indigna.

Saudações aos avós,[94] a vocês duas e a Rudilse,

Albert

29. Membros da comunidade judaica sefardita despedindo-se de Einstein, Buenos Aires, 23 de abril de 1925 (cortesia do Archivo General de la Nación, Buenos Aires).

TEXTOS ADICIONAIS

TEXTO 21. *Para Hans Albert e Eduard Einstein*[95]

Buenos Aires, 23 de abril de 1925

Amados filhos!

Estou em Buenos Aires há quase um mês e tive um cotidiano enormemente exaustivo; também estive em Córdoba (procurem no mapa!). Agora irei para Montevidéu e para o Rio. No fim de maio, voltarei para casa. Eu adoraria ter trazido um de vocês comigo, se não fosse pela escola. Mas raramente podemos fazer o que queremos, temos de cumprir nossas obrigações. Estou enviando dois selos muito bonitinhos e tentarei conseguir alguns cactos no Rio para a mamãe.[96] Quanto a mim, pessoalmente, encontrei uma ideia interessante para entender a conexão entre eletricidade e gravidade.[97] Mal posso esperar para nos vermos no verão. Além de visitar Kiel,[98] também preciso passar algum tempo em alta altitude, por exigência médica, mas não sei quando será.[99] Escrevam para mim em Berlim. Ficarei muito feliz de encontrar sua carta ao chegar.

Calorosas saudações do

Papai

TEXTO 22. *Para Elsa e Margot Einstein*[100]

Montevidéu, 27 de abril de 1925

Amadas!

Estou em Montevidéu, uma cidade portuária belamente situada, já há uma semana. É muito mais aconchegante aqui que em Buenos A[ires]. A cidade é menor e mais bonita. Estou hospedado com um judeu russo que só fala iídiche e espanhol.[101] Sou recoberto de tantas honrarias que mal consigo respirar, mas de maneira muito

30. Einstein visitando a Faculdade de Engenharia de Montevidéu com estudantes, 29 de abril de 1925 (cortesia do Instituto Leo Baeck, Nova York).

engenhosa. Isso deve continuar a semana toda. O navio para o Rio[102] sai no sábado, 2 de maio, e no dia 12 partirei de lá para Hamburgo. Hoje tive que visitar o ministro do Exterior e o presidente antes da palestra, ao passo que, esta manhã, o presidente do Senado esteve comigo por duas horas.[103] Aqui a colônia alemã se comporta de maneira mais polida, depois que a de B[uenos] A[ires] desgraçou a si mesma seriamente com sua decisão de me ignorar.[104] Mas isso significa apenas outro fardo para mim. Ontem, saí de carro com o prefeito e visitei os hotéis construídos pela municipalidade.[105] Nos hotéis há roletas *à la* Monte Carlo, com muito sucesso. Este pequeno país está repleto de ricos. Subitamente ficou tão frio que parece a Europa. Isso fará com que o Rio, com seu clima tropical, pareça ainda mais quente. Fui paparicado aqui como nunca antes em minha vida, mas meu cérebro parece ter sido remexido com uma concha e parece difícil que vá ser usado para algo razoável novamente. Mas espero que sim. Talvez seja melhor, afinal, que você não esteja aqui comigo, querida

TEXTOS ADICIONAIS 211

Margot,[106] porque um período tão extenso e tão repleto de eventos sociais a teria irritado ainda mais que a mim.

Saudações ternas a todos, como sobrinho, genro, marido, padrasto e sogro,

Albert

Só receberei suas cartas no Rio, no navio. Ainda estou saudável e animado.

TEXTO 23. *"Sobre os ideais"*[107]

[Buenos Aires, 28 de abril de 1925]

Todas as vidas, tanto individuais quanto coletivas, após satisfeitas as necessidades materiais mais comuns, anseiam por um mundo de valores superiores que, por seu efeito reativo nos homens, tendem a torná-los mais nobres e espiritualizados. Todas as coisas começam com mitos, com religião primitiva, puro animismo, deificação da natureza e das forças que a controlam. Mas, no subsequente desenvolvimento do povo "europeu", a determinação dos valores e ideais da vida não foi de modo algum limitada à religião; em vez disso, através do crescimento constante e da evolução histórica, ela se tornou externalizada, mais notadamente na vida literária, artística e filosófica das nações. Esse fato, ou melhor, esses campos de produção intelectual, que, em sua maior parte, são essencialmente subjetivos e talvez os principais ideais da vida, diferem muito do pensamento oriental,[108] no qual os grandes sistemas religiosos e compêndios de conhecimento, de caráter igualmente religioso, são constituídos quase que totalmente de verdades superiores e sobre-humanas e, com suas pretensões de validade e objetividade eternas, excluem a evolução histórica, assim como a multiplicidade de doutrinas e daqueles que as ensi-

nam. Ligada a essa distinção formal, há outra, essencial: o ideal de vida europeu tende, primeiro e acima de tudo, a produzir uma "personalidade grandiosa e única", separada da multidão e do momento presente. O ideal europeu quintessencial é o do "herói guerreiro", e sua devoção ao mundo dos ideais, para além do material, é praticamente o equivalente a uma "veneração dos heróis" de tons religiosos. Isso explica o caráter mítico adquirido por homens como César e Napoleão, mas criadores espirituais — como Dante, Goethe, Nietzsche — também podem assumir proporções heroicas na consciência das pessoas. O ideal asiático, ao contrário do europeu, ignora inteiramente o homem de ação e sua culminação no heroico. Nesse sentido, taoísmo, budismo, judaísmo e cristianismo coincidem completamente. Para eles, a doutrina vem primeiro, a devoção a uma ideia que é válida para todos, a recomendação

31. Einstein à escrivaninha com busto de Dante, Buenos Aires, fim de março-abril de 1925 (cortesia do Instituto Leo Baeck, Nova York).

TEXTOS ADICIONAIS

de uma vida moralmente pura. A contradição resultante desse contraste entre Oriente e Ocidente pode ser notada na história do cristianismo europeu, no qual, a despeito da disseminada cristianização do continente, o ideal de vida cristão nunca conseguiu excluir todos os outros. Esse ideal tem um caráter passivo e vai contra o europeísmo ativo que, levado ao extremo, tende a criar grandes personalidades, heroísmo e produtividade individual.

Esse europeísmo já é claramente evidente no helenismo. A devoção aos ideais de beleza e de verdade se manifesta em um espírito criativo ativo que, ao mesmo tempo, exige o estabelecimento de valores que respondam a tal psicologia. O mundo das ideias de Platão, tão próximo do Oriente religioso, é absolutamente europeu no que diz respeito ao estabelecimento de seus diferentes valores. Por mais que os ideais e valores de vida tenham mudado durante a história da Europa, eles retêm esse caráter ativo e produtivo. Além disso, o heroísmo europeu é aparente mesmo nas correntes espirituais que se opõem a ele por natureza (como na diferença de princípios entre o misticismo asiático e europeu).

O novo ideal de vida "americano" é diferente tanto do asiático quanto do europeu. Ele não tende a criar valores morais metapsíquicos, nem apresenta adoração pelo herói ou fé nas personalidades. Seu objetivo é o poder econômico. A progressiva americanização da Europa dá a esse ideal pronunciada validade prática também em nosso continente, mesmo que ele possa ser negado e contestado como valor ideal, porque representa o oposto do ideal europeu. Para um americano, o único critério pelo qual os valores são julgados é a realidade prática, um conceito de vida que teve sua expressão filosófica no pragmatismo, cuja ideia subjacente é a de que "a verdade é qualquer coisa que possa ser provada pela práxis".[109]

A despeito desse contraste, no que diz respeito à vida espiritual e artística, não vejo qualquer antagonismo entre Europa e América. A psiquê de ambos os mundos tende ao crescimento produtivo.

214 OS DIÁRIOS DE VIAGEM DE ALBERT EINSTEIN

Na América, prevalece um alto nível de perspicácia técnica e econômica, mas não acredito que isso exclua toda a vida espiritual. Afinal, a ação técnica e econômica também cria espaço para os talentos criativos, já que a genialidade pode superar as regras mecânicas e desenvolvê-las livremente. Além disso, a organização mais rigorosa da vida econômica cria a possibilidade de libertar os criadores espirituais das preocupações materiais.

Para o mundo Ocidental (Europa e América), o ideal religioso do Oriente clama por produtividade. Em minha opinião, aquele que realmente adota esse ideal no campo espiritual e artístico da vida não precisa de nenhum outro e não pode, consequentemente, propor para si mesmo qualquer objetivo que não o desenvolvimento produtivo. "Aquele que possui ciência e arte também possui religião; aquele que não as possui precisa de religião." (Goethe)[110]

TEXTO 24. *Para Carlos Vaz Ferreira*[111]

[Montevidéu,] 29 de abril [de 1925]

Caro sr. Vaz Ferreira,

Muito obrigado pelo precioso presente.[112] Já comecei a ler sua obra sobre o pragmatismo.[113] Não sou pragmático. Acho que o pragmatismo fornece uma definição muito imperfeita da verdade. Mas, se fosse pragmático, responderia a sua crítica ao pragmatismo[114] da seguinte maneira: "Não forneço uma definição da verdade porque a verdade não existe. Só se pode fornecer a definição da 'verdade de uma declaração em relação a dado e bem determinado (limitado) complexo de consequências'. Uma declaração que é 'verdadeira' em relação a certo sistema restrito pelas consequências já não é verdadeira em relação a um sistema expandido pelas consequências."

Acrescento que não vejo o problema dessa maneira; mas, se considerássemos as coisas dessa maneira, o erro que o senhor

32. Einstein e o escritor uruguaio Carlos Vaz Ferreira, Montevidéu, 24 de abril de 1925 (cortesia do Instituto Leo Baeck, Nova York).

menciona desapareceria. Mas admito que essa observação em nada modifica sua crítica do uso que James faz de sua doutrina.[115] Se estivermos interessados na verdade e for prático retirar de uma declaração todas as possíveis consequências e, consequentemente, verificar suas "verdades", o pragmatismo não nos oferece nenhuma nova maneira de escolher ou julgar. Além disso, a definição de verdade oferecida pelo pragmatismo é insuficiente, pois não fornece o sentido da palavra "consequências" (que supostamente são "práticas"). Se tentamos seguir esse ponto de vista, percebemos facilmente que a principal dificuldade para definir a verdade não é solucionada — sequer abordada — pela teoria pragmática. Lamento muito não termos a possibilidade de tratar de todas essas questões pessoalmente, em função de numerosas demandas sociais. Minhas sinceras saudações.

Atenciosamente,

A. Einstein

216   OS DIÁRIOS DE VIAGEM DE ALBERT EINSTEIN

P. S. Sinto muito por meu horrível francês. Mas acredito que, para o senhor, ele seja preferível a uma carta em alemão.

P. S. Acho que o conceito de "verdade" não pode ser abordado separadamente do problema da "realidade".[116]

TEXTO 25. *Para Paul Ehrenfest*[117]

[Rio de Janeiro,] 5 de maio de 1925[118]

Caro Ehrenfest!

Vago por este hemisfério como viajante da relatividade já há dois meses.[119] Aqui encontrei o verdadeiro paraíso e uma alegre mistura de fofinhos. No dia 12, volto para casa.

Calorosas saudações a todos,

Einstein

Tania já voltou?[120] Ela gostou?

TEXTO 26. *Para Elsa e Margot Einstein*[121]

[Rio de Janeiro,] 5 de maio de 1925

Cheguei aqui ontem em embarcação francesa, tempo esplêndido.[122] Indescritível magnificência do cenário. Hospedado em um hotel.[123] Recebi duas cartas suas, querida Else. Chego em 31 de maio em Hamburgo a bordo do Cap Norte; partida daqui em 12 de maio. Estou feliz por vocês finalmente estarem recuperadas. O que aconteceu com Ilse?[124] O que Levin tem a dizer a respeito?[125] Eu gostaria de saber o que ele tem contra F. H., objetivamente.[126]

Lembranças ternas a todos,

Albert

TEXTOS ADICIONAIS

TEXTO 27. *Discurso na Rádio Sociedade*[127]

[Rio de Janeiro, 7 de maio de 1925]

Minha visita à Rádio Sociedade me levou a admirar novamente os esplêndidos resultados conquistados pela ciência aliada à tecnologia, resultando na transmissão dos melhores frutos da civilização para aqueles que vivem em isolamento. É verdade que um livro poderia fazer o mesmo, e faz, mas não com a simplicidade e a segurança de uma difusão, cuidadosamente apresentada e ouvida ao vivo. Um livro deve ser selecionado, o que às vezes pode conduzir a dificuldades. Quando a cultura é compartilhada através da radiotelefonia e os indivíduos são suficientemente competentes para difundi-la, aqueles que ouvem recebem uma seleção judiciosa, opiniões pessoais e comentários que facilitam a compreensão. Essa é a grande obra da Rádio Sociedade.

TEXTO 28. *Para a comunidade judaica do Rio de Janeiro*[128]

Rio de Janeiro, 11 de maio de 1925

Preciso expressar novamente minha gratidão aos judeus locais por ocasião da nomeação como presidente honorário da comunidade judaica e membro da Federação Sionista e da Biblioteca Judaica do Rio de Janeiro.[129] Gostaria de aproveitar a oportunidade para encorajar todos os judeus daqui a apoiarem com todo o coração as iniciativas do admirável e incansável rabino Raffalovich.[130]

Muito respeitosamente,

A. Einstein.

33. Einstein chegando ao Automóvel Clube para a recepção da comunidade judaica, com Isidoro Kohn, Rio de Janeiro, 9 de maio de 1925. *O Malho*, 16 de maio de 1925 (cortesia da Biblioteca Nacional, Rio de Janeiro).

TEXTO 29. *Para o presidente do Comitê Nobel na Noruega*[131]

[A bordo do Cap Norte] 22 de maio de 1925

Estimado senhor,[132]

Tomo a liberdade de chamar sua atenção para as atividades do general Rondon,[133] no Rio de Janeiro, porque, durante minha visita ao Brasil, cheguei à conclusão de que esse homem seria altamente digno do Prêmio Nobel da Paz. Sua obra consiste na incorporação das tribos indígenas à humanidade civilizada sem o uso de armas ou de coerção de qualquer natureza. Minhas informações derivam dos professores da Universidade Politécnica do Rio de Janeiro, que falaram muito calorosamente desse homem e de seu trabalho. Também vi algumas coisas registradas em filme.[134] Não conheci o general Rondon pessoalmente.

Posso fornecer mais detalhes, se necessário, mas preferiria que o senhor obtivesse essas informações diretamente, talvez através de seu enviado norueguês.

Muito respeitosamente,

Prof. dr. A. Einstein

TEXTOS ADICIONAIS

TEXTO 30. *Para Mileva Einstein-Marić*[135]

Bilbao, 27 de maio de 1925

Querida Mileva,

A turnê sul-americana de palestras ficou para trás, graças a Deus, e volto para casa no dia 21.[136] Do Rio, trouxe uma cesta de cactos que o diretor do jardim botânico[137] separou para você. Eles estão plantados em vasinhos. Eu os deixarei em Berlim por enquanto, e a única dificuldade é como entregá-los a você. No fim de julho, no mais tardar, haverá uma reunião do comitê da Liga das Nações.[138] Se ela ocorrer em Genebra, levarei as plantas comigo e farei uma parada em Zurique. Então poderei testar como é dormir em sua casa. Também levarei uma coleção de borboletas brasileiras para os meninos,[139] igualmente obtidas no Rio. Espero que elas cheguem intactas; farei meu melhor para que seja assim. [...]

TEXTO 31. *Para Karl Glitscher*[140]

Bilbao, 27 de maio de 1925

Caro dr. Glitscher!

Fiz uma turnê de palestras pela América do Sul e estou agora na jornada de retorno. Por lá, é possível encontrar mais roupas bem-cortadas que sujeitos dignos e interessantes para vesti-las. A Europa ainda é melhor e mais interessante, a despeito das várias tolices europeias, políticas e outras. [...]

220   OS DIÁRIOS DE VIAGEM DE ALBERT EINSTEIN

TEXTO 32. *Para Michele Besso*[141]

Berlim, 5 de junho de 1925

Querida Michele!

Em 1º de junho, retornei da América do Sul. Foi muita agitação, sem nada de realmente interessante, mas ao menos tive algumas semanas de paz e quietude durante a viagem marítima. [...]

Para achar a Europa agradável, é preciso visitar a América. As pessoas lá são mais livres de preconceitos, é verdade, mas, ao mesmo tempo, irracionais e desinteressantes, ainda mais que aqui. Aonde quer que eu vá, sou recebido entusiasticamente pelos judeus, já que, para eles, sou uma espécie de símbolo da cooperação entre os judeus. Adoro isso, pois antecipo com muito prazer a unificação do povo judeu.

Calorosas saudações a todos.

TEXTO 33. *Para Mileva Einstein-Marić, Hans Albert e Eduard Einstein*[142]

[Berlim,] 13 de junho de 1925

Querida Mileva e queridos filhos!

Obrigado por suas cartas agradáveis e gentis. Os cactos foram difíceis de transportar, mas, aparentemente, chegaram em boas condições e estão sob os cuidados de Margot em vasos na varanda.[143] A preocupação agora é como fazê-los chegar a Zurique. [...]

Acho que Tete descansará tão bem em Kiel quanto nas montanhas, especialmente porque passaremos muito tempo no veleiro.[144] Eu mesmo não tenho grande necessidade de recuperação, a despeito dos terríveis esforços na América do Sul, pois a viagem de

TEXTOS ADICIONAIS

retorno já foi uma recuperação. Não sei se a coleção de borboletas suportou bem a viagem, pois não a retirei de sua embalagem meticulosa, a fim de que esteja pronta para o transporte imediato até Zurique.[145] Talvez ela esteja parecendo fécula de batata. Espero que não. [...]

Calorosas saudações,

Papai

TEXTO 34. *Para Maja Winteler-Einstein*[146]

Berlim, 12 de julho de 1925

Querida irmã,

[...] A América do Sul foi uma correria louca, quase impossível de administrar. Não farei esse tipo de coisa novamente, pois é muito prejudicial para meus nervos. Mas a viagem oceânica foi esplêndida, assim como a costa brasileira, com sua floresta de contos de fada, sua conglomeração de pessoas e seu sol escaldante. Agora tenho aqui em casa uma espécie de pequeno museu etnográfico, no qual as coisas mais belas e delicadas são as que vieram do Japão. Eles são um povo com uma alma profunda e tenra, em contraste com os argentinos, que parecem tão banais e vulgares.[147] Em todos os lugares, promovi a causa sionista e fui recebido pelos judeus com indescritível afeto. Em contraste, os alemães me boicotaram em Buenos Aires.

TEXTO 35. *Para Robert A. Millikan*[148]

[Berlim,] 13 de julho de 1925

Caro professor Millikan!

Fico com um gosto amargo na boca por ter de escrever esta carta. Pois devo, muito infelizmente, informá-lo de que provavelmente não serei capaz de ir a Pasadena.[149] Estive na América do Sul este ano, e a viagem teve um impacto tão negativo sobre meus nervos que o médico aconselhou-me muito enfaticamente a não iniciar uma empreitada assim tão grande pelos próximos anos. Sinto muito por ter de dizer isso, já que meu respeito por seu trabalho científico é imenso, assim como meu afeto pessoal por você e seus colegas. [...]

Com a esperança de vê-lo novamente em breve, despeço-me calorosamente,

A. Einstein

Cronologia da viagem

1925

4 de março — Chegada a Hamburgo.

5 de março — Partida para a América do Sul, de Hamburgo, a bordo do S.S. Cap Polonio.

6 de março — Parada em Boulogne-sur-Mer, França.

8 de março — Parada em Bilbao, Espanha.

9 de março — Passagem por Corunha e Vigo, Espanha.

11 de março — Visita a Lisboa.

12 de março — Passagem por Tenerife.

14 de março — Passagem por Fogo, Cabo Verde.

21 de março — Chegada ao Rio de Janeiro. Passeio de carro pela cidade. Visita ao Jardim Botânico. Almoço no hotel Copacabana Palace com o dono de jornal Assis Chateaubriand.

24 de março — Chegada a Montevidéu.

25 de março — Chegada a Buenos Aires. Hospedagem na residência do comerciante de papel Bruno Wassermann. Visita de Leopoldo Lugones. Reunião com o embaixador alemão Carl Gneist. Reunião com o reitor José Arce e o deão Eduardo Huergo, da Universidade de Buenos Aires.

26 de março — Passeio por Buenos Aires, incluindo parques e feiras. Reunião com o deão da Universidade de La Plata, Julio R. Castineiras, e com representantes da comunidade judaica.

27 de março — Recepção e palestra introdutória no Colegio Nacional de Buenos Aires. Recepção noturna na residência de Alfredo Hirsch.

28 de março — Primeira palestra científica na Universidade de Buenos Aires. Publicação da declaração sobre o sionismo (texto 13 da seção de textos adicionais).

30 de março — Segunda palestra na Universidade de Buenos Aires.

224   OS DIÁRIOS DE VIAGEM DE ALBERT EINSTEIN

	Visita à redação de *La Prensa*.
	Reunião com Robert Koch.
31 de março	Visita à redação do *Dos Volk* e ao bairro judaico.
	Visita à propriedade rural de Hofer em "El Tigre".
1º de abril	Voo sobre Buenos Aires em um hidroavião alemão com Berta Wassermann-Bornberg.
	À tarde, visita ao Ministério das Relações Exteriores e depois reunião com o presidente da Argentina, Marcelo T. de Alvear.
	Visita ao Museu Etnológico.
	Terceira palestra na Universidade de Buenos Aires.
	Jantar com Leopoldo Lugones.
2 de abril	Visita à Universidade de La Plata e ao Museu de História Natural. Almoço no Jockey Club, oferecido pelo presidente da universidade, Benito N. Anchorena.
	Sessão científica em sua homenagem na universidade.
3 de abril	Almoço no Jockey Club em Buenos Aires, oferecido pelo reitor José Arce.
	Quarta palestra na Universidade de Buenos Aires.
4 de abril	Palestra por ocasião da aula inaugural da Faculdade de Filosofia e Letras da Universidade de Buenos Aires.
	Reunião com Robert Koch e Louis Louis-Dreyfus.
5 de abril	Viagem à estância dos Wassermann em Llavallol.
6 de abril	Visita ao oftalmologista Eugenio Pablo Fortin com o fisiologista Bernardo A. Houssay.
	Quinta palestra na Universidade de Buenos Aires.
	Celebração da inauguração da Universidade Hebraica em Jerusalém pela comunidade judaica, no Teatro Coliseo. Discurso de Einstein (texto 15 da seção de textos adicionais).
7 de abril	Visita à Universidade Clínica de Anatomia e Cirurgia em companhia de seu diretor, o reitor José Arce.
8-10 de abril	Páscoa na estância dos Wassermann em Llavallol.
11 de abril	Viagem para Córdoba. Hospedagem no Plaza Hotel.
entre 11 e 14 de abril	Reunião com Georg F. Nicolai.
12 de abril	Viagem para a cordilheira Sierras de Córdoba.
	Banquete em sua homenagem no Plaza Hotel, oferecido pelo reitor Léon S. Morra.
13 de abril	Sessão festiva, palestra e almoço na Universidade de Córdoba.
14 de abril	Retorno a Buenos Aires.
15 de abril	Sexta palestra na Universidade de Buenos Aires.
16 de abril	Sessão do comitê executivo da Federação Sionista da Argentina.
	Declaração sobre nacionalismo e sionismo (texto 19 da seção de textos adicionais).

CRONOLOGIA DA VIAGEM

Sessão especial na Academia Nacional de Ciências Exatas, Físicas e Naturais a fim de lhe conceder afiliação honorária.

17 de abril — Sétima palestra na Universidade de Buenos Aires.
À noite, recepção na embaixada alemã.

18 de abril — Palestra privada na residência dos Wassermann.
Recepção em sua homenagem oferecida pela comunidade judaica no Teatro Capitol. Palestra sobre a situação dos judeus.
Recepção na sede da Asociación Hebraica. Afiliação honorária.

19 de abril — Excursão a Llavallol.
Visita a Jacobo Saslavsky com Robert Koch.
Jantar no Hotel Savoy oferecido por dignitários sionistas.

20 de abril — Oitava (e última) palestra na Universidade de Buenos Aires.

21 de abril — Recepção no hospital judaico.
Almoço no Clube de Remo Tigre, oferecido pelo deão Eduardo Huergo.

22 de abril — Café da manhã oficial com acadêmicos e políticos, incluindo o ministro das Relações Exteriores Ángel Gallardo, o reitor José Arce e o embaixador alemão.
Banquete em sua homenagem oferecido pelo Centro de Estudiantes de Ingeniería na YMCA.

23 de abril — Almoço com Leopoldo Lugones e físicos.
Visita à sinagoga sefardita.
Entrevista para *La Prensa*.
Partida de Buenos Aires a bordo do S.S. Ciudad de Buenos Aires.

24 de abril — Chegada a Montevidéu. Hospedagem na residência de Naum Rossenblatt.
Visita do embaixador alemão Arthur Schmidt-Elskop.
Encontro com o filósofo Carlos Vaz Ferreira durante uma caminhada.

25 de abril — Reunião com delegação da comunidade judaica local.
Passeio de carro pela cidade.
Primeira palestra na Universidade da República.
Recepção oferecida pelo reitor Elías Regules.
Apresentação de *La Traviata*.

26 de abril — Paul von Hindenburg é eleito presidente da Alemanha.
Entrevista coletiva na residência dos Rossenblatt.
Passeio pela costa com o presidente do conselho administrativo de Montevidéu, Luis P. Ponce.
Apresentação de *Lohengrin*.

27 de abril — Visita à Compañia de Materiales para Construcción e ao quase concluído Palácio Legislativo com o presidente do Senado, Juan Antonio Buero.

226 OS DIÁRIOS DE VIAGEM DE ALBERT EINSTEIN

	Audiência com o presidente da República, José Serrato.
	Reuniões com o ministro da Justiça, o ministro da Instrução Pública e o cônsul suíço.
	Segunda palestra na Universidade da República.
28 de abril	Recepção oferecida pela Federação de Associações Alemãs no Clube Alemão.
	Recepção em sua homenagem oferecida pela comunidade judaica no Hotel del Prado.
	Publicação de "Sobre os ideais" (texto 23 da seção de textos adicionais).
29 de abril	Recepção e passeio na Faculdade de Engenharia.
	Visita ao Senado.
	Terceira (e última) palestra na Universidade da República.
	Recepção na residência do embaixador alemão.
30 de abril	Exibição privada de *Pastor de almas*, de Charlie Chaplin.
	À tarde, passeio em um veleiro.
	Recepção na Asociación Politécnica.
	Banquete oferecido pela Universidade da República no Hotel del Prado. Homenagem com título de professor honorário da universidade.
1º de maio	Partida de Montevidéu a bordo do navio francês Valdivia.
4 de maio	Chegada ao Rio de Janeiro. Hospedagem no Hotel Glória.
5 de maio	Passeio com Isidoro Kohn, presidente da comunidade judaica.
	À tarde, reunião com a comunidade alemã local, organizada por comerciantes alemães.
	Recebe doutorado honorário da Universidade do Rio de Janeiro.
	Passeio no Pão de Açúcar com grupo de professores.
	Recepção oferecida pelas associações judaicas.
6 de maio	Caminhada com o professor de Medicina Antônio da Silva Mello pelo bairro de Santa Teresa.
	Audiências com o presidente da República, Artur Bernardes, com ministros e com o prefeito Alaor Prata Soares.
	Primeira palestra pública sobre relatividade no Clube de Engenharia.
7 de maio	Visita ao Museu Nacional do Brasil.
	Almoço oferecido pelo diretor da Faculdade de Medicina, Aloísio de Castro.
	Sessão em sua homenagem na Academia Brasileira de Ciências.
	Palestra sobre o estado corrente da teoria da luz. Confirmado como membro correspondente.
	Gravação de curto discurso na Rádio Sociedade (texto 27 da seção de textos adicionais).

CRONOLOGIA DA VIAGEM

8 de maio   Visita ao Instituto Oswaldo Cruz.
À tarde, segunda palestra pública sobre relatividade na Escola Politécnica.
Jantar oferecido pelo embaixador alemão Hubert Knipping no clube Germania.

9 de maio   Visita ao Observatório Nacional.
Almoço na residência de Antônio da Silva Mello.
Visita aos fisiologistas Álvaro e Miguel Ozório de Almeida.
Jantar com os Kohn.
Recepção oferecida pela comunidade judaica no Automóvel Clube do Brasil.

10 de maio   Passeio pelos bairros do Rio de Janeiro. Trem até o Corcovado.
À noite, recepções no Centro Sionista e na Biblioteca Scholem Aleichem.

11 de maio   Visita ao Hospital Nacional de Alienados.
Reunião com ministros.
Visita à Associação de Imprensa. Exibição do filme sobre o general Cândido Rondon.
Jantar oferecido pelo embaixador alemão no Hotel Glória.

12 de maio   Partida do Rio de Janeiro com destino à Europa a bordo do S.S. Cap Norte.

27 de maio   Parada em Bilbao.

31 de maio   Desembarque em Hamburgo.

1º de junho   Retorno a Berlim.

ABREVIATURAS

CÓDIGOS DESCRITIVOS

AD	Documento manuscrito
AKS	Cartão-postal manuscrito assinado
ALS	Carta manuscrita assinada
ALSX	Fotocópia de carta manuscrita assinada
ALX	Fotocópia de carta manuscrita
Tgm	Telegrama
TLS	Carta datilografada assinada
TTrD	Documento transcrito datilografado

SÍMBOLOS DE LOCALIZAÇÃO

AEA	Arquivos Albert Einstein, Universidade Hebraica de Jerusalém
CaPsCA	Arquivos do Instituto de Tecnologia da Califórnia, Pasadena, Califórnia
GyBPAAA	Politisches Archiv des Auswärtigen Amtes [Arquivos Políticos do Ministério das Relações Exteriores], Berlim
IsJNLI	Biblioteca Nacional de Israel, Jerusalém
NoONPPC	Comitê do Prêmio Nobel da Paz, Oslo

NOTAS

PREFÁCIO

1. Ver Einstein para Hans Albert Einstein, 17 de outubro de 1918 [*CPAE 1998*, vol. 8, doc. 634].
2. Ver Einstein para Pauline Einstein, 8 de outubro de 1918 [*CPAE 1998*, vol. 8, doc. 631].
3. Ver Einstein para Paul e Maja Winteler-Einstein e Pauline Einstein, 23 de setembro de 1918 [*CPAE 1998*, vol. 8, doc. 621].
4. Ver Einstein para Mileva Einstein-Marić, ca. 9 de novembro de 1918 [*CPAE 1998*, vol. 8, doc. 647].

INTRODUÇÃO HISTÓRICA

1. Para uma visão geral da viagem à América do Sul, ver *Grundmann 2004*, p. 256-264, *Eisinger 2011*, p. 73-94 e *Calaprice et al. 2015*, p. 116-118.
2. Ver "South American Travel Diary Argentina, Uruguay, Brazil, 5 March-11 May 1925" [*CPAE 2015*, vol. 14, doc. 455, p. 688-708].
3. Ver *Tolmasquim 2003*, p. 177-198.
4. Ver *Moraes 2019*, Apêndice I, p. 204-208.
5. Sobre a viagem de Einstein aos Estados Unidos na primavera de 1921, ver *CPAE 2009*, vol. 12, Introduction, p. xxviii-xxxviii.
6. Ver *Einstein 2018* para a versão publicada do diário de viagem ao Oriente Médio, Palestina e Espanha; "Amerika-Reise 1930", 30 de novembro de 1930-15 de junho de 1931 [AEA, 29 134]; "Travel diary for USA", 3 de dezembro de 1931-4 de fevereiro de 1932 [AEA, 29 136]; "Reise nach Pasadena XII 1932", 10 de dezembro de 1932-18 de dezembro de 1932 [AEA, 29 138]; e "Travel Diary for Pasadena", 28 de janeiro de 1933-16 de fevereiro de 1933 [AEA, 29 143].
7. Ver texto 18 na seção de textos adicionais deste volume.
8. Ver *Sayen 1985*, p. 72.

232   OS DIÁRIOS DE VIAGEM DE ALBERT EINSTEIN

9. Ver *Calaprice et al. 2015*, p. 10.

10. Ver Einstein para Hans Albert e Eduard Einstein, 17 de dezembro de 1922, em *Einstein 2018*, p. 252.

11. Para discussões sobre os vários fatores, ver *Ortiz 1995*, p. 68-69 e 81-84, *Glick 1999*, p. 102-106, *Ortiz e Otero 2001*, p. 1-3, *Tolmasquim 2003*, p. 56-63, *Grundmann 2004*, p. 256-258, *Asúa e Hurtado de Mendoza 2006*, p. 98-104, *Tolmasquim 2012*, p. 121-123 e *Gangui e Ortiz 2014*, p. 167-175.

12. Ver *Ortiz 1995*, p. 67-68.

13. Ver ibid, p. 77.

14. Ver ibid, p. 68 e 78, e Eduardo L. Ortiz. "The emergence of theoretical physics in Argentina, Mathematics, mathematical physics and theoretical physics 1900-1950". Acessado em 4 de junho de 2021. *Proceedings of Science* (Héctor Rubinstein Memorial Symposium, 2010) 030. https://pos.sissa.it/109/030/pdf, p. 9.

15. Ver *Gangui e Ortiz 2014*, p. 168.

16. Incluindo o proeminente engenheiro Enrique Butty, os físicos educados na Alemanha José Collo e Teófilo Isnardi e o astrônomo Félix Aguilar (ver *Asúa e Hurtado de Mendoza 2006*, p. 100).

17. Ver *Paty 1999*, p. 349.

18. Ver *Tolmasquim 2012*, p. 121.

19. Ver *Moreira 1995*, p. 178. Curiosamente, tanto a Argentina quanto o Brasil estavam envolvidos em tentativas de verificar a relatividade geral. O Observatório Nacional de Córdoba participou de expedições malsucedidas para observar eclipses solares em 1912 e 1914 e o Observatório Nacional do Rio de Janeiro desempenhou papel crucial na bem-sucedida expedição a Sobral, no estado brasileiro do Ceará, em 1919 (ver Richard A. Campos. "Still Shrouded in Mystery: The Photon in 1925". Acessado em 3 de junho de 2021. https://www.yumpu.com/en/document/read/5228000/physics-0401044-pdf-arxiv, p. 9).

20. Ver *Tolmasquim 2003*, p. 111-112.

21. Ver *Moreira 1995*, p. 177 e 181.

22. Ver *Tolmasquim e Moreira 2002*, p. 232.

23. Ver *Tolmasquim 2003*, p. 118.

24. Ver Campos. "Still Shrouded in Mystery: The Photon in 1925", p. 9.

25. Ver *CPAE 2009*, vol. 12, Calendar, entrada de 3 de agosto de 1921; Erich Wende para Einstein, 11 de outubro de 1921 [*CPAE 2009*, vol. 12, doc. 264]; e Einstein para Erich Wende, 13 de outubro de 1921 [*CPAE 2009*, vol. 12, doc. 267].

26. Ver *Ortiz 1995*, p. 81.

27. Ver ibid, p. 82 e 84; *Grundmann 2004*, p. 256-257; e relatório da Embaixada da Alemanha em Buenos Aires para o Ministério do Exterior da Alemanha em Berlim, 26 de setembro de 1922 (GyBPAAA, R 64677).

NOTAS

28. Ver *Ortiz 1995*, p. 82.
29. Ver Joaquin J. Stutzin para Einstein, 30 de outubro de 1923 [*CPAE 2015*, vol. 14, abs. 198], e *Mundo Israelita*, 7 de março de 1925.
30. Ver texto 1 na seção de textos adicionais deste volume.
31. Ver *Ortiz 1995*, p. 92.
32. Ver ibid, p. 94.
33. Ver ibid, p. 82-84.
34. Ver texto 2 na seção de textos adicionais deste volume.
35. Ver *Ortiz 1995*, p. 69.
36. Ver *Asúa e Hurtado de Mendoza 2006*, p. 102.
37. Ver *Ortiz 1995*, p. 118-119.
38. Ver *Tolmasquim 2003*, p. 56 e 58.
39. Ver *Raffalovich 1952*, p. 300-301, e *Glick 1999*, p. 103.
40. Ver *Glick 1999*, p. 103.
41. Ver *Tolmasquim e Moreira 2002*, p. 233.
42. Ver texto 6 na seção de textos adicionais deste volume.
43. Ver *Raffalovich 1952*, p. 300-301, e *Glick 1999*, p. 104.
44. Ver *Grundmann 2004*, p. 180-182.
45. Ver *Renn 2013*, p. 2577.
46. Ver Einstein para Fritz Haber, 6 de outubro de 1920 [*CPAE 2006*, vol. 10, doc. 162].
47. Ver *Gaviola 1952*, p. 238, e *Asúa e Hurtado de Mendoza 2006*, p. 103.
48. Ver texto 3 na seção de textos adicionais deste volume.
49. Ver texto 4 na seção de textos adicionais deste volume.
50. Ver Einstein para Hans Albert Einstein, 27 de outubro de 1924 [*CPAE 2015*, vol. 14, doc. 348].
51. Ver *Tolmasquim 2012*, p. 123.
52. Ver *Asúa e Hurtado de Mendoza 2006*, p. 93.
53. Ver *Einstein 2018*, p. 65.
54. Ver Einstein para Svante Arrhenius, 10 de janeiro de 1923, em *Einstein 2018*, p. 258.
55. Ver texto 5 na seção de textos adicionais deste volume.
56. Ver texto 7 na seção de textos adicionais deste volume.
57. Ver Einstein para Robert A. Millikan, 3 de novembro de 1924 [*CPAE 2015*, vol. 14, doc. 306, p. 552], e *Tolmasquim 2003*, p. 59.
58. Ver *Tolmasquim 2003*, p. 63.
59. Ver ibid, p. 61.
60. Ver *Einstein 2018*, p. 72.
61. Ver *Tolmasquim 2003*, p. 63.
62. Ver ibid, p. 55.
63. Ver Einstein para Betty Neumann, 5 de junho de 1924 [*CPAE 2015*, vol. 4, doc. 262, p. 401].

234 OS DIÁRIOS DE VIAGEM DE ALBERT EINSTEIN

64. Ver *Fölsing 1997*, p. 548.
65. Ver Einstein para Flora Neumann-Mühsam, 11 de março de 1925 [*CPAE 2015*, vol. 14, doc. 459, p. 713].
66. Sobre a história desse período, ver *Romero 2013*, p. 27-55, e *Hedges 2015*, p. 24-45.
67. Sobre a história desse período, ver *Bethell 1986*, vol. 5, p. 453-474, e *Andrews 2010*, p. 2-5.
68. Sobre a história da Primeira República, ver *MacLachlan 2003*, p. 39-90, e *Fausto e Fausto 2014*, p. 144-186.
69. Ver *Skidmore 1995*, p. 95.
70. Ver *Santos e Hallewell 2002*, p. 79.
71. Ver *Bethell 2010*, p. 461.
72. Ver *Fausto e Fausto 2014*, p. 184.
73. Ver texto do diário neste volume, nota 98.
74. Ver *Siebenmann 1988*, p. 67 e 71, *Siebenmann 1992a*, p. 16, *Siebenmann 1992b*, p. 194, e *Minguet 1992*, p. 107-108.
75. Ver *Minguet 1992*, p. 108.
76. Ver *Glick 1999*, p. 108.
77. Ver *Siebenmann 1988*, p. 66-70, *König 1992*, p. 227 e *Minguet 1992*, p. 115.
78. Ver *Siebenmann 1992b*, p. 199.
79. Ver *König 1992*, p. 210 e *Minguet 1992*, p. 115.
80. Ver *König 1992*, p. 223.
81. Ver *Zapata 1979*, p. 51.
82. Ver ibid, p. 52-53 e *Siebenmann 1992b*, p. 193.
83. Ver *Siebenmann 1992b*, p. 193.
84. Ver ibid, p. 198.
85. Ver *Newton 1977*, p. 93.
86. Ver ibid, p. 93-97 e 108.
87. Ver Julius Koch para Jakob, Fanny e Pauline Koch, 26 de junho de 1889 [AEA, 143 392].
88. Ver *Zapata 1979*, p. 52.
89. Ver *CPAE 1993*, vol. 5, p. 640 e *CPAE 2015*, vol. 14, p. 742.
90. Ver *CPAE 2009*, vol. 12, p. 310 e a seção "Einstein aceita os convites" na Introdução.
91. Ver texto do diário neste volume, entrada de 6 de março de 1925.
92. Ver ibid, entrada de 19 de março de 1925. A expressão "membros da classe rica e ociosa" aparece no apêndice, "The Revolutionist's Handbook", em *Shaw 1919*.
93. Ver texto do diário neste volume, entrada de 24 de março de 1925.
94. Ver ibid.
95. Ver texto 12 na seção de textos adicionais deste volume.
96. Ver ibid.

NOTAS

97. Ver texto do diário neste volume, entrada de 24 de março de 1925.
98. Ver ibid, entrada de 26 de março de 1925.
99. Ver texto 12 na seção de textos adicionais deste volume.
100. Ver texto do diário neste volume, entrada de 24 de março de 1925.
101. Ver ibid, entrada de 27 de março de 1925.
102. Ver ibid, entrada de 28 de março de 1925.
103. Ver texto 14 na seção de textos adicionais deste volume.
104. Ver ibid.
105. Ver texto 18 na seção de textos adicionais deste volume.
106. Ver texto 14 na seção de textos adicionais deste volume.
107. Ver texto do diário neste volume, entrada de 14 de abril de 1925.
108. Ver ibid.
109. Ver texto 18 na seção de textos adicionais deste volume.
110. Ver texto do diário neste volume, entrada de 21 de abril de 1925.
111. Ver ibid, entrada de 6 de abril de 1925.
112. Ver ibid, entrada de 7 de abril de 1925.
113. Ver ibid, entrada de 14 de abril de 1925.
114. Ver ibid, entrada de 1º de abril de 1925.
115. Ver ibid, entrada de 12 de abril de 1925
116. Ver ibid, entrada de 14 de abril de 1925.
117. Ver ibid, entrada de 13 de abril de 1925.
118. Ver ibid, entrada de 2 de abril de 1925.
119. Ver ibid, entrada de 19 de março de 1925.
120. Ver texto 18 na seção de textos adicionais deste volume.
121. Ver texto 31 na seção de textos adicionais deste volume.
122. Ver texto 34 na seção de textos adicionais deste volume.
123. Ver Einstein para Michele Besso, antes de 26 de julho de 1920 [*CPAE 2006*, vol. 10, doc. 85, p. 346].
124. Ver Einstein para Max Planck, 6 de julho de 1922 [*CPAE 2012*, vol. 13, doc. 266, p. 392] e *Einstein 2018*, p. 18.
125. Ver Einstein para Heinrich Zangger, 16 de fevereiro de 1917 [*CPAE 2006*, vol. 8, doc. 299a, vol. 10, p. 72] e Einstein para Heinrich Zangger, 18 de junho de 1922 [*CPAE 2012*, vol. 13, doc. 241, p. 370].
126. Ver *Einstein 2018*, p. 40.
127. Ver texto 7 na seção de textos adicionais deste volume.
128. Ver texto do diário neste volume, entrada de 14 de abril de 1925.
129. Ver ibid, entrada de 24 de abril de 1925.
130. Ver ibid, entrada de 26 de abril de 1925.
131. Ver ibid, entradas de 26 e 30 de abril de 1925.
132. Ver texto 22 na seção de textos adicionais deste volume.
133. Ver texto do diário neste volume, entrada de 30 de abril de 1925.
134. Ver ibid, entrada de 24 de abril de 1925.

236 OS DIÁRIOS DE VIAGEM DE ALBERT EINSTEIN

135. Ver *Frank 1947*, p. 100.
136. Ver Einstein para Pauline Einstein, 16 de junho de 1919 [*CPAE 2004*, vol. 9, doc. 61, p. 91] e *Einstein 1917*, apêndice de 1920 [*CPAE 1996*, vol. 6, doc. 42, p. 512].
137. Ver texto do diário neste volume, entrada de 22 de março de 1925.
138. Ver texto 12 na seção de textos adicionais deste volume.
139. Ver *Revista Fon-Fon* 13 (28 de março de 1925): 50.
140. Ver texto do diário neste volume, entrada de 4 de maio de 1925.
141. Ver ibid, entrada de 5 de maio de 1925.
142. Ver texto 34 na seção de textos adicionais deste volume.
143. Ver texto do diário neste volume, entrada de 4 de maio de 1925.
144. Ver ibid, entrada de 6 de maio de 1925.
145. Ver ibid, entrada de 7 de maio de 1925.
146. Ver ibid, entrada de 5 de maio de 1925.
147. Ver ibid.
148. Ver texto do diário neste volume, entradas de 6 e 9 de maio de 1925.
149. Ver ibid, entrada de 7 de maio de 1925.
150. Ver ibid, entrada de 11 de maio de 1925.
151. Ver ibid, entrada de 6 de maio de 1925.
152. Ver ibid, entrada de 9 de maio de 1925.
153. Ver *Illustração Brasileira* 58 (junho de 1925): 50.
154. Ver texto do diário neste volume, entrada de 7 de maio de 1925.
155. Ver texto 25 na seção de textos adicionais deste volume.
156. Ver texto 29 na seção de textos adicionais deste volume.
157. Em seu diário de viagem para o Extremo Oriente, Einstein incluiu o seguinte comentário sobre os cingaleses: "Apesar de toda a sua excelência, eles dão a impressão de que o clima os impede de pensar para trás ou para a frente por mais de um quarto de hora" (ver *Einstein 2018*, p. 105).
158. Ver *Einstein 2018*, p. 53-59.
159. Ver ibid, p. 42.
160. Ver *Liebman 1973*, p. 9.
161. Ver *Mirelman 1990*, p. 168.
162. Ver *Rosenswaike 1960*, p. 202-203.
163. Ver *Liebman 1973*, p. 8.
164. Ver *Horowitz 1962*, p. 208, *Avni 1972*, p. 266 e *Liebman 1973*, p. 12.
165. Ver *Levine 1987*, p. 73.
166. Ver *Schenkolewski-Kroll 2017*, p. 80.
167. Ver texto do diário neste volume, entrada de 31 de março de 1925.
168. Ver *Rosenkranz 2011*, p. 255.
169. Ver texto do diário neste volume, entrada de 26 de março de 1925.
170. Ver ibid, entrada de 6 de abril de 1925.
171. Ver ibid, entrada de 16 de abril de 1925.

NOTAS

172. Ver ibid, entrada de 21 de abril de 1925.

173. Ver texto 20 na seção de textos adicionais deste volume.

174. Ver texto do diário neste volume, entrada de 24 de março de 1925.

175. Ver ibid, entrada de 21 de abril de 1925.

176. Ver textos 13, 15 e 19 na seção de textos adicionais deste volume.

177. Ver texto 20 na seção de textos adicionais deste volume.

178. Ver *Sapolinsky 1963*, p. 74-75, 81-82 e 86.

179. Ver *El Día*, 24 de abril de 1925.

180. Ver texto do diário neste volume, entrada de 24 de abril de 1925.

181. Ver ibid, nota 77 e entrada de 28 de abril de 1925.

182. Ver *Elkin 2014*, p. 259.

183. Ver *Lesser 1989*, p. 4-6 e 10-11.

184. Ver ibid, p. 14.

185. Ver ibid, p. 118.

186. Ver *Gherman 2017*, p. 197.

187. Ver texto do diário neste volume, entrada de 9 de maio de 1925 e nota 101.

188. Ver ibid, entrada de 10 de maio de 1925 e nota 102.

189. Ver texto 32 na seção de textos adicionais deste volume.

190. Ver texto 34 na seção de textos adicionais deste volume.

191. Ver *Tolmasquim 2012*, p. 125.

192. Ver *Bernecker e Fischer 1992*, p. 198.

193. Ver *Newton 1977*, p. 103 e 105.

194. Ver *Werner 1996*, p. 185.

195. Ver *Newton 1977*, p. 124.

196. Ver ibid, p. 112 e 146.

197. Ver *Tolmasquim 2012*, p. 126.

198. Ver ibid.

199. Ver texto 18 na seção de textos adicionais deste volume.

200. Ver texto do diário neste volume, entrada de 17 de abril de 1925.

201. Ver *Die Deutsche La Plata Zeitung*, 18 de abril de 1925.

202. Ver Embaixada da Alemanha de Buenos Aires para o Ministério do Exterior da Alemanha em Berlim, 30 de abril de 1925 (GyBPAAA, R 64678).

203. Ver "Ausstellung zu 160 Jahre diplomatische Beziehungen zu Uruguay". 15 de julho de 2016. Acessado em 3 de maio de 2021. https://www.deutschland.de/en/node/3639.

204. Ver Walther L. Bernecker. "Siedlungskolonien und Elitenwanderung. Deutsche in Lateinamerika: das 19. Jahrhundert". Acessado em 3 de maio de 2021. https://www. matices-magazin.de/archiv/15-deutsche-in-lateinamerika/deutsche-in-lateinamerika/ e Torsten Eßer. "Deutsche in Lateinamerika". Acessado em 3 de maio de 2021. http://www.torstenesser.de/download-text/Deutsche%20in%20Lateinamerika.pdf.

205. Ver *Beretta Curi 2018*, p. 81-82.

238   OS DIÁRIOS DE VIAGEM DE ALBERT EINSTEIN

206. Ver "Deutsch-uruguayische Beziehungen". Acessado em 3 de maio de 2021. https://www.pangloss.de/cms/index.php?page=uruguay e *Schonebaum 1998*, p. 237.

207. Ver texto do diário neste volume, entrada de 28 de abril de 1925.

208. Ver Embaixada da Alemanha em Montevidéu para Ministério do Exterior da Alemanha em Berlim, 4 de junho de 1925 (GyBPAAA, R 64678).

209. Ver texto 22 na seção de textos adicionais deste volume.

210. Ver texto do diário neste volume, entrada de 29 de abril de 1925.

211. Ver ibid, entrada de 3 de maio de 1925.

212. Ver *Oberacker 1979*, p. 222, 224 e 238.

213. Ver texto do diário neste volume, entrada de 5 de maio de 1925.

214. Ver ibid, entrada de 8 de maio de 1925.

215. Ver Relatório da Embaixada da Alemanha no Rio de Janeiro, 20 de maio de 1925 (GyBPAAA, R 64678).

216. Ver Carl Gneist, Embaixada da Alemanha em Buenos Aires para o Ministério do Exterior da Alemanha em Berlim, de abril de 1925 (GyBPAAA, R 64678).

217. Ver Embaixada da Alemanha em Montevidéu para Ministério do Exterior da Alemanha em Berlim, 4 de junho de 1925 (GyBPAAA, R64678).

218. Ver Embaixada da Alemanha no Rio de Janeiro para Ministério do Exterior da Alemanha em Berlim, 20 de maio de 1925 (GyBPAAA, R 64678).

219. Ver Einstein para Paul Ehrenfest, 22 de março de 1919 [*CPAE 2004*, vol. 9, doc. 10].

220. Ver *Einstein 2018*, p. 41.

221. Ver texto 14 na seção de textos adicionais deste volume.

222. Ver texto do diário neste volume, entrada de 24 de abril de 1925.

223. Ver ibid, entrada de 4 de maio de 1925.

224. Ver texto 31 na seção de textos adicionais deste volume.

225. Ver texto 32 na seção de textos adicionais deste volume.

226. Ver texto 23 na seção de textos adicionais deste volume.

227. Ver "Een Interview met Prof. Albert Einstein", *Nieuwe Rotterdamsche Courant*, 4 de julho de 1921 e "Einsteins amerikanische Eindrücke. Was er wirklich sah", *Vossische Zeitung*, 10 de julho de 1921.

228. Ver *Einstein 2018*, p. 48-50 e *Kaplan 1997*, p. 22.

229. Ver texto do diário neste volume, entrada de 6 de maio de 1925.

230. Ver *Kaplan 1997*, p. 6.

231. Ver ibid, p. 22.

232. Ver texto do diário neste volume, entrada de 8 de março de 1925.

233. Ver ibid, entrada de 11 de março de 1925.

234. Ver ibid, entrada de 8 de março de 1925.

235. Ver ibid, entrada de 9 de março de 1925.

236. Ver ibid, entrada de 14 de março de 1925.

NOTAS

237. Ver ibid, entrada de 19 de março de 1925.

238. Ver ibid, entrada de 24 de março de 1925.

239. Ver ibid.

240. Ver ibid.

241. Ver texto do diário neste volume, entrada de 1º de abril de 1925.

242. Ver ibid, entrada de 18 de abril de 1925.

243. Ver ibid, entrada de 21 de abril de 1925.

244. Ver texto 11 na seção de textos adicionais deste volume.

245. Ver texto 20 na seção de textos adicionais deste volume.

246. Ver texto 18 na seção de textos adicionais deste volume.

247. Ver *Mudimbe-Boyi 1992*, p. 28.

248. Ver *Seth e Knox 2006*, p. 4-5, 214.

249. Ver ibid, p. 6.

250. Ver *Mudimbe-Boyi 1992*, p. 27.

251. Ver texto 5 na seção de textos adicionais deste volume.

252. Ver texto 9 na seção de textos adicionais deste volume.

253. Ver texto do diário neste volume, entrada de 5 de março de 1925.

254. Ver ibid, entrada de 17 de março de 1925.

255. Ver texto 12 na seção de textos adicionais deste volume.

256. Ver texto do diário neste volume, entrada de 13 de abril de 1925.

257. Ver ibid, entrada de 14 de abril de 1925.

258. Ver ibid, entrada de 6 de maio de 1925.

259. Ver ibid, entrada de 18 de abril de 1925.

260. Ver ibid, entrada de 26 de abril de 1925.

261. Ver texto 20 na seção de textos adicionais deste volume.

262. Ver texto 12 na seção de textos adicionais deste volume.

263. Ver texto do diário neste volume, entrada de 3 de maio de 1925.

264. Ver ibid, entradas de 1º e 3 de maio de 1925.

265. Ver ibid, entrada de 17 de abril de 1925.

266. Ver *Leerssen 2000*, p. 280-284.

267. Ver *Einstein 2018*, p. 58. As atitudes de Einstein em relação à raça não evoluíram em um vácuo. Para uma discussão dos contextos históricos mais amplos nos quais evoluíram as visões sobre raça dos intelectuais europeus, alemães e judeus, ver *Einstein 2018*, p. 53-55.

268. Ver *Miles e Brown 2003*, p. 104.

269. Ver ibid, p. 103.

270. Ver texto do diário neste volume, entrada de 7 de maio de 1925.

271. Ver texto 14 na seção de textos adicionais deste volume.

272. Ver texto 18 na seção de textos adicionais deste volume.

273. Ver texto do diário neste volume, entrada de 22 de março de 1925.

274. Ver ibid, entrada de 11 de maio de 1925.

275. Ver *Skidmore 1995*, p. 92.

240 OS DIÁRIOS DE VIAGEM DE ALBERT EINSTEIN

276. Ver ibid, p. 95.
277. Ver *Einstein 2018*, p. 60 e 65.
278. Ver *Walton 2009*, p. 117.
279. Ver *Einstein 2018*, p. 60-62.
280. Ver *CPAE 2015*, vol. 14, Introduction, p. lxiv.
281. Ver *Grundmann 2004*, p. 258.
282. Ver texto do diário neste volume, entrada de 17 de março de 1925.
283. Ver texto 11 na seção de textos adicionais deste volume.
284. Ver ibid.
285. Ver texto do diário neste volume, entrada de 14 de abril de 1925.
286. Ver ibid, entrada de 9 de maio de 1925.
287. Ver ibid, entrada de 26 de março de 1925.
288. Ver ibid, entrada de 11 de maio de 1925.
289. Ver ibid, entrada de 7 de março de 1925.
290. Ver texto 9 na seção de textos adicionais deste volume.
291. Ver texto do diário neste volume, entradas de 12, 17 e 19 de março de 1925.
292. Ver texto 11 na seção de textos adicionais deste volume.
293. Ver texto 18 na seção de textos adicionais deste volume.
294. Ver *Einstein 2018*, p. 329, nota 34.
295. Ver texto do diário neste volume, entrada de 2 de maio de 1925.
296. Ver *Einstein 1923a*.
297. Ver *Einstein 1925*.
298. Ver *Ortiz 1995*, p. 122.
399. Ver *Gangui e Ortiz 2014*, p. 185.
300. Ver *Asúa e Hurtado de Mendoza 2006*, p. 119 e 121.
301. Ver *Gangui e Ortiz 2014*, p. 185.
302. Ver *Asúa e Hurtado de Mendoza 2006*, p. 108 e 121.
303. Ver *Ortiz 1995*, p. 105.
304. Ver Eduardo L. Ortiz. "The emergence of theoretical physics in Argentina, Mathematics, mathematical physics and theoretical physics 1900-1950". Acessado em 4 de junho de 2021. *Proceedings of Science* (Héctor Rubinstein Memorial Symposium, 2010) 030. https://pos.sissa.it/109/030/pdf, p. 10.
305. Ver *Ortiz e Otero 2001*, p. 34.
306. Ver Ortiz. "The emergence of theoretical physics in Argentina, Mathematics, mathematical physics and theoretical physics 1900-1950", p. 10.
307. Ver *Gangui e Ortiz 2014*, p. 185.
308. Ver *Ortiz 1995*, p. 122.
309. Ver *Gangui e Ortiz 2014*, p. 185.
310. Ver ibid.
311. Ver *Ortiz 1995*, p. 116-117 e *Gangui e Ortiz 2014*, p. 186.
312. Ver *Ortiz e Otero 2001*, p. 10.
313. Ver ibid, p. 11 e 22.

NOTAS

314. Ver ibid, p. 21.
315. Ver ibid, p. 25.
316. Ver ibid, p. 9.
317. Ver *Ortiz 1995*, p. 124-125.
318. Ver *Ortiz e Otero 2001*, p. 22.
319. Ver *Tolmasquim 2003*, p. 163-164.
320. Ver *Moreira 1995*, p. 195 e *Glick 1999*, p. 114.
321. Ver *Glick 1999*, p. 106 e *Tolmasquim 2003*, p. 163.
322. Ver *Tolmasquim e Moreira 2002*, p. 236.
323. Ver *Glick 1999*, p. 113.
324. Ver *Moreira 1995*, p. 186 e *Silva da Silva 2005*, p. 294-296.
325. Ver *Moreira 1995*, p. 188-189.
326. Ver *Moreira 1995*, p. 190 e *Tolmasquim e Moreira 2002*, p. 236.
327. Ver *Moreira 1995*, p. 196 e *Glick 1999*, p. 113.
328. Einstein frequentemente se hospedava no estúdio que fora redecorado para ele na casa e fábrica de seu amigo, o industrial Hermann Anschütz-Kaempfe, em Kiel, e na casa de seu amigo próximo Paul Ehrenfest em Leyden. Ele repetidamente se referia à vida na capital alemã como "enervante" (ver, por exemplo, Einstein para Elsa Einstein, 14 de setembro de 1920 [*CPAE 2006*, vol. 10, doc. 149]).
329. Ver texto 14 na seção de textos adicionais deste volume.
330. Ver textos 18 e 22 na seção de textos adicionais deste volume.
331. Ver texto do diário neste volume, entrada de 19 de março de 1925.
332. Ver, por exemplo, Einstein para Hans Albert Einstein, 18 de junho de 1921 [*CPAE 2009*, vol. 12, doc. 153], na qual ele planejou comprar passagens de trem de terceira classe.
333. Ver *Einstein 2018*, p. 288, nota 308.
334. Sobre a doença de Einstein em 1928, ver *CPAE 2021*, vol. 16, Introduction, p. lv-lx.
335. Ver *Einstein 2018*, p. 189.
336. Ver texto do diário neste volume, entrada de 11 de maio de 1925.

DIÁRIO DE VIAGEM: *Argentina, Uruguai e Brasil, 5 de março a 11 de maio de 1925*

1. AD. [AEA, 29 132]. Publicado como "South American Travel Diary Argentina, Uruguay, Brazil" em *CPAE 2015*, vol. 14, doc. 455, p. 688-708. O documento apresentado aqui está preservado em um caderno que mede 16,3 cm × 10,2 cm e consiste em 72 páginas pautadas. O caderno inclui 43 páginas pautadas de entradas do diário de viagem, seguidas de 29

242 OS DIÁRIOS DE VIAGEM DE ALBERT EINSTEIN

páginas pautadas em branco. As páginas do caderno foram numeradas pelos Arquivos Albert Einstein. Na capa do caderno, Einstein escreveu o título "TAGEBUCH" (Diário), e parece que o esboço de um desenho foi acrescentado à mão sob o título. A secretária de longa data de Einstein, Helen Dukas, escreveu "Südamerika 1925" ("América do Sul 1925") sobre o título. Uma etiqueta sob o desenho diz "Diário da viagem à América do Sul, 1925" (datilografado) e "item 2 — ficheiro & datilog." na letra de Helen Dukas. As entradas do diário ocupam da página 2 à página 43 e estão escritas a tinta. As páginas do caderno, que originalmente podiam ser grampeadas, foram costuradas com fio branco. Um documento datilografado com as notas explicativas de Helen Dukas também está disponível [AEA, 5 255]. Essas notas não foram incluídas.

2. Elsa Einstein (1876-1936), sua segunda esposa. Moritz Katzenstein (1872-1932) era diretor do Segundo Departamento Cirúrgico do Hospital Municipal em Friedrichshain, Berlim, e amigo próximo de Einstein. Ele tinha cinco irmãs: Henriette, Rosa, Sara, Emma e Paula. Alexander Bärwald (1877-1930) era um arquiteto judeu alemão que projetara o edifício Technion em Haifa. Sua esposa era Charlotte Bärwald-Eisenberg (1883-1937).

3. Em Hamburgo.

4. Provavelmente Emily Robinow-Kukla (1883-1967), esposa do comerciante judeu de Hamburgo Paul Robinow. O genro dela era Wilhelm Roloff (1899-1949), um médico alemão do Hospital Charité em Berlim.

5. Carl Melchior (1871-1933), banqueiro judeu em Hamburgo, sócio da M. M. Warburg & Co. e presidente do conselho da Beiersdorf AG, a empresa de produtos dermatológicos que inventou o creme Nivea.

6. O S.S. Cap Polonio pertencia à Hamburg South American Line.

7. O genro dos Robinow era Wilhelm Roloff.

8. 23 mil toneladas. A enteada mais nova de Einstein, Margot Einstein (1899-1986), aparentemente planejava acompanhá-lo na viagem, mas presumivelmente ficara doente logo antes da partida (ver texto 9 na seção de textos adicionais deste volume).

9. Carl Jesinghaus (1886-1948) era professor de Filosofia e Psicologia na Universidade de Buenos Aires.

10. Ideias sobre as fundações da geometria de Riemann, a estrutura matemática para a teoria geral da relatividade, haviam sido o ponto de partida das abordagens que tentavam estabelecer uma teoria unificada dos campos eletromagnético e gravitacional. Uma dessas abordagens seguia a obra de Hermann Weyl e Arthur S. Eddington e baseava a geometria de Riemann no conceito de conexão afim. Em sua viagem de retorno do Japão no início de 1923, a ideia levara à exploração de tal abordagem por Einstein, resultando na publicação de *Einstein 1923a* (*CPAE 2012*, vol. 13, doc. 425), *1923b* e *1923c* (*CPAE 2015*, vol. 14, docs. 13 e 52). Em meados

NOTAS

243

de 1923, Einstein abandonara essa abordagem (ver *CPAE 2015*, vol. 14, Introduction, p. xxxvii-xl). Em 1925, no entanto, publicou uma nova abordagem para a unificação dos campos baseada na hipótese de uma métrica assimétrica; ver *Einstein 1925*, apresentado à Academia Prussiana em 9 de julho de 1925.

11. *Chaucer 1924*.

12. Else Jerusalem-Kotányi (1876-1943) era uma escritora judia nascida na Áustria que morava em Buenos Aires desde 1911. Suas obras mais conhecidas desafiavam as noções burguesas de moralidade e sexualidade (ver *Spreitzer 2016*).

13. Corunha e Vigo são cidades da Galícia, no noroeste da Espanha.

14. Else Jerusalem.

15. Carl Jesinghaus. Possivelmente Johannes Sievers (1880-1969), historiador de arte e conselheiro de legação do Ministério do Exterior da Alemanha.

16. Provavelmente o Castelo de São Jorge.

17. O Mosteiro dos Jerônimos.

18. *Meyerson 1925*.

19. Para uma análise dessa equação, ver "South American Travel Diary Argentina, Uruguay, Brazil" em *CPAE 2015*, vol. 14, doc. 455, nota 15.

20. *Koigen 1925*, obra autobiográfica na qual o autor judeu ucraniano descreve os anos que passou em Kiev, a fuga da família para a Alemanha e os traumas que sofreu devido aos pogroms e à violência da guerra civil russa.

21. Provavelmente *Jerusalem 1928*, no qual um jovem rabino chamado Davi é condenado à ruína não somente pelo choque entre tradição e modernidade, mas também pelas ações iradas do Deus do Antigo Testamento (ver *Stürzer 1993*, p. 378).

22. Einstein fez 46 anos em 14 de março. Ele agradece a Elsa pela carta de felicitações no texto 10 da seção de textos adicionais deste volume.

23. Equivalente a 28°C e 84°F.

24. Para uma discussão histórica dessas equações de campo no contexto das tentativas de Einstein de descrever a matéria através da teoria de campos, ver *Sauer 2012*. Para dúvidas anteriores sobre a viabilidade da teoria de campo, ver *Einstein 1924*, §1.

25. Wolfgang Amadeus Mozart, "Eine kleine Nachtmusik", KV 525, e Ludwig van Beethoven, "Romanze" n. 2, fá maior, op. 50.

26. A expressão "membros da classe rica e ociosa" aparece no apêndice, "The Revolutionist's Handbook", de *Shaw 1919*. No diário original, Einstein usa a abreviatura "M. d. R. F." para "Mitglied der reichen Faulenzerklasse", a tradução alemã da expressão.

27. Isso está relacionado à teoria da emissão de luz de Niels Bohr, que levou ao problema de como explicar que o quantum de luz emitida parece viajar como partícula dirigida, ao passo que a luz emitida também pode exibir

244 OS DIÁRIOS DE VIAGEM DE ALBERT EINSTEIN

fenômenos de interferência. Para mais detalhes, ver "South American Travel Diary Argentina, Uruguay, Brazil" em *CPAE 2015*, vol. 14, doc. 455, nota 23.

28. A grande delegação que saudou Einstein no porto consistia em proeminentes membros da comunidade judaica local, incluindo o rabino Isaiah Raffalovich (1870-1956), líder espiritual da comunidade judaica do Rio de Janeiro e diretor da Associação Judaica de Colonização no Brasil, e Isidoro Kohn (1877-1965), empresário austríaco que era presidente da comunidade judaica. O comitê de boas-vindas científico era liderado pelo astrônomo Henrique Morize e incluía os matemáticos Ignácio do Amaral e Roberto Marinho de Azevedo; Paulo de Frontin, diretor da Escola Politécnica; Aloísio de Castro (1881-1959), presidente da Faculdade de Medicina da Universidade do Rio de Janeiro e membro do Comitê Internacional de Cooperação Intelectual; e o químico alemão Daniel Henninger. Numerosos jornalistas também estavam presentes.

O comitê de boas-vindas convidou Einstein para um passeio de carro pela cidade. No comboio de sete carros, Einstein foi acompanhado pelo rabino Raffalovich (ver *Tolmasquim 2003*, p. 70 e 232, e *Glick 1999*, p. 104-105).

29. Einstein foi saudado pelo diretor do Jardim Botânico do Rio de Janeiro, Antonio Pacheco Leão, e assinou o livro de visitantes. Depois do passeio pelo jardim, Einstein almoçou no recém-construído Hotel Copacabana Palace, recebido por Assis Chateaubriand, dono de *O Jornal*. Entre os convidados estavam Eduardo Horovitz, secretário da Federação Sionista; Leon Schwartz, presidente da Faculdade Hebraica; e Emanuel Galano, presidente da sinagoga sefardita Bnei Herzl. Depois do almoço, Einstein fez uma caminhada (ver *O Jornal, O Paiz* e *A Noite*, 21 e 22 de março de 1925, e *Glick 1999*, p. 104).

30. Mauricio Nirenstein (1877-1935) era professor de Literatura Espanhola e secretário-geral da Universidade Nacional de Buenos Aires. Um pequeno grupo de acadêmicos argentinos, liderado por Nirenstein, saudou Einstein em sua chegada a Montevidéu e cruzou com ele o rio da Prata até Buenos Aires. O outro membro proeminente do grupo era o engenheiro civil Enrique Butty (*Ortiz 1995*, p. 99).

31. Para uma lista abrangente de organizações judaicas representadas no porto para saudar Einstein, ver *Ortiz 1995*, p. 107, nota 125. Membros do comitê judaico de recepção incluíam Sansón Raskowsky, David Groisman, León Horischnik, L. Minuchin e Luis Sverdlick (ver *Ortiz 1995*, p. 108).

32. Bruno Wassermann (1874-1940) era um comerciante judeu alemão de papel. A casa dos Wassermann ficava no elegante bairro de Belgrano.

33. O embaixador alemão era Carl Gneist (1868-1939). Leopoldo Lugones visitou Einstein em seu primeiro dia em Buenos Aires (ver *Ortiz 1995*, p. 100).

NOTAS

34. O reitor era José Arce (1881-1968), professor de Anatomia e Cirurgia e político. O deão da Faculdade de Ciências Exatas, Físicas e Naturais era Eduardo Huergo (1873-1929), professor de Engenharia Civil.

35. Einstein concedeu extensas entrevistas a repórteres do *La Nación* e *Crítica*. Durante seu passeio pela cidade, ele visitou os parques do bairro de Palermo e a feira em Abasto (*Ortiz 1995*, p. 100).

36. Julio R. Castiñeiras (1885-1944) e sua esposa, Delia O. Miguel de Castiñeiras.

37. No original, Einstein usa uma frase no dialeto de Berlim que significa "Estou farto".

38. Durante a turnê pelos Estados Unidos, Einstein participara de numerosos eventos de organizações judaicas e subsequentemente expressara algum desencanto por seus colegas judeus (ver *CPAE 2009*, vol. 12, Introduction, p. xxxii-xxxiv e Einstein para Michele Besso, antes de 30 de maio de 1921 [*CPAE 2009*, vol. 12, doc. 141]).

39. A recepção e a palestra pública introdutória foram realizadas em 27 de março, no auditório principal do Colegio Nacional de Buenos Aires, um prestigiado colégio associado à universidade. A palestra durou aproximadamente meia hora e tratou dos sistemas inertes de referência, os experimentos físicos realizados para verificar o princípio da relatividade e os problemas causados pelos conceitos de espaço absoluto e éter. A palestra foi ouvida por "uma plateia universitária ampla e heterogênea" que incluía ministros de governo, embaixadores estrangeiros, professores e alunos. No pódio, estavam o ministro da Justiça e Educação Antonio Sagarna (1874-1949), o ministro do Exterior Ángel Gallardo e membros de alto escalão da universidade (ver *La Prensa*, 28 de março de 1925; *La Nación*, 28 de março de 1925; e *Gangui e Ortiz 2008*, p. 440).

40. A primeira palestra científica de Einstein ocorreu em 28 de março na Faculdade de Ciências Exatas, Físicas e Naturais da Universidade de Buenos Aires, e tratou dos experimentos físicos realizados para testar a existência do éter e das teorias elaboradas pelo físico holandês Hendrik A. Lorentz e pelo físico irlandês George FitzGerald para superar as dificuldades encontradas nesses experimentos, da obra do físico americano Albert A. Michelson e da teoria do próprio Einstein sobre a constância da velocidade da luz. Originalmente, Einstein planejara fazer doze palestras na Universidade de Buenos Aires. Esse número foi reduzido para oito devido à demanda por palestras de outras universidades (ver *La Nación*, 29 de março de 1925; *Ortiz 1995*, p. 101 e 115; e *Gangui e Ortiz 2008*, p. 441). O ministro da Educação era Antonio Sagarna.

41. Alfredo Hirsch (1872-1956) era um dos proprietários da empresa exportadora de grãos Bunge y Born, filantropo e patrono das artes. Sua esposa era Lisa Hirsch-Gottschalk. "Alice" é a prima de Einstein, Alice Steinhardt-Koch (1893-1975).

246   OS DIÁRIOS DE VIAGEM DE ALBERT EINSTEIN

42. O primo de Einstein, Robert Koch (1879-1952?). Einstein tinha 46 anos.
43. Einstein visitou a redação do *La Prensa* acompanhado por Bruno Wasser-
    mann e Robert Koch. Para a cobertura da visita de Einstein pela impren-
    sa, ver *La Prensa*, 31 de março de 1925.
44. *Schul* é iídiche para "sinagoga". Einstein visitou um orfanato feminino, o
    Asilo Argentino de Huérfanas Israelitas (*Tolmasquim 2012*, p. 124).
45. Berta Wassermann-Bornberg (1878-1932), na casa de quem Einstein es-
    tava hospedado em Buenos Aires. Einstein e Wassermann participaram
    do segundo voo de um hidroavião Junkers que realizava manobras em
    alta altitude sobre a capital. O nome do piloto alemão era Grundtker. Os
    passageiros do primeiro voo foram o almirante alemão Paul Behncke e seu
    ajudante (ver *La Prensa*, 2 de abril de 1925).
46. O presidente da Argentina era Marcelo T. de Alvear (1868-1942). Leopoldo
    Lugones (1874-1938) era um proeminente escritor argentino, além de cien-
    tista amador e membro do Comitê Internacional de Cooperação Intelectual.
47. La Plata está localizada 58 quilômetros a sudeste de Buenos Aires. Eins-
    tein foi acompanhado nessa viagem a La Plata pelo reitor da Universidade
    de Buenos Aires, José Arce; pelo deão da Faculdade de Humanidades e
    Ciências da Educação, Enrique Mouchet; e pelo físico Ramón G. Loyarte.
    Um almoço foi oferecido pelo presidente da Universidade de La Plata, Be-
    nito Nazar Anchorena, no Jockey Club da cidade. A aula de abertura do
    semestre de outono da Universidade Nacional de La Plata foi ministrada
    por seu presidente. Uma sessão científica em homenagem a Einstein foi
    presidida por Richard Gans, diretor do Instituto de Física da universidade.
    Einstein também conheceu membros de uma delegação da Ateneo Juven-
    tud Israelita (ver *La Prensa*, 3 de abril de 1925 e *Ortiz 1995*, p. 101).
48. O almoço, oferecido pelo reitor José Arce em nome da Universidade de
    Buenos Aires, teve lugar no Elisabeth Hall do Jockey Club e foi prestigiado
    pelo ministro Sagarna, pelo embaixador Gneist e por Carl Egger, o embai-
    xador suíço (ver *La Prensa*, 4 de abril de 1925).
49. Louis Louis-Dreyfus (1867-1940) era um industrial francês e empregador
    de Robert Koch (ver texto 14 na seção de textos adicionais deste volume).
    Einstein fez uma breve palestra na Faculdade de Filosofia e Letras da
    Universidade de Buenos Aires, sobre a relação entre geometria e relativi-
    dade (ver *La Nación*, 5 de abril de 1925 e *Ortiz 1995*, p. 105).
50. A estância rural dos Wassermann ficava na cidade de Llavallol, 30 quilô-
    metros ao sul de Buenos Aires.
51. O fisiologista era Bernardo A. Houssay (1887-1971), especialista em endo-
    crinologia e diretor do Instituto de Fisiologia da Universidade de Buenos
    Aires. Eugenio Pablo Fortin (1876-1947) era um oftalmologista e pesqui-
    sador nascido na França. A celebração da abertura oficial da Universidade
    Hebraica (que ocorrera em 1º de abril no monte Scopus, em Jerusalém) foi
    realizada no maior cinema da cidade, o Teatro Coliseo. O evento foi orga-

NOTAS 247

nizado pela Federação Sionista da Argentina e liderado pelo presidente da federação, Isaac Nissensohn. Havia cerca de 4 mil pessoas na plateia. Foram lidas mensagens do vice-presidente da República e do presidente do Senado. Para o discurso de Einstein, ver texto 15 na seção de textos adicionais deste volume. Ben-Zion Mossinson (1878-1942) era membro da Conselho Geral Sionista. Ele visitava a Argentina como representante do Fundo de Fundação da Palestina (ver também *La Prensa*, 7 de abril de 1925).

52. José Arce.

53. Os três dias de descanso em Llavallol ocorreram durante o feriado de Páscoa (ver *Ortiz 1995*, p. 105). Einstein estava interessado em uma teoria que unificasse os campos gravitacional e eletromagnético; ver também nota 10.

54. Enrique Butty (1877-1973); Ramón G. Loyarte (1888-1944) era professor de Física na Universidade de Buenos Aires; Coriolano Alberini (1886-1960) era professor de Filosofia e deão da Faculdade de Humanidades da Universidade de Buenos Aires. Na época, a universidade ainda não tinha uma Faculdade de Engenharia separada. Einstein se referia a Eduardo Huergo, deão da Faculdade de Ciências Exatas, Físicas e Naturais, que era engenheiro. Outros membros do grupo de viagem foram Ángel Gallardo e Nirenstein e sua esposa, Magdalena Nirenstein-Holmberg Jorge (1876-1946). Córdoba está localizada 700 quilômetros a nordeste de Buenos Aires. Einstein foi recebido na estação ferroviária de Córdoba por acadêmicos, oficiais governamentais e representantes das instituições judaicas, incluindo a Sociedade Herzl. Durante sua breve visita à cidade, Einstein ficou hospedado no Hotel Plaza (ver *La Prensa*, 13 de abril de 1923 e *Ortiz 1995*, p. 105-106).

Durante sua visita a Córdoba, Einstein também se reuniu com Georg F. Nicolai (ver texto 18 na seção de textos adicionais deste volume).

55. O banquete foi realizado no Hotel Plaza e contou com a presença de Einstein e sua comitiva; o reitor da Universidade de Córdoba, Léon S. Morra; membros da universidade; e o governador da província (*La Prensa*, 13 de abril de 1923). A cordilheira Sierras de Córdoba fica a oeste de Córdoba.

56. A recepção em homenagem a Einstein foi organizada pelo reitor da universidade. O recém-eleito governador da província de Córdoba era Ramón J. Cárcano (1860-1946). Em Córdoba, Einstein também conheceu o lago San Roque e almoçou no Hotel Edén em La Falda (ver *La Prensa*, 13 de abril de 1923 e *Gangui e Ortiz 2005*, p. 25).

57. Coriolano Alberini.

58. A catedral de Córdoba, Nuestra Señora de la Asunción, foi construída no fim do século XVI e reconstruída no início do século XVIII.

59. Einstein não menciona a sexta palestra da série, que fez em 15 de abril.

60. Einstein foi recebido no escritório da Federação Sionista da Argentina por Isaac Nissensohn e Natán Gesang. Para a declaração sobre nacionalismo e

248   OS DIÁRIOS DE VIAGEM DE ALBERT EINSTEIN

sionismo que ele fez na federação, ver texto 19 na seção de textos adicionais deste volume (ver *La Prensa* e *La Época*, 17 de abril de 1925, e *Ortiz 1995*, p. 111).

61. A sessão especial da Academia Nacional de Ciencias Exactas, Físicas y Naturales foi organizada por seu presidente, Eduardo L. Holmberg (ver *La Prensa*, 17 de abril de 1925).

62. Após a palestra, Einstein recebeu o diploma de membro honorário da Faculdade de Ciências Exatas, Físicas e Naturais das mãos de Ramon G. Loyarte (ver *La Prensa*, 18 de abril de 1925).

Presentes à recepção estavam Ángel Gallardo, o ministro da Educação Sagarna, o ministro da Agricultura Tomás Le Breton, o filósofo positivista José Ingenieros, o engenheiro civil Nicolás Besio Moreno, o músico Carlos López Buchardo, oficiais da Embaixada da Alemanha, o presidente da instituição cultural alemã Ricardo Seeber e Nirenstein. Para a lista completa de convidados, ver *Die Deutsche La Plata Zeitung*, 18 de abril de 1925.

63. "Pantera" se refere a Else Jerusalem. *Broges* é iídiche para "furiosa".

A comunidade judaica local realizou uma recepção em homenagem a Einstein no Teatro Capitol, um cinema recém-restaurado. Einstein foi apresentado por Jacobo Saslavsky, presidente da Asociación Hebraica, e fez um discurso. Após o discurso, um coquetel foi oferecido na sede da Asociación Hebraica. Einstein recebeu afiliação honorária (ver *La Prensa*, 19 de abril de 1925).

64. A estância rural em Llavallol. Jacobo Saslavsky. Robert Koch.

O jantar foi organizado pelos dignitários sionistas locais no Hotel Savoy. Natán Gesang (1888-1944) era membro importante da Federação Sionista da Argentina e coordenador do movimento durante a visita de Einstein. Ben-Zion Mossinson. Durante sua visita, houve declarações contraditórias sobre a suposta identidade de Einstein como sionista na imprensa argentina em geral e na imprensa judaica (ver *La Prensa*, 19 e 20 de abril de 1925; *Die Presse*, 24, 25 e 27 de março de 1925; *Crítica*, 26 de março de 1925; e *Ortiz 1995*, p. 109-110).

65. Em 20 de abril, Einstein também visitou o professor de Mecânica Aplicada Jorge Duclout, que fora instrumental para convidá-lo a ir à Argentina e estava convalescendo (ver *Ortiz 1995*, p. 107).

66. O almoço, realizado no Clube de Remo Tigre e organizado pelo deão Eduardo Huergo, contou com a presença de muitos acadêmicos e membros do comitê de recepção de Einstein (ver *La Prensa*, 21 de abril de 1925).

67. Berta Wassermann-Bornberg.

68. Mauricio Nirenstein.

69. Possivelmente uma referência ao papel de Nirenstein no alívio da inquietação dos judeus abastados que financiaram a turnê, causada pelas declarações políticas de Einstein no início da visita (ver *Gangui e Ortiz 2008*, p. 440).

NOTAS

70. Espanhol para sábio ou erudito.

71. Else Jerusalem.

72. Ángel Gallardo (1867-1934) era o ministro argentino das Relações Exteriores. Reitor José Arce.

    À noite, um banquete em homenagem a Einstein foi organizado pelo Centro de Estudiantes de Ingeniería no salão de jantar das instalações da YMCA. Einstein foi recebido pelo presidente do centro, *señor* Malvicino, e saudado por estrondosos aplausos. Participaram do banquete Eduardo Huergo, Julio Rey Pastor, Julio R. Castiñeiras, Ramón G. Loyarte, Enrique Butty e grande número de estudantes. De acordo com um relato, em certo ponto da refeição, Einstein participou brevemente da guerra de pãezinhos entre as mesas. Depois do banquete, realizado ao som de uma orquestra crioula, o professor de violão Juan Mas tocou várias canções nacionais melancólicas. Após longa espera por um violino, Einstein tocou peças de Schumann, Mozart e Beethoven (ver *La Prensa*, 19 e 23 de abril de 1925; *La Razón*, 24 de abril de 1925; e *Ortiz 1995*, p. 115).

73. Victor Scharf (1872-1943) era um retratista austríaco para quem Einstein posou durante sua visita a Buenos Aires (ver Victor Scharf para Einstein, 20 de novembro de 1927 [AEA, 48 378]).

    De acordo com os relatos da imprensa, Einstein convidou Lugones e os físicos Teófilo Isnardi e Ramón G. Loyarte para almoçar no dia de sua partida. Ele também visitou a sinagoga sefardita, onde foi saudado por numerosas famílias da congregação. A pedido do rabino Israel Ehrlich, Einstein aceitou que um instituto de estudos talmúdicos e língua hebraica fosse nomeado em sua homenagem. Além disso, em uma abrangente entrevista ao *La Prensa*, Einstein fez extensos comentários sobre sua visita à redação do jornal, sobre a cultura argentina, pesquisa científica, suas impressões sobre Buenos Aires, La Plata e Córdoba e sobre seu conceito de sionismo (ver *La Prensa* e *La Mañana*, 24 de abril de 1925).

    Um grande grupo de professores universitários, representantes de várias instituições culturais, científicas e judaicas e estudantes se despediu de Einstein no porto. Entre eles estavam Eduardo Huergo, Benito Nazar Anchorena, Julio Rey Pastor e Enrique Butty. O presidente Anchorena entregou a Einstein um diploma de membro honorário da Universidade de La Plata (ver *La Prensa*, 24 de abril de 1925).

74. Einstein chegou a Montevidéu a bordo do S.S. Ciudad de Buenos Aires, que pertencia à Compañia Argentina de Navegación. Ele foi recebido por, entre outros, Américo Sampognaro, em nome do presidente da República; Agustín Musso, em nome do presidente da universidade; e Carlos M. Maggiolo (1881-1935), deão da Faculdade de Engenharia. Uma delegação da comunidade judaica local e estudantes também lhe deram as boas-vindas (ver *El Día*, 24 de abril de 1925). A cidade de Montevidéu se ofe-

250   OS DIÁRIOS DE VIAGEM DE ALBERT EINSTEIN

receu para hospedar Einstein no Parque Hotel, mas ele já fizera arranjos para se hospedar com a família de Naum Rossenblatt, um químico judeu russo. Ele foi levado de carro até a residência dos Rossenblatt na avenida 18 de Julio, a mais importante de Montevidéu, acompanhado por Maggiolo. O embaixador alemão era Arthur Schmidt-Elskop (1875-1952). Einstein e Rossenblatt caminharam pela avenida 18 de Julio, onde encontraram Carlos Vaz Ferreira (1872-1958), professor associado de Filosofia na Universidade da República, com quem combinaram de se encontrar mais tarde, na casa de Rossenblatt. "Ras. Fereider" é muito provavelmente uma referência errônea a Vaz Ferreira.

Einstein também foi visitado por Teófilo D. Piñeyro, representante do Ateneo de Montevidéu, uma prestigiada instituição cultural.

Os líderes do Centro de Estudantes de Engenharia e Agrimensura e da Associação Politécnica uruguaiana recomendaram que seus membros recebessem Einstein no porto. Autoridades da Faculdade de Engenharia permitiram que professores e alunos se ausentassem de suas classes para a ocasião (ver *La Prensa* e *La Mañana*, 24 de abril de 1925; *El Día*, 25 de abril de 1925; e *Ortiz e Otero 2001*, p. 1-2).

75. Esther Rossenblatt-Filevich. José (1896-1953), Octavio e Gregorio Rossenblatt. José foi o primeiro médico judeu a se formar na Universidade de Buenos Aires.

76. Amadeo Geille Castro (1890-?) era professor assistente de Mecânica Racional na Universidade da República em Montevidéu. A Faculdade de Engenharia designara Geille Castro para servir como secretário pessoal de Einstein durante a visita. Ele era assessorado nessa tarefa pelos estudantes Ricardo Müller e Ezequiel Sánchez González (ver *Ortiz e Otero 2001*, p. 6).

77. Na manhã de 25 de abril, Einstein reuniu-se brevemente com uma delegação da comunidade judaica local. Então deu um passeio de carro pela cidade na companhia de Geille Castro, Müller e Sánchez González. O passeio incluiu a visita a uma escola pública que funcionava na vila rural de Castro.

A primeira palestra foi feita em francês, no superlotado salão comunal da Universidade da República, às 17h30. Havia aproximadamente 2 mil pessoas na plateia, principalmente professores e alunos. A série de palestras foi intitulada "Fundações gerais da teoria da relatividade". Einstein foi apresentado pelo reitor da universidade, Elías Regules. O engenheiro Federico García Martínez fez um resumo da teoria da relatividade. Em sua palestra, Einstein apresentou uma crítica da mecânica newtoniana, falou dos experimentos de Foucault e Michelson e Morley, delineou o caminho da relatividade especial para a geral e discutiu a finitude do espaço e do espaço quadridimensional, a curvatura dos raios de luz e a relatividade do tempo. A recepção na universidade foi organizada pelo reitor Regules

NOTAS

e contou com a presença de numerosos professores e alunos (*El País*, 23 de abril de 1925; *La Prensa*, 24 de abril de 1925; *El Día*, 24 e 25 de abril de 1925; *La Tribuna Popular*, 26 de abril de 1925; e *La Razón*, 27 de abril de 1925).

78. Em 26 de abril, Einstein deu uma entrevista coletiva a três jornalistas na residência dos Rossenblatt, durante a qual falou de suas preferências literárias e musicais e de suas impressões sobre Montevidéu e sobre a atmosfera intelectual e o estado da pesquisa científica em Buenos Aires e Montevidéu (ver *El País*, 27 de abril de 1925). Montevidéu não tinha prefeito em 1925, pois as municipalidades haviam sido abolidas pela Constituição uruguaia de 1918. Einstein se referia ao presidente do Conselho Administrativo de Montevidéu, Luis P. Ponce (1877-1928). "Lohengrin" foi apresentada no Teatro Solís (ver *El Día*, 26 de abril de 1925).

79. As origens do Estado de bem-estar social no Uruguai foram estabelecidas durante o período 1904-1916, especialmente durante as presidências de José Batlle y Ordóñez. O liberal Partido Colorado, que estava no poder na época da visita de Einstein, introduzira legislação social progressista. A separação entre Igreja e Estado fora iniciada em 1919, com a nova Constituição uruguaia (ver *Segura-Ubiergo 2007*, p. 58 e *Lynch 2012*, p. 198).

80. O presidente do Senado era Juan Antonio Buero (1888/9?-?). A fábrica de mármore era a Compañia de Materiales para Construcción, no bairro Bella Vista. O novo edifício governamental era o Palácio Legislativo projetado por Vittorio Meano e Gaetano Moretti (ver *El Día*, 28 de abril de 1925).

81. A audiência com o presidente da República José Serrato (1868-1960) ocorreu às 15 horas.

    O ministro da Justiça e Instrução Pública era José Cerruti. O cônsul suíço em Montevidéu possivelmente era Maximo (Max) Guyer.

    A segunda palestra também foi realizada no salão comunal da universidade às 17h30. A plateia era ainda maior que a da primeira palestra. Einstein continuou sua exposição sobre a teoria especial da relatividade, falando da constância da velocidade da luz, da validade das leis naturais para todos os sistemas inertes e da transformação de Lorentz. Então elaborou a teoria geral da relatividade, discutindo campos gravitacionais e aceleração relativa (ver *La Mañana*, 28 de abril de 1925).

82. A Federação das Associações Alemãs decidira "unanimemente" saudar Einstein com um comitê de recepção e oferecer um coquetel em sua homenagem no Clube Alemão (ver Embaixada da Alemanha de Montevidéu para o Ministério do Exterior da Alemanha em Berlim, 4 de junho de 1925 [GyBPAAA, R 64678]).

    O banquete em homenagem a Einstein foi organizado pela comunidade judaica local, às 20 horas, no Hotel del Prado. Fridtjof Nansen (1861-1930) era um explorador, cientista e humanitário norueguês, além de comissário de refugiados da Liga das Nações. Jakob Wolf Latzki-Bertholdi (1881-

252   OS DIÁRIOS DE VIAGEM DE ALBERT EINSTEIN

1940) era jornalista e representante, na América do Sul, da Sociedade Judaica de Auxílio da Europa. O ministro do Exterior argentino Ángel Gallardo (ver *El Día*, 29 de abril de 1925).

83. Einstein chegou à recepção na Faculdade de Engenharia às 10 horas. Estava acompanhado de membros do conselho da faculdade, dos professores de Engenharia Carlos Berta e Bernardo Larrayoz e de Geille Castro e seus assistentes. Álvarez Cortés, o ministro de Obras Públicas, também estava presente. Einstein foi recebido pelo deão da faculdade, Donato Gaminara, e por um grande grupo de alunos e professores. Ele visitou os laboratórios e a biblioteca da faculdade e recebeu um diploma e uma placa dourada. O diploma o reconhecia como membro honorário da Associação de Estudantes de Engenharia e Agrimensura (ver *El País*, 29 de abril de 1925, e *Ingeniería*, vol. 17 [1925], 4). No início da noite, Einstein visitou o Senado, sendo recebido por seu presidente, Juan Antonio Buero.

Na terceira e última palestra, Einstein novamente falou da teoria geral da relatividade, incluindo o papel da matemática gaussiana e riemanniana em seu desenvolvimento e suas provas experimentais (ver *Ortiz e Otero 2001*, p. 19).

A recepção foi organizada pelo embaixador alemão, Arthur Schmidt-Elskop. Entre os presentes, estavam Luis Alberto de Herrera, presidente eleito do Conselho Nacional, e Juan Carlos Bianco, ministro das Relações Exteriores. Os relatos da imprensa listam os nomes de políticos e eruditos uruguaios, mas não mencionam alemães proeminentes (ver *El Bien Público*, 30 de abril de 1925). O embaixador expressou seu prazer por Einstein ser chamado de *sabio alemán* (erudito alemão) na imprensa uruguaia (ver Embaixada da Alemanha em Montevidéu para o Ministério do Exterior da Alemanha em Berlim, 4 de junho de 1925 [GyBPAAA, R 64678]).

84. *Pastor de almas* foi produzido e dirigido por Charlie Chaplin em 1923. Max Glücksmann (1875-1946) era um judeu nascido na Áustria que fora pioneiro das indústrias argentinas de música e cinema em Buenos Aires.

85. Na recepção na Associação Politécnica, seu presidente, Victor V. Sudriers, informou a Einstein que ele seria eleito membro honorário da associação. O banquete foi organizado pela Universidade da República e realizado no Hotel del Prado. Entre os presentes, estavam o presidente José Serrato, ministros de Estado, membros do Supremo Tribunal, do Senado e da Câmara de Deputados, o embaixador alemão e professores universitários. Einstein recebeu o diploma [AEA, 65 036] de professor honorário da universidade. O banquete foi seguido de apresentações musicais no salão de bailes do hotel (ver *La Mañana*, 29 de abril de 1925; *Ingeniería*, vol. 1 [1925], *La Razón*, 29 de abril de 1925; *El Día*, 2 de maio de 1925; e *Ortiz e Otero 2001*, p. 15).

"Die Wacht am Rhein" (A guarda no Reno) é um hino militar alemão escrito em meados do século XIX em uma época de inimizade entre a França e a Alemanha. Durante o Império Alemão, ele serviu como hino não oficial.

NOTAS

253

O hino nacional alemão da República de Weimar era "Deutschlandlied" ["A canção da Alemanha"], adotado em 1922.

86. O S.S. Valdivia pertencia à Société Générale des Transports Maritimes à Vapeur.

87. Um grande número de professores e alunos se despediu de Einstein no cais (ver *El Día*, 10 de maio de 1925).

88. Em uma parte de seu livro intitulada "Les illusions socialistes", Le Bon argumenta que o socialismo é irreconciliável com a democracia e que seu triunfo levaria à escravidão universal. Ele também acredita que o conflito é necessário para o progresso humano e que o pacifismo levaria à extinção das nações (ver *Le Bon* 1919, p. 155-159 e 161-163).

89. Ver textos 18 e 21 na seção de textos adicionais deste volume para referências a uma ideia que Einstein teve enquanto estava na Argentina.

90. O general aposentado Paul von Hindenburg (1847-1934) foi eleito à Presidência da Alemanha em 26 de abril de 1925 (ver *Berliner Tageblatt*, 27 de abril de 1925, edição da noite).

91. As baías do Rio de Janeiro (Guanabara e Sepetiba) têm juntas setenta ilhas.

92. Félix d'Herelle, que descobrira os bacteriófagos em 1917, publicou uma série de artigos sobre terapia com fagos em 1921-1925, baseado em seus experimentos no Instituto Pasteur, em Paris. Ver *Summers 1999*, capítulo 8.

93. Einstein foi recebido no porto pelo rabino Isaiah Raffalovich, Isidoro Kohn e Daniel Henninger; Arthur Getúlio das Neves, professor de Engenharia da Escola Politécnica e vice-presidente do Clube de Engenharia; Aloísio de Castro; e vários estudantes. Ele foi levado diretamente ao Hotel Glória, na orla, para descansar. Em discussões com seu comitê de boas-vindas, decidiu-se que Einstein faria duas palestras sobre a teoria da relatividade — uma no Clube de Engenharia e outra na Escola Politécnica —, visitaria algumas instituições científicas e reservaria uma noite para uma recepção oferecida pela comunidade judaica. Sua visita também incluiu uma audiência com o presidente do Brasil, um passeio de trem até a cidade de Itatiaia, nas montanhas, e muito tempo para descansar (ver *O Jornal*, 5 de maio de 1925, e *Tolmasquim 2003*, p. 127-130).

94. Isidoro Kohn. Einstein usa o termo *Gschaftlhuber*, gíria bávara ou austríaca para "fanfarronice".

95. Irma Kohn. Poldi Wettl. Durante a caminhada, Kohn sugeriu que eles comprassem uma casaca para a audiência de Einstein com o presidente da República no dia seguinte (ver *Tolmasquim 2003*, p. 130).

96. Os comerciantes alemães convidaram Einstein para uma reunião com representantes da comunidade alemã local. Ele também recebeu um doutorado honorário em Filosofia de Washington Garcia, deão da Faculdade de Filosofia da Universidade do Rio de Janeiro (ver Washington Garcia para Einstein, 5 de maio de 1925 [*CPAE 2015*, vol. 14, abs. 679] e diploma [AEA, 65 038]).

254   OS DIÁRIOS DE VIAGEM DE ALBERT EINSTEIN

O grupo de professores que acompanhou Einstein em seu passeio até o Pão de Açúcar incluiu Aloísio de Castro e Getúlio das Neves (ver *Jornal do Brasil*, 6 de maio de 1925, e *Tolmasquim 2003*, p. 131 e 239).

97. Antônio da Silva Mello (1886-1973) era professor de Medicina Clínica da Universidade do Rio de Janeiro e um reformador do sistema médico brasileiro. Eles caminharam pelo bairro de Santa Teresa e almoçaram no Restaurante do Minho (ver *Tolmasquim 2003*, p. 132).

98. O presidente da República era Artur Bernardes (1875-1955). A delegação era liderada por Getúlio das Neves. A audiência foi primariamente uma visita de cortesia. Perto do fim, o presidente teve que lidar com a supressão de uma revolta de jovens militares. Einstein posou para os fotógrafos com o presidente e com vários ministros de Gabinete, incluindo o ministro da Justiça Afonso Pena Júnior. O Ministério da Educação brasileiro só foi criado em 1931 (*World Bank 2002*, p. 65). O prefeito do Rio de Janeiro era Alaor Prata Soares (1882-1964).

A primeira palestra pública de Einstein sobre a relatividade, no Clube de Engenharia, foi prestigiada pelos embaixadores americano e português, pelo almirante antirrelativista Gago Coutinho e por vários generais das Forças Armadas, representantes dos Ministérios da Justiça e da Agricultura, pelo prefeito do Rio de Janeiro e por proeminentes engenheiros e físicos. Muitas esposas e filhos também compareceram. Einstein foi apresentado a Getúlio das Neves. Ele fez a palestra em francês. De acordo com os relatos da imprensa, alguns membros da plateia estavam sentados tão próximos de Einstein que ele foi empurrado contra o quadro-negro. Após a palestra, Einstein recebeu quatro medalhas de bronze que comemoravam o centenário da República do Brasil em 1922 (ver *O Imparcial*, *Jornal do Brasil* e *O Jornal*, 7 de maio de 1925; *Caffarelli 1979*, p. 1439 e 1441-1442; e *Tolmasquim 2003*, p. 132-135).

99. Durante sua visita ao Museu Nacional do Brasil, Einstein foi recebido pelo antropólogo Edgar Roquette-Pinto, já que o diretor do museu, Arthur Neiva, estava em São Paulo na época. Entre os vários objetos mostrados a Einstein, estava o meteorito Bendegó. Roquette-Pinto deu a Einstein um bracelete indígena como presente para a esposa. Em seguida, Einstein supostamente pediu outro para Mileva (ver *O Paiz*, 12 de maio de 1925, e *Glick 1999*, p. 109-110).

O almoço oferecido por Aloísio de Castro contou com a presença dos físicos Miguel Couto, Silva Mello, Getúlio das Neves e Daniel Henninger; o arqueólogo russo Alberto Childe (1870-1950); a autora feminista Rosalina Coelho Lisboa (1900-1975); e Assis Chateaubriand (ver *Jornal do Brasil*, 9 de maio de 1925).

A Academia Brasileira de Ciências fora criada em 1916. Compareceram à recepção cerca de cem pessoas, incluindo numerosos acadêmicos, oficiais

NOTAS 255

de várias instituições políticas e universidades, os embaixadores da Alemanha, da Grã-Bretanha e dos Estados Unidos, professores e estudantes. Einstein foi recebido pelo vice-presidente da academia, Juliano Moreira. O presidente, Henrique Morize, estava presente, mas incapacitado de falar em razão de problemas médicos. Moreira entregou a Einstein um diploma confirmando seu status como primeiro membro correspondente da academia [AEA, 65 037]. O segundo a falar durante a recepção foi o membro da academia Francisco Lafayette Rodrigues Pereira, que apresentou um breve resumo das teorias de Einstein (para seu discurso, ver *O Jornal*, 7 de maio de 1925). O último a falar foi o membro da academia Mario Ramos, que anunciou que a academia planejava criar um Prêmio Einstein, a ser concedido anualmente a trabalhos de destaque nas ciências (ver *Jornal do Brasil*, 8 de maio de 1925). Einstein respondeu com uma palestra sobre o estado corrente das pesquisas sobre a teoria da luz. Ele preparou seu discurso no papel timbrado do Hotel Glória e deu o manuscrito a das Neves.

Após a recepção, Einstein e um grupo de membros da academia foram de carro até o estúdio da Rádio Sociedade, onde ele gravou um curto discurso (ver texto 27 na seção de textos adicionais deste volume; ver também *Jornal do Brasil*, 8 de maio de 1925; *Tolmasquim 2003*, p. 135-140; e *Tolmasquim e Moreira 2002*, p. 234).

100. O Instituto Oswaldo Cruz, devotado ao estudo de doenças tropicais, fora criado segundo o modelo do Instituto Pasteur em Paris. Einstein foi recebido por Carlos Chagas e Leocádio Chaves, diretor e vice-diretor do instituto, respectivamente. Ele visitou o Museu Oswaldo Cruz, o Museu de Anatomia Patológica, vários laboratórios e a biblioteca. Também viu o patógeno que causa a doença tropical chamada de doença de Chagas (ver *Gazeta das Notícias*, 9 de maio de 1925).

Einstein fez sua segunda palestra pública sobre a relatividade na Escola Politécnica. Dessa vez, a plateia foi mais limitada, consistindo principalmente em membros da faculdade e convidados especiais. Ele foi apresentado pelo diretor em exercício da faculdade, José Agostinho dos Reis. Em termos de conteúdo, a segunda palestra foi uma continuação da primeira (ver *O Paiz* e *O Jornal*, 9 de maio de 1925; *Caffarelli 1979*, p. 1443).

O jantar, oferecido pelo embaixador alemão Hubert Knipping (1868-1937), foi realizado no clube Germania, criado em 1821. Compareceram o presidente da Câmara Alemã de Comércio, vários empresários, industriais e banqueiros, além de Isidoro Kohn. Segundo um jornal, Einstein declarou que, de modo similar à Europa, ele notara indicações de suspeita entre as nações das Américas, mas que havia menos fricção em razão do nível mais alto de tolerância. Em um relatório para Berlim, Knipping informou ao Ministério do Exterior da Alemanha que o ministro do Exterior brasileiro fora convidado, mas decidira enviar um representante (ver *O Jornal*, 9 de

256   OS DIÁRIOS DE VIAGEM DE ALBERT EINSTEIN

maio de 1925; Relatório da Embaixada da Alemanha no Rio de Janeiro, 20 de maio de 1925 [GyBPAAA, R 64678]; *Tolmasquim e Moreira 2002*, p. 230; *Tolmasquim 2003*, p. 140-143; e *Glick 1999*, p. 110).

101. O Observatório Nacional, criado em 1827, mudara-se recentemente para um novo campus no bairro de São Cristóvão. Einstein foi acompanhado por Ignácio do Amaral, professor da Escola Politécnica; o engenheiro civil Alfredo Lisboa; e Isidoro Kohn. Eles foram recebidos pelo diretor do observatório, Henrique Morize. Einstein conheceu astrônomos locais que haviam participado da expedição britânica para testemunhar o eclipse em Sobral, incluindo Lélio Gama, Allyrio de Mattos, Domingos Costa e o próprio Morize. No observatório, a transmissão de um sinal que registrava o tempo padrão e um sismógrafo Milne-Shaw, o instrumento de escolha da época, foram exibidos a Einstein.

   Os dois irmãos eram Álvaro e Miguel Ozório de Almeida.

   Einstein jantou na casa de Isidoro Kohn. A recepção da comunidade judaica local foi realizada no Automóvel Clube do Brasil. Einstein podia estar pensando no Jockey Club de Buenos Aires, onde uma recepção fora realizada em sua homenagem (ver nota 48). Compareceram ao evento mais de 2 mil pessoas. Isaiah Raffalovich saudou Einstein em alemão. Também discursaram Jóse David Perez, em nome da comunidade sefardita, que se dirigiu a Einstein em português, e Eduardo Horovitz, pela comunidade asquenaze, que se dirigiu a ele em iídiche. Em resposta, Einstein agradeceu aos anfitriões e falou da grande importância da solidariedade entre os judeus para os esforços sionistas de colonização na Palestina (para os discursos de Raffalovich e Perez e uma paráfrase da resposta de Einstein, ver *O Jornal*, 9 de maio de 1925; *Jornal do Brasil*, 10 de maio de 1925; *O Paiz*, 15 de maio de 1925; *Dos Idische Vochenblat*, 22 de maio de 1925; e *Tolmasquim 2003*, p. 147 e 219-221; ver também *A Noite*, 11 de maio de 1925, e *Glick 1999*, p. 105 e 110-111). Robert Koch, que vivia em Buenos Aires.

102. Originalmente, uma viagem de trem a Itatiaia fora planejada (ver nota 93). Contudo, ela foi considerada muito longa e, em seu lugar, foi organizado um passeio pelo Rio de Janeiro. Einstein foi no carro com o rabino Raffalovich, Isidoro e Irma Kohn e Poldi Wettl. Um segundo carro levou Getúlio das Neves, Antonio Pacheco Leão, Ignácio do Amaral, Mário de Souza e Roberto Marinho de Azevedo. Eles dirigiram pela orla através de Copacabana, cruzaram a avenida Niemeyer e subiram o morro Dois Irmãos. Depois do almoço, foram até o bairro de São Conrado, passearam pela floresta da Tijuca e pegaram o trem até o Corcovado.

   À noite, Einstein visitou o Centro Sionista e a Biblioteca Scholem Aleichem. No primeiro, foi saudado por Jacobo Schneider, presidente da Federação Sionista, e por Moisés Koslovski, presidente do Centro Sionista. Em resposta, expressou sua satisfação pela intensa atividade sionista da

NOTAS   257

comunidade judaica local. Na última, ele foi saudado pelo presidente da biblioteca, Lewis Feingold, recebeu um exemplar encadernado em couro das obras de Scholem Aleichem e presenteou a biblioteca com uma fotografia sua autografada (ver *Tolmasquim 2003*, p. 148-150).

103. O Hospital Nacional de Alienados fora criado originalmente em 1852, sendo o primeiro hospital psiquiátrico da América Latina. Einstein foi recebido pelo diretor, Juliano Moreira (1873-1932), um proponente de métodos mais humanos de tratamento psiquiátrico. No hospital, Einstein pediu para ver um paciente que sofria de paranoia.

A esposa de Moreira era Augusta Moreira-Peick (1876-1950). Também compareceram ao almoço, no qual vatapá — um prato afro-brasileiro à base de camarão — foi servido, Isidoro Kohn e Edgar Roquette-Pinto. À tarde, Einstein visitou a Associação Brasileira de Imprensa, onde recebeu como presente pedras preciosas e um cheque, cujo valor fora arrecadado em uma campanha iniciada por *O Jornal* (Ver *O Jornal* para Einstein, 11 de maio de 1925 [*CPAE 2015*, vol. 14, abs. 685]). O general Cândido Rondon (1865-1958) liderou uma expedição para instalar linhas de telégrafo na fronteira com a Bolívia e o Paraguai, e era mais conhecido por defender as tribos indígenas que encontrara durante essa expedição. Antes de ir embora, Einstein assinou o livro de visitantes, expressando gratidão pela gentileza com que fora tratado e deixando um caloroso abraço para todos [*CPAE 2015*, vol. 14, abs. 682].

O jantar oferecido pelo embaixador alemão teve lugar no Hotel Glória. Entre os presentes, estavam Juliano Moreira, Aloísio de Castro, Ignácio do Amaral, Mário de Souza, Daniel Henninger e Isidoro Kohn. O embaixador alemão desejou a Einstein uma viagem segura de retorno à Alemanha (ver *A Noite*, 11 de maio de 1925; *O Jornal* e *O Paiz*, 12 de maio de 1925: *Glick 1999*, p. 106: e *Tolmasquim 2003*, p. 150-153).

TEXTOS ADICIONAIS

1. TLS. [AEA, 45 084]. Publicado em *CPAE 2015*, vol. 14, doc. 138, p. 224-225. Escrito em papel de carta timbrado e endereçado a "Herrn prof. dr. Albert Einstein Berlin W. 30 Haberlandstrasse 5". Straus (1876-1956) era diretor da Carl Lindström Actien-Gesellschaft.
2. TLS. [AEA, 43 089]. Publicado em *CPAE 2015*, vol. 14, doc. 193, p. 310-311. Original em francês. Escrito no papel timbrado da "Asociación Hebraica, Suipacha 1008, Buenos Aires". Há um cartão em anexo: "I. Starkmeth, Ayacucho 800, Buenos Aires T. Juncal 1740."
3. Max Straus. Elsa Einstein.

258 OS DIÁRIOS DE VIAGEM DE ALBERT EINSTEIN

4. Essa frase está sublinhada com lápis vermelho.

5. Elsa Einstein aparentemente informara a Straus que Einstein só aceitaria o convite se ele fosse feito por uma instituição acadêmica, e não uma instituição privada (ver *Ortiz 1995*, p. 82-83 e 92 e *Tolmasquim e Moreira 2002*, p. 231).

6. Três recortes estão anexados a esse documento. As outras universidades eram as de Córdoba, La Plata, Littoral e Tucumán (ver [AEA, 43 090], [AEA, 43 091] e [AEA, 43 092]). O conselho universitário da Universidade de Buenos Aires aprovara a decisão de fazer um convite conjunto com todas as universidades argentinas durante uma reunião em 21 de dezembro de 1923 (ver *Ortiz 1995*, p. 83 e 92).

7. Os recortes citam a doação da Asociación Hebraica de 4.660 pesos argentinos, equivalentes a 1.500 dólares em valores da época. Como comparação, Julio Rey Pastor, um proeminente professor da Universidade de Buenos Aires, ganhava 1.500 pesos por mês. Os honorários e reembolso de despesas de viagem de Einstein quase equivaliam ao salário anual de um professor visitante. Uma doação de 1.500 pesos também foi recebida da Instituição Cultural Argentina-Alemã (ver *Ortiz 1995*, p. 83-84).

8. Para os convites para uma série de palestras feitos por José Arce, reitor da Universidade Nacional de Buenos Aires, e Mauricio Nirenstein, ver José Arce e Mauricio Nirenstein para Einstein, 31 de dezembro de 1923 e 7 de janeiro de 1924 [*CPAE 2015, vol.* 14, abs. 238 e 250]. O *chargé d'affaires* interno Pedro Guesalaga encaminhou *CPAE 2015,* abs. 238 para Einstein (ver Pedro Guesalaga para Einstein, 14 de fevereiro de 1924 [*CPAE 2015*, vol. 14, abs. 303]).

9. Isso era o equivalente a aproximadamente 320 dólares na época. A Faculdade de Engenharia pedira ao Conselho Administrativo Nacional do Uruguai mil pesos para cobrir os custos da viagem de Einstein a Montevidéu. Mas o conselho só concordara em contribuir com 500 pesos. Esse valor era comparável à soma média paga a um palestrante (*La Mañana*, 30 de abril de 1925, e *El Sol*, 9 de maio de 1925).

10. O barão Maurice (Moritz) de Hirsch (1831-1896) era um filantropo judeu alemão e fundador da Associação Judaica de Colonização. A associação comprara terras nas províncias de Buenos Aires, Santa Fé e Entre-Rios. Seu diretor em Buenos Aires era Isaac Starkmeth (1868-1938).

11. Mauricio Nirenstein.

12. ALSX. [AEA, 88 016]. Publicado em *CPAE 2015*, vol. 14, doc. 222, p. 347-348. A carta é endereçada a "An die Asociation Hebraica, Buenos Aires".

13. As ausências de Berlim mais recentes e significativas de Einstein foram sua extensa viagem ao Extremo Oriente de outubro de 1922 a março de 1923 e sua prolongada estadia nos Países Baixos do início de novembro ao fim de dezembro de 1923 (ver *Einstein 2018* e *CPAE 2015* vol. 14, Chronology, entradas de 7 ou 8 de novembro e 23 de dezembro de 1923).

NOTAS

14. ALSX. [AEA, 10 089]. Publicado em *CPAE 2015*, vol. 14, doc. 285, p. 442-444. Ehrenfest (1880-1933) era professor de Física Teórica na Universidade de Leyden.

15. Ehrenfest sugerira isso em Paul Ehrenfest para Einstein, 25 de maio de 1924 [*CPAE 2015*, vol. 14, doc. 255].

16. Para o convite, ver texto 2 na seção de textos adicionais deste volume.

17. ALSX. [AEA, 29 401]. Publicado em *CPAE 2015*, vol. 14, doc. 389, p. 598. Maja Winteler-Einstein (1881-1951) era irmã de Einstein. Paul Winteler (1882-1952) era marido de Maja e funcionário aposentado das Ferrovias Federais Suíças.

18. Datada sob a suposição de que se trata de uma resposta a Maja Winteler--Einstein para Einstein, 4 de dezembro de 1924 [*CPAE 2015*, vol. 14, doc. 388] e Paul Winteler para Einstein, 4 de dezembro de 1924 [*CPAE 2015*, vol. 14, abs. 563].

19. TLS. [AEA, 44 010]. Resumo publicado em *CPAE 2015*, vol. 14, abs. 640, p. 898.

20. ALS (Dora Kubierschky, Aschau, Germany). [AEA, 84 235]. Publicado em *CPAE 2015*, vol. 14, doc. 439, p. 672. Anschütz-Kaempfe (1872-1931) era fundador e proprietário de uma empresa alemã de Kiel que produzia instrumentos de navegação náutica e aérea e benfeitor de Einstein.

21. AKS. [AEA, 143 179]. Publicado em *CPAE 2015*, vol. 14, doc. 456, p. 709. O cartão está endereçado a "Frau Elsa Einstein Haberlandstrasse 5 Berlin" e tem o carimbo postal de "Hamburg 5 3 25 12-1N[achmittags]".

22. Provavelmente Emily Robinow-Kukla e Wilhelm Roloff.

23. Carl Melchior.

24. O S.S. Cap Polonio.

25. Hans Mühsam (1876-1957) era médico do Hospital Judaico em Berlim. Ver documento seguinte e nota 35.

26. Margot Einstein planejara acompanhar Einstein na viagem, mas aparentemente ficara doente logo antes da partida.

27. Ver documento seguinte e nota 34.

28. ALS. [AEA, 143 180]. Publicado em *CPAE 2015*, vol. 14, doc. 457, p. 709-711. Escrito no papel timbrado da "Hamburg-Südamerikanische Dampfschifffahrts-Gesellschaft. 'Cap Polonio.'"

29. Wilhelm Roloff.

30. Alexander Bärwald (1877-1930) era um arquiteto judeu alemão.

31. Possivelmente Louis Lewin (1850-1929), professor de Farmacologia da Universidade Técnica de Berlim.

32. Carl Jesinghaus.

33. Rudolf Kayser (1889-1964) era editor-chefe do jornal literário alemão *Die Neue Rundschau* e genro de Einstein.

34. Enrique Gaviola (1900-1989) era estudante de Física na Universidade de Berlim.

260 OS DIÁRIOS DE VIAGEM DE ALBERT EINSTEIN

35. A carta e o dinheiro podem estar relacionados ao dramático fim do romance entre Einstein e sua antiga secretária, Betty Neumann. Hans Mühsam era primo de Neumann (ver a seção "Einstein aceita os convites" na Introdução histórica).

36. Presumivelmente referência a problemas abdominais anteriores, que levaram à necessidade de seguir uma dieta estrita (ver Hans Mühsam para Einstein, 9 de dezembro de 1923 [*CPAE 2015*, vol. 14, doc. 174]).

37. Os pais de Elsa, Rudolf (1843-1926) e Fanny (1852-1926) Einstein. "Rudilse" era um apelido para Rudolf Kayser e Ilse Kayser-Einstein.

38. Tgm. [AEA, 143 182]. Publicado em *CPAE 2015*, vol. 14, doc. 461, p. 714. Datilografado no formulário de telegrama de "Deutsche Betriebsgesellschaft für drahtlose Telegrafie m. b. H., Berlim SW. 61".

39. Einstein fizera 46 anos em 14 de março.

40. ALS. [AEA, 143 183]. Publicado em *CPAE 2015*, vol. 14, doc. 462, p. 715. Escrito no papel timbrado do "Hamburg-Südamerikanische Dampfschiff-fahrts-Gesellschaft 'Cap Polonio.'"

41. Else Jerusalem e Carl Jesinghaus.

42. Ver texto do diário neste volume, entrada de 19 de março de 1925.

43. Enquanto atravessava o mar Vermelho em 15 de outubro de 1923, durante sua viagem para o Extremo Oriente, Einstein descrevera o calor como "temperatura de estufa" (ver *Einstein 2018*, p. 95).

44. Margot Einstein.

45. Einstein caminhara por Lisboa em 11 de março e passara pelo vulcão Teide, na ilha de Tenerife, em 12 de março (ver texto do diário neste volume, entradas de 11 e 12 de março de 1925).

46. Max Planck (1858-1947) era professor de Física da Universidade de Berlim.

47. ALS. [AEA, 143 184]. Publicado em *CPAE 2015*, vol. 14, doc. 464, p. 723.

48. Datada em referência à chegada de Einstein a Buenos Aires no dia anterior (ver texto do diário neste volume, entrada de 24 de março de 1925).

49. Bruno Wassermann. Na verdade, o nome da rua é Zabala.

50. Rudolf e Fanny Einstein.

51. Antônio da Silva Mello. Rudolf Ehrmann (1879-1963) era professor de Medicina Interna da Universidade de Berlim.

52. Moritz Katzenstein. Provavelmente Louis Lewin.

53. Em uma sessão de perguntas e respostas com jornalistas locais em Buenos Aires, Einstein falou de sua posição sobre o sionismo. Sua declaração foi publicada em um artigo intitulado "Einstein y sus verdugos" (Einstein e seus verdugos) e no *Mundo Israelita*, 28 de março de 1925, p. 2. Publicado em *CPAE 2015*, vol. 14, Appendix E, p. 914.

54. A Universidade Hebraica seria inaugurada em 1º de abril de 1925.

55. ALS. [AEA, 143 185]. Publicado em *CPAE 2015*, vol. 14, doc. 471, p. 741-742. Escrito no papel timbrado de "Bruno John Wassermann 579 Azopardo Buenos Aires".

NOTAS

56. Ver texto do diário neste volume, entrada de 1º de abril de 1925.
57. Bruno Wassermann e Berta Wassermann-Bornberg, anfitriões de Einstein em Buenos Aires.
58. Einstein planejava fazer uma palestra na Universidade Nacional de Córdoba.
59. Robert Koch, Louis Louis-Dreyfus (ver texto do diário neste volume, notas 42 e 49).
60. Georg F. Nicolai (1874-1964) era professor de Fisiologia da Universidade Nacional de Córdoba. Eles haviam assinado o "Manifesto aos europeus" em 1914 (ver *CPAE 1996*, vol. 6, doc. 8, meados de outubro de 1914). Ver também nota 79 a seguir.
61. Lisa Hirsch-Gottschalk.
62. Alfredo Hirsch.
63. Ángel Gallardo.
64. O discurso foi feito durante a celebração da inauguração da Universidade Hebraica de Jerusalém no Teatro Coliseo, em Buenos Aires, em 6 de abril de 1925 e publicado sob o título "La colectividad israelita celebró la creación de la Universidad de Jerusalén" em *La Prensa*, 7 de abril de 1925. Publicado em *CPAE 2015*, vol. 14, Appendix H, p. 972-973.
65. Para a descrição feita por Einstein do evento e da cobertura da imprensa, ver texto do diário neste volume, entrada de 6 de abril de 1925, e nota 51.
66. Theodor Herzl (1860-1904) foi o fundador do sionismo político moderno. Chaim Weizmann (1874-1952) era presidente da Organização Sionista Mundial.
67. AKS. [AEA, 122 774]. Publicado em *CPAE 2015*, vol. 14, doc. 472, p. 742. O cartão está endereçado a "Herrn und Frau Dr. Kayser (Schlemihlim) Kaiserallee 32 Berlin-Schöneberg Germany" e tem o carimbo postal de "Buenos Aires Abr 13 1925 20*". No verso, há a fotografia de um resort em Buenos Aires. *Schlemihlim* é uma variante de *shlemiehls* ["desastrado"].
68. Na propriedade rural dos Wassermann em Llavallol (ver texto do diário neste volume, entrada de 8-10 de abril de 1925).
69. Elsa, as filhas dela e os pais dela viviam no número 5 da Haberlandstraße, em Berlim.
70. AKS. [AEA, 143 283]. O cartão está endereçado a "Frl. Margot Einstein Haberlandstr. 5 Berlin (Germany)" e o carimbo postal é de "Buenos Aires Abr 13 1925 20*".
71. Em Llavallol.
72. ALS. [AEA, 143 186]. Publicado em *CPAE 2015*, vol. 14, doc. 474, p. 743-744. Escrito no papel timbrado de "Bruno John Wassermann, 579 Azopardo, Buenos Aires".
73. Ver texto do diário neste volume.
74. Bruno Wassermann e Berta Wassermann-Bornberg.
75. Na verdade, ele era esperado lá em 4 de maio.

262   OS DIÁRIOS DE VIAGEM DE ALBERT EINSTEIN

76. O S.S. Cap Norte, que pertencia à Hamburg South American Line.

77. Sobre a recepção de Einstein pela comunidade alemã em Buenos Aires, ver texto do diário neste volume, entrada de 17 de abril de 1925.

78. Carl Gneist.

79. Georg F. Nicolai, que tinha um filho fora do casamento com Elly von Schneider (1887-1967), amiga da enteada de Einstein, Ilse Kayser-Einstein. O filho era Arne von Schneider-Glend (1922-2001).

80. Sobre o almoço, ver o texto do diário, entrada de 2 de abril de 1925, neste volume, e nota 47.

81. A ideia tinha a ver com a relação entre eletricidade e gravidade (ver Notas para a palestra, *ca*. 18 de abril de 1925 [*CPAE 2015*, vol. 14, doc. 475]). Em 2 de maio, no entanto, Einstein escreveu em seu diário de viagem que todas as soluções que imaginara na Argentina haviam se revelado inúteis.

    A ideia anterior citada aqui é mencionada na entrada de 6 de janeiro de 1923 do diário da viagem ao Japão (*Einstein 2018*, p. 197).

82. Rudolf Ehrmann visitava a Palestina para comparecer à inauguração da Universidade Hebraica (ver Einstein para Herbert L. Samuel, 2 de março de 1925 [*CPAE 2015*, vol. 14, doc. 454]).

83. O Instituto Einstein-Balfour de Física e Matemática foi inaugurado na Universidade Hebraica em 2 de abril (ver Chaim Weizmann para Einstein, 2 de abril de 1925 [*CPAE 2015*, vol. 14, doc. 469]). Uma doação de 100 mil dólares para a criação do instituto foi feita pelo empresário nova-iorquino Philip Wattenberg (ver *New York Times*, 6 de abril de 1925).

84. O manuscrito de *Einstein 1916* [*CPAE 1996*, vol. 6, doc. 30]. A disposição do manuscrito era deliberada desde 1922 (ver Paul Oppenheim para Einstein, 9 de abril de 1922 [*CPAE 2012*, vol. 13, doc. 138]).

85. Para detalhes sobre os honorários de Einstein na turnê de palestras pela Argentina, ver texto 2 na seção de textos adicionais deste volume.

86. Essa declaração foi feita durante a visita de Einstein ao escritório da Federação Sionista em Buenos Aires em 16 de abril de 1925 e publicada em um artigo intitulado "Visita del profesor Einstein a la Federación Sionista" em *Mundo Israelita*, 18 de abril de 1925, p 1. Publicado em *CPAE 2015*, vol. 14, Appendix I, p. 974.

87. ALS. [AEA, 143 187]. Publicado em *CPAE 2015*, vol. 14, doc. 477, p. 746-477. Escrito no papel timbrado de "Bruno John Wassermann 579 Azopardo Buenos Aires".

88. Bruno Wassermann e Berta Wassermann-Bornberg.

89. Presumivelmente 20 mil Reichsmarks, que equivaliam a 4.656,58 dólares, de acordo com a taxa de câmbio da época (ver *Vossische Zeitung*, 25 de abril de 1925). Einstein recebera uma oferta de 4 mil dólares como honorários conjuntos de cinco universidades argentinas e mil pesos da Universidade de Montevidéu. Adicionalmente, recebera a oferta de 700 dólares de *La*

NOTAS

Prensa por uma série de cinco artigos (ver texto 2 na seção de textos adicionais deste volume e Carl D. Groat para Einstein, 27 de novembro de 1924 [*CPAE 2015*, vol. 14, abs. 539]).

90. Rudolf Kayser e Ilse Kayser-Einstein. Margot Einstein.

91. Em Buenos Aires, Einstein comparecera à celebração festiva da inauguração da Universidade Hebraica, visitara o escritório da instituição sionista local, fizera uma leitura sobre sionismo e comparecera a uma grande recepção sionista (ver texto do diário neste volume, entradas de 6, 16, 18 e 19 de abril de 1925).

92. Ver texto do diário neste volume, nota 73.

93. Uma semana antes, Einstein expressara sua oposição à doação do manuscrito de *Einstein 1916*. Elsa providenciou sua doação para a Universidade Hebraica em sua inauguração oficial (ver texto 18 na seção de textos adicionais deste volume e Leo Kohn para Einstein, 19 de março de 1925 [*CPAE 2015*, vol. 14, abs. 665]).

94. Rudolf e Fanny Einstein.

95. ALSX. [AEA, 75 631]. Publicado em *CPAE 2015*, vol. 14, doc. 476, p. 746. Escrito no papel timbrado de "Bruno John Wassermann 579 Azopardo Buenos Aires".

96. Mileva Einstein-Marić.

97. Ver texto 18 na seção de textos adicionais deste volume e a nota 81 para mais informações sobre essa ideia.

98. Para ficar no estúdio na fábrica de Hermann Anschütz-Kaempfe.

99. Possivelmente devido a distúrbios estomacais que ele sofrera no ano anterior (ver Heinrich Zangger para Einstein, depois de 9 de maio de 1924 [*CPAE 2015*, vol. 14, doc. 243]).

100. ALS. [AEA, 143 188]. Publicado em *CPAE 2015*, vol. 14, doc. 478, p. 747-748. Escrito no papel timbrado de "Naum Rossenblatt Montevidéu".

101. Naum Rossenblatt.

102. O S.S. Valdivia.

103. Sobre a palestra, ver texto do diário neste volume, nota 81. O ministro das Relações Exteriores era Juan Carlos Bianco. O presidente da República era José Serrato. O presidente do Senado era Juan Antonio Buero.

104. Para a recepção organizada pela comunidade alemã em Montevidéu, ver texto do diário neste volume, entrada de 28 de abril de 1925. Para a recepção em Buenos Aires, ver texto do diário neste volume, entrada de 17 de abril de 1925 e texto 18 na seção de textos adicionais deste volume.

105. O presidente do Conselho Administrativo de Montevidéu, Luis P. Ponce. Ver texto do diário neste volume, entrada de 26 de abril de 1925.

106. Margot Einstein.

107. Publicado em espanhol em *La Prensa*, 28 de abril de 1925, p. 10 e em *CPAE 2015*, vol. 14, doc. 479, p. 749-752.

264   OS DIÁRIOS DE VIAGEM DE ALBERT EINSTEIN

108. Ver, por exemplo, as impressões de Einstein sobre a cultura, sociedade e vida intelectual japonesas em "Musings on My Impressions in Japan" [*CPAE 2012*, vol. 13, doc. 391].

109. Ele estava lendo a crítica do pragmatismo de Vaz Ferreira (*Vaz Ferreira 1914*) na época em que escreveu esse artigo (ver o documento seguinte).

110. Uma citação do poema de Goethe "Zahme Xenien IX" [Xênias mansas IX] (ver *Goethe 1952*, p. 367).

111. ALS (A. Rossani, Instituto de Profesores "Artigas", Montevidéu). [AEA, 88 054]. Publicado em *CPAE 2015*, vol. 14, doc. 480, p. 753-754. Escrito no papel timbrado de "Naum Rossenblatt Montevidéu". Original em francês.

112. Einstein conhecera Vaz Ferreira alguns dias antes (ver texto do diário neste volume, nota 74).

113. *Vaz Ferreira 1914*. O livro de Vaz Ferreira sobre o pragmatismo e sua crítica era baseado em uma série de seis palestras que haviam sido parte de seu curso de Filosofia na Universidade de Montevidéu em 1908. A versão espanhola do livro fora publicada em 1909 (ver *Vaz Ferreira 1909*).

114. Em sua crítica do pragmatismo, Vaz Ferreira escreveu: "A confusão fundamental de James [e de outros pragmáticos] consiste em pretender tirar consequências práticas do que não deveria ser mais que uma explicação da verdade" (ver *Vaz Ferreira 1914,* p. 58).

115. Vaz Ferreira cita extensivamente *James 1897* e *James 1907* e outras obras, embora as referências às vezes sejam inexatas ou estejam ausentes.

116. Vaz Ferreira trata da distinção feita pelos pragmáticos entre "realidade" e "verdade", como em "A realidade existe, ela é, e nós a conhecemos ou deveríamos conhecê-la [...]. Em contraste, de acordo com o pragmatismo, a verdade está sendo criada, ela se torna, ela é produzida e depende, em menor ou maior grau, de nossos fatos e mesmo de nossas crenças" (ver *Vaz Ferreira 1914*, p. 12).

117. AKS. [AEA, 10 104]. Publicado em *CPAE 2015*, vol. 14, doc. 482, p. 764. O cartão está endereçado a "Herrn prof. dr. P. Ehrenfest Witte-Rozen-Str. Leiden Holland (Europe)" e traz o carimbo postal "Rio de Janeiro 4. V. 1925". O verso mostra uma vista do Rio de Janeiro a partir da avenida Niemeyer.

118. A data correta é 4 de maio (cf. carimbo postal).

119. Einstein chegara à América do Sul em 21 de março de 1925 (ver texto do diário neste volume, entrada de 22 de março de 1925).

120. A filha mais velha de Ehrenfest, Tatiana (1905-1984), viajara à União Soviética em janeiro (ver Tatiana Ehrenfest-Afanassjewa para Einstein, 28 de novembro de 1924 [*CPAE 2015*, vol. 14, abs. 543], e Paul Ehrenfest para Einstein, 8 de janeiro de 1925 [*CPAE 2015*, vol. 14, doc. 415]).

121. AKS. [AEA, 143 189]. Publicado em *CPAE 2015*, vol. 14, doc. 483, p. 764. O cartão está endereçado a "Frau Elsa & Frl. Margot Einstein Haberlandstr.

NOTAS   265

5 Berlin Germany" e traz o carimbo postal "Rio de Janeiro [-----]". O verso mostra uma vista do bairro Botafogo, no Rio de Janeiro, e inclui uma nota na caligrafia de Einstein: "Guarde o cartão-postal porque é bonitinho."

122. Do Uruguai a bordo do S.S. Valdivia (ver texto do diário neste volume, entradas de 1º e 4 de maio de 1925).

123. O Hotel Glória.

124. Ilse Kayser-Einstein.

125. Provavelmente Louis Lewin.

126. Possivelmente Fritz Haber (1868-1934), diretor do Instituto Kaiser Wilhelm de Química Física e Eletroquímica em Berlim.

127. Esse discurso radiofônico foi gravado durante a visita de Einstein ao estúdio da Rádio Sociedade em 7 de maio de 1925 e publicado em *O Jornal* em 8 de maio de 1925. Publicado em *CPAE 2015*, vol. 14, Appendix M, p. 999.

128. ALS (IsJNLI/Schwadron Mss. Collection, Einstein Collection). [AEA, 120 779]. Publicado em *Tolmasquim 2003*, p. 154 e em *CPAE 2015*, vol. 14, doc. 486, p. 773. Escrito no papel timbrado da "Communidade Israelita Brasileira Direcção e Administração Do Gabinete do Presidente" e endereçada a "An die israelitische Gemeinde in Rio de Janeiro".

129. Uma recepção em homenagem a Einstein fora organizada pela comunidade judaica no Automóvel Clube do Brasil em 9 de maio. Einstein visitara tanto o Centro Sionista quanto a Biblioteca Scholem Aleichem em 10 de maio de (ver texto do diário neste volume, entradas de 9 e 10 de maio de 1925).

130. Isaiah Raffalovich.

131. ALS (NoONPPC). [AEA, 71 113]. Publicado em *CPAE 2015*, vol. 14, doc. 488, p. 777. Escrito no papel timbrado do "Hamburg-Südamerikanische Dampfschifffahrts-Gesellschaft 'Cap Norte'" e endereçado a "An den Vorsitzenden des norwegischen Nobel-Komites".

132. O presidente do comitê era o professor norueguês de Direito Fredrik Stang (1867-1941).

133. Cândido Rondon.

134. Durante sua segunda visita ao Rio de Janeiro, Einstein conheceu os professores da Escola Politécnica José Agostinho dos Reis, Arthur Getúlio das Neves e Ignácio do Amaral. O filme foi exibido em 11 de maio de 1925 na Associação Brasileira de Imprensa (ver texto do diário neste volume).

135. ALSX. [AEA, 75 643]. Publicado em *CPAE 2015*, vol. 14, doc. 489, p. 777-778. Escrito no papel timbrado do "Hamburg-Südamerikanische Dampfschifffahrts-Gesellschaft 'Cap Norte.'"

136. Na verdade, ele retornaria em 31 de maio (ver texto 26 na seção de textos adicionais deste volume).

137. Antonio Pacheco Leão.

138. A sexta sessão do Comitê Internacional de Cooperação Intelectual.

139. Hans Albert e Eduard Einstein.

266 OS DIÁRIOS DE VIAGEM DE ALBERT EINSTEIN

140. ALS. [AEA, 37 394]. Publicado em *Lohmeier e Schell 2005*, p. 201-202 e em *CPAE 2015*, vol. 14, doc. 490, p. 779. Escrito no papel timbrado do "Hamburg-Südamerikanische Dampfschifffahrts-Gesellschaft 'Cap Norte.'" Glitscher (1886-1945) era médico da fábrica de Hermann Anschütz--Kaempfe.

141. ALX. [AEA, 7 352]. Publicado em *Einstein e Besso 1972*, p. 204 e em *CPAE 2018*, vol. 15, doc. 2, p. 40-41.

142. ALSX. [AEA, 75 642]. Publicado em *CPAE 2018*, vol. 15, doc. 7, p. 47-48.

143. Para a promessa de levar cactos do Rio de Janeiro, ver texto 30 na seção de textos adicionais deste volume. Margot Einstein.

144. Tete era o apelido de Eduard Einstein. Einstein frequentemente tirava férias com os filhos na casa de seu amigo Hermann Anschütz-Kaempfe em Kiel.

145. Sobre a compra da coleção de borboletas, ver texto 30 da seção de textos adicionais deste volume.

146. ALS (leilão online da Christie's n. 16447, 2-9 de maio de 2018, lote 36). [AEA, 97 163]. Publicado em *CPAE 2021*, vol. 15, doc. 18 do vol. 16, p. 26-27.

147. Nessa frase, Einstein riscou "América do Sul" e escreveu "Argentina".

148. ALS (CaPsCA). [AEA, 17 357]. Publicado em *CPAE 2018*, vol. 15, doc. 20, p. 67. Millikan (1868-1953) era presidente do conselho executivo do Instituto de Tecnologia da Califórnia (Caltech) em Pasadena, professor de Física e diretor do Laboratório de Física Norman Bridge.

149. Millikan repetidamente convidara Einstein para passar um semestre de inverno na Caltech, mais recentemente em abril (ver Robert A. Millikan para Einstein, 2 de abril de 1925 [*CPAE 2015*, vol. 14, doc. 468] e *CPAE 2015*, vol. 14, Introduction, p. lii).

REFERÊNCIAS

JORNAIS E PERIÓDICOS

A Noite (Rio de Janeiro)
Berlimer Tageblatt (Berlim)
Careta (Rio de Janeiro)
Crítica (Buenos Aires)
Die Deutsche La Plata Zeitung (Buenos Aires)
Die Presse (Buenos Aires)
Dos Idische Vochenblat (Rio de Janeiro)
El Bien Público (Montevidéu)
El Día (Montevidéu)
El País (Montevidéu)
El Sol (Montevidéu)
Gazeta de Notícias (Rio de Janeiro)
Illustração Brasileira (Rio de Janeiro)
Ingeniería (Montevidéu)
Jornal do Brasil (Rio de Janeiro)
La Época (Buenos Aires)
La Mañana (Montevidéu)
La Nación (Buenos Aires)
La Prensa (Buenos Aires)
La Razón (Buenos Aires)
La Tribuna Popular (Montevidéu)
Mundo Israelita (Buenos Aires)
New York Times (New York)
Nieuwe Rotterdamsche Courant (Rotterdam)
O Imparcial (Rio de Janeiro)
O Jornal (Rio de Janeiro)
O Malho (Rio de Janeiro)
O Paiz (Rio de Janeiro)
Revista Fon-Fon (Rio de Janeiro)
Vossische Zeitung (Berlim)

LIVROS E ARTIGOS

Andrews 2010: Andrews, George Reid. *Blackness in the White Nation. A History of Afro-Uruguay*. Chapel Hill: University of North Carolina Press, 2010.

Asúa e Hurtado de Mendoza 2006: Asúa, Miguel de e Diego Hurtado de Mendoza. *Imágenes de Einstein. Relatividad y cultura en el mundo y en la Argentina*. Buenos Aires: Eudeba, 2006.

Avni 1972: Avni, Haim. "Jewish Communities in Latin America". Em *World Politics and the Jewish Condition: Task Force Studies Prepared for the American Jewish Committee on the World of the 1970s*, editado por Louis Henkin, p. 256-274. Nova York: Quadrangle Books, 1972.

Bethell 1986: Bethell, Leslie. *The Cambridge History of Latin America*. Vol. 5. *c. 1870 to 1930*. Cambridge: Cambridge University Press, 1986.

Bethell 2010: _____. "Brasil and 'Latin America.'" *Journal of Latin American Studies* 42, n. 3 (2010): 457-485.

Beretta Curi 2018: Beretta Curi, Alcides. "Inmigración alemana en Uruguay. Los inicios y temprano desarrollo de un establecimiento agropecuario modelo: Los Cerros de San Juan (1854-1929)". *RIVAR* 5, n. 13 (2018): 78-97.

Bernecker e Fischer 1992: Bernecker, Walther L. e Thomas Fischer. "Deutsche in Lateinamerika". Em *Deutsche im Ausland. Fremde in Deutschland. Migration in Geschichte und Gegenwart*, editado por Klaus J. Bade, p. 197-214. Munique: Beck, 1993.

Caffarelli 1979: Caffarelli, Roberto Vergara. "Einstein e o Brasil". *Ciência & Cultura* 31, n. 12 (1979): 1436-1455.

Calaprice et al. 2015: Calaprice, Alice, Daniel Kennefick e Robert Schulmann (ed.) *An Einstein Encyclopedia*. Princeton: Princeton University Press, 2015.

Chaucer 1924: Chaucer, Geoffrey. *Canterbury-Erzählungen. Mit 26 farb. Taf.* Nach Wilhelm Hertzbergs Übers. neu hrsg. v. John Koch. Berlim: Stubenrauch, 1924.

CPAE 1993: Einstein, Albert. *The Collected Papers of Albert Einstein*. Vol. 5, *The Swiss Years: Correspondence, 1902-1914*, editado por Martin J. Klein *et al*. Princeton: Princeton University Press, 1993.

CPAE 1996: _____. *The Collected Papers of Albert Einstein*. Vol. 6, *The Berlim Years: Writings, 1914-1917*, editado por Martin J. Klein *et al*. Princeton: Princeton University Press, 1996.

CPAE 1998: _____. *The Collected Papers of Albert Einstein*. Vol. 8, *The Berlim Years: Correspon-dence, 1914-1918*, editado por Robert Schulmann *et al*. Princeton: Princeton University Press, 1998.

CPAE 2004: _____. *The Collected Papers of Albert Einstein*. Vol. 9, *The Berlim Years: Correspondence, January 1919-April 1920*, editado por Diana Kormos Buchwald *et al*. Princeton: Princeton University Press, 2004.

REFERÊNCIAS

CPAE 2006: _____. *The Collected Papers of Albert Einstein*. Vol. 10, *The Berlim Years: Correspondence, May-December 1920, and Supplementary Correspondence, 1909-1920*, editado por Diana Kormos Buchwald *et al*. Princeton: Princeton University Press, 2006.

CPAE 2009: _____. *The Collected Papers of Albert Einstein*. Vol. 12, *The Berlim Years: Correspondence, January-December 1921*, editado por Diana Kormos Buchwald *et al*. Princeton: Princeton University Press, 2009.

CPAE 2012: _____. *The Collected Papers of Albert Einstein*. Vol. 13, *The Berlim Years: Writings & Correspondence, January 1922-March 1923*, editado por Diana Kormos Buchwald *et al*. Princeton: Princeton University Press, 2012.

CPAE 2015: _____. *The Collected Papers of Albert Einstein*. Vol. 14, *The Berlim Years: Writings & Correspondence, April 1923-May 1925*, editado por Diana Kormos Buchwald *et al*. Princeton: Princeton University Press, 2015.

CPAE 2018: _____. *The Collected Papers of Albert Einstein*. Vol. 15, *The Berlim Years: Writings & Correspondence, June 1925-May 1927*, editado por Diana Kormos Buchwald *et al*. Princeton: Princeton University Press, 2018.

CPAE 2021: _____. *The Collected Papers of Albert Einstein*. Vol. 16, *The Berlim Years: Writings & Correspondence, June 1927-May 1929*, editado por Diana Kormos Buchwald *et al*. Princeton: Princeton University Press, 2021.

Einstein 1916: Einstein, Albert. "Die Grundlage der allgemeinen Relativitätstheorie". *Annalen der Physik* 49 (1916): 769-822.

Einstein 1917: _____. *Über die spezielle und die allgemeine Relativitätstheorie. (Gemeinverständlich.)*
Braunschweig: Vieweg, 1917.

Einstein 1923a: _____. "Zur allgemeinen Relativitätstheorie". *Preußische Akademie der Wissen-schaften* (Berlim). *Physikalisch-mathematische Klasse. Sitzungsberichte* (1923): 32-38.

Einstein 1923b: _____. "Bemerkung zu meiner Arbeit 'Zur allgemeinen Relativitätstheorie.'" *Preußische Akademie der Wissenschaften* (Berlim). *Physikalisch-mathematische Klasse. Sitz-ungsberichte* (1923): 76-77.

Einstein 1923c: _____. "Zur affinen Feldtheorie". *Preußische Akademie der Wissenschaften* (Berlim). *Physikalisch-mathematische Klasse. Sitzungsberichte* (1923): 137-140.

Einstein 1924: _____. "Bietet die Feldtheorie Möglichkeiten für die Lösung des Quanten-problems?" *Preußische Akademie der Wissenschaften* (Berlim). *Physikalisch-mathematische Klasse. Sitzungsberichte* (1923): 359-364.

Einstein 1925: _____. "Einheitliche Feldtheorie von Gravitation und Elektrizität". *Preußische Akademie der Wissenschaften* (Berlim). *Physikalisch--mathematische Klasse. Sitzungsberichte* (1925): 414-419.

Einstein 2018: _____. *The Travel Diaries of Albert Einstein: The Far East, Palestine and Spain, 1922-1923*, editado por Ze'ev Rosenkranz. Princeton: Princeton University Press, 2018.

270   OS DIÁRIOS DE VIAGEM DE ALBERT EINSTEIN

Eisinger 2011: Eisinger, Josef. *Einstein on the Road.* Amherst: Prometheus Books, 2011.

Elkin 2014: Elkin, Judith Laikin. *The Jews of Latin America.* 3ª ed. Boulder: Lynne Rienner Publishers, 2014.

Fausto e Fausto 2014: Fausto, Boris e Sergio Fausto. *A Concise History of Brazil.* 2ª ed. Cambridge: Cambridge University Press, 2014.

Fölsing 1997: Fölsing, Albrecht. *Albert Einstein: A Biography.* Nova York: Penguin Books, 1997.

Frank 1947: Frank, Philip. *Einstein: His Life and Times.* Nova York: A. A. Knopf, 1947.

Gangui e Ortiz 2005: Gangui, Alejandro e Eduardo L. Ortiz. "Marzo-abril 1925: crónica de um mes agitado. Albert Einstein visita la Argentina". *Todo es Historia* 454 (2008): 22-30.

Gangui e Ortiz 2008: _____. "Einstein's Unpublished Opening Lecture for His Course on Relativity Theory in Argentina, 1925". *Science in Context* 21 (2008): 435-450.

Gangui e Ortiz 2014: _____. "Albert Einstein en la Argentina: en impacto científico de su visita". Em *Visitas culturales en la Argentina, 1898-1936*, editado por Paula Bruno, p. 167-190. Buenos Aires: Biblos, 2014.

Gaviola 1952: Gaviola, Enrique. "Alberto Einstein. Premio Nobel de Fisica, 1921". *Ciencia e Investigación* 8, n. 5 (1952): 234-238.

Gherman 2017: Gherman, Michel. "The Beginnings of Brazilian Zionism: Historical Formation and Political Developments". Em *Jews and Jewish Identities in Latin America*, editado por Margalit Bejerano *et al.*, p. 190-207. Nashville: Academic Studies Press, 2017.

Glick 1999: Glick, Thomas F. "Between Science and Zionism: Einstein in Brazil". *Episteme* 9 (1999): 101-120.

Goethe 1952: Goethe, Johann Wolfgang von. *Werke.* Vol. 1. Hamburgo: Wegner, 1952.

Grundmann 2004: Grundmann, Siegfried. *Einsteins Akte. Wissenschaft und Politik—Einsteins Berlimer Zeit.* 2ª ed. Berlim: Springer, 2004.

Hedges 2015: Hedges, Jill. *Argentina: A Modern History.* Londres: I. B. Tauris, 2015.

Horowitz 1962: Horowitz, Irving Louis. "The Jewish Community of Buenos Aires". *Jewish Social Studies* 24, n. 4 (1962): 195-222.

James 1897: James, William. *The Will to Believe and Other Essays in Popular Philosophy.* Nova York: Longmans, 1897.

James 1907: _____. *Pragmatism: A New Name for Some Old Ways of Thinking.* Nova York: Longmans, 1907.

Jerusalem 1928: Jerusalem, Else. *Steinigung in Sakya. Ein Schauspiel in drei Akten.* Berlim: Erich Reiss, 1928.

Kaplan 1997: Kaplan, E. Ann. *Looking for the Other: Feminism, Film, and the Imperial Gaze.* Nova York: Routledge, 1997.

REFERÊNCIAS

Koigen 1925: Koigen, David. *Apokalyptische Reiter. Aufzeichnungen aus der jüngsten Geschichte.* Berlim: Erich Reiss, 1925.

König 1992: König, Hans-Joachim. "Das Lateinamerikabild in der deutschen Historiographie". Em *Das Bild Lateinamerikas im deutschen Sprachraum. Ein Arbeitsgespräch an der Herzog August-Bibliothek, Wolfenbüttel, 15. -17. März 1989*, editado por Gustav Siebenmann e Hans-Joachim König, p. 209-229. Tübingen: Max Niemayer Verlag, 1992.

Le Bon 1919: Le Bon, Gustave. *Aphorismes du temps présent.* Paris: E. Flammarion, 1919.

Leerssen 2000: Leerssen, Joep. "The Rhetoric of National Character. A Programmatic Survey". *Poetics Today* 21, n. 2 (2000): 267-292.

Lesser 1989: Lesser, Jeffrey Howard. "The Pawns of the Powerful: Jewish Immigration to Brasil, 1904-1945", dissertação de Ph.D. (Universidade de Nova York, 1989).

Levine 1987: Levine, Robert M. "Adaptive Strategies of Jews in Latin America". Em *The Jewish Presence in Latin America*, editado por Judith Laikin Elkin e Gilbert W. Merkx, p. 71-84. Boston: Allen & Unwin, 1987.

Liebman 1973: Liebman, Seymour B. "Latin American Jews: Ethnicity and Nationalism". *Jewish Frontier* 40 (julho-agosto de 1973): 8-13.

Lohmeier e Schell 2005: Lohmeier, Dieter e Bernhardt Schell (ed.) *Einstein, Anschütz und der Kieler Kreiselkompaß. Der Briefwechsel zwischen Albert Einstein und Hermann Anschütz-Kaempfe und andere Dokumente.* 2ª ed. Kiel: Raytheon Marine GmbH, 2005.

Lynch 2012: Lynch, John. *New Worlds: A Religious History of Latin America.* New Haven: Yale University Press, 2012.

MacLachlan 2003: MacLachlan, Colin M. *A History of Modern Brasil: The Past Against the Future.* Wilmington: Scholarly Resources Inc., 2003.

Meyerson 1925: Meyerson, Emile. *La déduction relativiste.* Paris: Payot, 1925.

Miles e Brown 2003: Miles, Robert e Malcolm Brown. *Racism*, 2ª ed. Londres: Routledge, 2003.

Minguet 1992: Minguet, Charles. "Alexander Humboldt und die Erneuerung des Latein-amerikabildes". Em *Das Bild Lateinamerikas im deutschen Sprachraum. Ein Arbeitsgespräch an der Herzog August-Bibliothek Wolfenbüttel, 15. -17. März 1989*, editado por Gustav Siebenmann e Hans-Joachim König, p. 107-125. Tübingen: Max Niemeyer Verlag, 1992.

Mirelman 1990: Mirelman, Victor A. *Jewish Buenos Aires, 1890-1930. In Search of an Identity.* Detroit: Wayne State University Press, 1990.

Moraes 2019: Moraes, Diego. *Einstein en Uruguay: Crónica de un viaje histórico.* Montevidéu: Ediciones B, 2019 (Kindle).

Moreira 1995: Moreira, Ildeu de Castro. "A Recepção das Idéias da Relatividade no Brasil". Em *Einstein e o Brasil*, editado por Ildeu de Castro Moreira e Antonio Augusto Passos Videira, p. 177-206. Rio de Janeiro: Editora da UFRJ, 1995.

OS DIÁRIOS DE VIAGEM DE ALBERT EINSTEIN

Mudimbe-Boyi 1992: Mudimbe-Boyi, Elisabeth. "Travel, Representation, and Difference, or how can one be a Parisian?" *Research in African Literatures Journal* 23 (1992): 25-39.

Newton 1977: Newton, Ronald C. *German Buenos Aires, 1900-1933: Social Change and Cultural Crisis.* Austin: University of Texas Press, 1977.

Oberacker 1979: Oberacker, Karl-Heinz, Jr. "Die Deutschen in Brasilien". Em *Die Deutschen in Lateinamerika*, editado por Hartmut Fröschle, p. 169-300. Tübingen: Erdmann, 1979.

Ortiz 1995: Ortiz, Eduardo L. "A Convergence of Interests: Einstein's Visit to Argentina in 1925". *Ibero-Amerikanisches Archiv* 21, n. 1-2 (1995): 67-126.

Ortiz e Otero 2001: Ortiz, Eduardo L. e Mario H. Otero. "La visita de Einstein a Montevideo en 1925". *Mathesis* serie II (2001): 1-35.

Paty 1999: Paty, Michel. "La réception de la théorie de la relativité au Brésil et l'influence des traditions scientifiques européennes". *Archives internationales d'histoire des sciences* 49, n. 143 (1999): 331-368.

Raffalovich 1952: Raffalovich, Isaiah. *Tziunim ve'Tamrurim. Be shiv'im shnot nedudim, 5642-5712. Autobiografia.* Tel Aviv: Dfus Shoshani, 1952.

Renn 2013: Renn, Jürgen. "Einstein as a Missionary in Science". *Science & Education* 22 (2013): 2569-2591.

Romero 2013: Romero, Luis Alberto. *A History of Argentina in the Twentieth Century.* Editação atualizada e revisada. University Park: Pennsylvania State University Press, 2013.

Rosenkranz 2011: Rosenkranz, Ze'ev. *Einstein before Israel: Zionist Icon or Iconoclast?* Princeton: Princeton University Press, 2011.

Rosenswaike 1960: Rosenswaike, Ira. "The Jewish Population of Argentina: Census and Estimate, 1887-1947". *Jewish Social Studies* 22, n. 4 (1960): 195-214.

Santos e Hallewell 2002: Santos, Sales Augusto dos e Laurence Hallewell. "Historical Roots of the 'Whitening' of Brazil". *Latin American Perspectives* 29, n. 1 (2002): 61-82.

Sapolinsky 1963: Sapolinsky, Asher. "The Jewry of Uruguay". *In the Dispersion* 2 (1963): 74-88.

Sauer 2012: Sauer, Tilman. "On Einstein's Early Interpretation of the Cosmological Constant". *Annalen der Physik (Berlin)* 524 (2012): A135-A138.

Sayen 1985: Sayen, Jamie. *Einstein in America: The Scientist's Conscience in the Age of Hitler and Hiroshima.* Nova York: Crown Publishers, Inc., 1985.

Schenkolewski-Kroll 2017: Schenkolewski-Kroll, Silvia. "Informal Jewish Education: Argentina's Hebraica Society". Em *Jews and Jewish Identities in Latin America*, editado por Margalit Bejerano *et al.*, p. 73-90. Nashville: Academic Studies Press, 2017.

Schonebaum 1998: Schonebaum, Dieter. "Alemanes, Judíos y Judíos Alemanes en el Uruguay de los Años 1920 y 1930". *Jahrbuch für Geschichte Lateinamerikas* 35 (1998): 219-238.

REFERÊNCIAS

Segura-Ubiergo 2007: Segura-Ubiergo, Alex. *The Political Economy of the Welfare State in Latin America.* Cambridge: Cambridge University Press, 2007.

Seth e Knox 2006: Seth, R. e C. Knox. *Weimar Germany between Two Worlds. The American and Russian Travels of Kisch, Toller, Holitscher, Goldschmidt, and Rundt.* Nova York: Peter Lang, 2006.

Shaw 1919: Shaw, G. Bernard. *Mensch und Übermensch. Eine Komödie und eine Philosophie.* Siegfried Trebitsch, trans. Berlim: S. Fischer, 1919.

Siebenmann 1988: Siebenmann, Gustav. "Das Lateinamerikabild der Deutschen. Quellen, Raster, Wandlungen". *Colloquium helveticum* 7 (1988): 57-82.

Siebenmann 1992a: _____. "Methodisches zur Bildforschung". Em *Das Bild Lateinamerikas im deutschen Sprachraum. Ein Arbeitsgespräch an der Herzog August-Bibliothek, Wolfenbüttel, 15. -17. März 1989*, editado por Gustav Siebenmann e Hans-Joachim König, p. 1-17. Tübingen: Max Niemayer Verlag, 1992.

Siebenmann 1992b: _____. "Das Lateinamerikabild in deutschsprachigen literarischen Texten". Em *Das Bild Lateinamerikas im deutschen Sprachraum. Ein Arbeitsgespräch an der Herzog August-Bibliothek, Wolfenbüttel, 15. -17. März 1989*, editado por Gustav Siebenmann e Hans-Joachim König, p. 181-207. Tübingen: Max Niemayer Verlag, 1992.

Silva da Silva 2005: Silva da Silva, Circe Mary. "The Theory of Relativity in Brazil: Reception, Opposition and Public Interest". Em *Albert Einstein— Chief Engineer of the Universe: One Hundred Authors for Einstein*, editado por Jürgen Renn, p. 294-297. Weinheim: Wiley-VCH, 2005.

Skidmore 1995: Skidmore, Thomas E. "Fact and Myth: Discovering a Racial Problem in Brazil". Em *Population, Ethnicity, and Nation-Building*, editado por Calvin Goldscheider, p. 91-117. Nova York: Routledge, 1995.

Spreitzer 2016: Spreitzer, Brigitte: "Else Jerusalem—eine Spurensuche". Em *Else Jerusalem: Der heilige Skarabäus. Roman*, p. 545-608. Viena: DVB Verlag, 2016.

Stürzer 1993: Stürzer, Anne. *Dramatikerinnen und Zeitstücke. Ein vergessenes Kapitel der The-atergeschichte von der Weimarer Republik bis zur Nachkriegszeit.* Stuttgart: J. B. Metzler, 1993.

Summers 1999: Summers, William C. *Félix d'Herelle and the Origins of Molecular Biology.* New Haven e Londres: Yale University Press, 1999.

Tolmasquim 2003: Tolmasquim, Alfredo Tiomn. *Einstein. O viajante da relatividade na América do Sul.* Rio de Janeiro: Vieira & Lent, 2003.

Tolmasquim 2012: _____. "Science and Ideology in Einstein's Visit to South America in 1925". Em *Einstein and the Changing Worldview of Physics*, editado por Christoph Lehner, Jürgen Renn e Matthias Schemmel, p. 117-133. Nova York: Springer, 2012.

Tolmasquim e Moreira 2002: Tolmasquim, Alfredo Tiomno e Ildeu de Castro Moreira, "Einstein in Brasil: The Communication to the Brazilian Academy of Science on the Constitution of Light". Em *History of Modern Physics*, editado por Helge Kragh *et al.*, p. 229-242. Bruxelas: Brepols, 2002.

274 OS DIÁRIOS DE VIAGEM DE ALBERT EINSTEIN

Vaz Ferreira 1909: Vaz Ferreira, Carlos. *El pragmatismo (exposición y crítica).* Montevidéu: Tip. de la Escuela Nacional de Artes y Oficios, 1909.

Vaz Ferreira 1914: _____. *Le pragmatisme: Exposition et critique.* Montevidéu: Barreiro & Ramos, 1914.

Walton 2009: Walton, John K. "Histories of Tourism". Em *The SAGE Handbook of Tourism Studies*, editado por Tazim Jamal e Mike Robinson, p. 115-129. Londres: SAGE, 2009.

Werner 1996: Werner, Harry. "Deutsche Institutionen und Schulen in Lateinamerika. Vielfalt und Wechselfälle des 19. und 20. Jahrhunderts". Em *Deutsche in Lateinamerika—Lateinamerika in Deutschland*, editado por Karl Kohut, Dietrich Briesenmeister e Gustav Siebenmann, p. 182-196. Frankfurt am Main: Vervuert Verlag, 1996

World Bank 2002: The World Bank. *Higher Education in Brazil: Challenges and Options*. Washington: World Bank, 2002.

Zapata 1979: Zapata, José A. Friedl. "Knobelbecher und Hakenkreuz gegen Gauchos und goldbraune Frauen. Das Lateinamerikabild in der deutschen und das Deutschlandbild in der lateinamerikanischen Literatur". *Zeitschrift für Kulturaustausch* 30 (1980): 50-59.

RECURSOS DA INTERNET

"Ausstellung zu 160 Jahre diplomatische Beziehungen zu Uruguay". 15 de julho de 2016. Acessado em 3 de maio de 2021. https://www.deutschland.de/en/node/3639.

Walther L. Bernecker. "Siedlungskolonien und Elitenwanderung. Deutsche in Latein-amerika: das 19. Jahrhundert". Acessado em 3 de maio de 2021. https://www.matices-magazin.de/archiv/15-deutsche-in-lateinamerika/deutsche-in-lateinamerika/.

Richard A. Campos. "Still Shrouded in Mystery:The Photon in 1925". Acessado em 3 de junho de 2021. https://www. yumpu.com/en/document/read/5228000/physics-0401044-pdf-arxiv.

"Deutsch-uruguayische Beziehungen". Acessado em 3 de maio de 2021. https://www.pangloss.de/cms/index. php?page=uruguay.

Torsten Eßer. "Deutsche in Lateinamerika". Acessado em 3 de maio de 2021. http://www.torstenesser.de/download-text/Deutsche%20in%20Lateinamerika. pdf.

Eduardo L. Ortiz. "The emergence of theoretical physics in Argentina, Mathematics, mathematical physics and theoretical physics 1900-1950". Acessado em 4 de junho de 2021. *Proceedings of Science* (Héctor Rubinstein Memorial Symposium, 2010) 030. https://pos.sissa.it/109/030/pdf, p. 1-17.

ÍNDICE

As páginas em *itálico* se referem a ilustrações.
Albert Einstein é abreviado "AE" nas subentradas.

A

Academia Brasileira de Ciências, 28, *58*, 93; palestras de AE sobre a teoria da luz, 254n99; AE sobre, 55, 183

Academia Prussiana de Ciências, 90

Aguilar, Félix, 232n16

Alberini, Coriolano, 91; AE sobre, 46, 147

Almeida, Álvaro Ozório de, AE sobre, 185

Almeida, Miguel Ozório de, AE sobre, 185

alteridade, historiografia da, 79. *Ver também* AE: o "Outro"

Alvear, Marcelo T. de, 35; AE visita, 141

Amaral, Ignácio do, 28, *58*, 93, *181*, *185*, 244n28, 256n101, 256n102, 257n103, 265n134

América do Norte: 37, 39. *Ver também* AE: América do Norte

América do Sul: conquistadores na, 38; descendentes de escravos africanos na, 39; como El Dorado, 38; europeus na, 39; imagem da na Alemanha e na Europa, 37-40, 96; mito do gaúcho, 39, 42; populações indígenas, 39;

habitantes, 39; "bom selvagem", 39; como Novo Mundo, 38; aspirações republicanas, 38; violência, 38, 39; continente "selvagem", 39; mulheres, 39. *Ver também* AE: América do Sul

América Latina. *Ver* América do Sul; AE: América do Sul

Anchorena, Benito Nazar, 246n47, 249n73

Anschütz-Kaempfe, Hermann, 31, 196, 241n328, 263n98, 266n144

Arce, José: *43*, 246n47, 258n8; AE sobre, 46, 133, 143, 145, 155

Argentina: antissemitismo na, 27, 34, 61-62; judeus asquenazes na, 61; cultura, 35; economia, 35; comunidade alemã, 67-68; estereótipos alemães da, 39-40; imigração para a, 35, 61-62, 67; intelectuais, 23, 25, 27; comunidade judaica: 26, 27, 61-62; comunidade filosófica, 91; política, 34; positivistas e antipositivistas, 91; Patagônia Rebelde, 34; comunidade científica, 23, 25; infraestrutura científica, 23; *Semana Trágica*, 34, 61; judeus sefarditas, 61; expedição para

276 OS DIÁRIOS DE VIAGEM DE ALBERT EINSTEIN

ver o eclipse solar, 232n19; na época da visita de AE, 34-35. *Ver também* AE: Argentina

argentinos: estereótipos alemães sobre os, 39-40. *Ver também* AE: argentinos

Asociación Hebraica, 62; AE sobre convite da, 30, 194; convida AE, 27, 29, 192-194; recepção na, AE sobre, 151

Associação Judaica de Colonização, 194

Asúa, Miguel de, 30

Azevedo, Roberto Marinho de, 25, 93, 244n28, 256n102

B

bacteriófagos, AE sobre, 177

Bärwald, Alexander, AE sobre, 107, 197

Bärwald-Eisenberg, Charlotte, AE sobre, 107

Batlle y Ordóñez, José, 35-36, 251n79

Beethoven, Ludwig van, AE toca, 125

Behncke, Paul, 68, 246n45

Bernardes, Arthur, 37; AE sobre, 179

Berta, Carlos, 252n83

Besio Moreno, Nicolás, 248n62

Besso, Michele, 66, 72, 220

Bianco, Juan Carlos, 252n83; AE sobre, 210

Biblioteca Judaica Nacional e Universitária, 22

Bohr, Niels: teoria da emissão da luz, AE sobre, 127

Bonaparte, Napoleão, AE sobre, 212

Borel, Émile, 25

Brasil: afro-brasileiros, 36, 86; antirrelativistas, 93; antissemitismo no, 65; judeus asquenazes, 65; astrônomos, 24; Associação Brasileira de Educação, 93; política externa, 37; comunidade alemã, 69-70;

comunidade judaica, 28, 65-66; imigração para, 37, 65, 69-70; inquietação militar, 37; Semana de Arte Moderna, 93-94; política, 36, 37; positivistas e antipositivistas, 25, 93; comunidade científica, 24-25, 28; infraestrutura científica, 24-25, 30; popularização da ciência, 94; judeus sefarditas, 65; expedição para ver o eclipse solar, 24, 53-54, 232n19; Universidade de São Paulo, 94; na época da visita de AE, 36-37; política de "branqueamento", 37, 86; sionismo, 65. *Ver também* AE: Brasil

Buenos Aires, 35, 40; comunidade alemã: sobre o convite a AE, 26; comunidade judaica: convida AE, 26, 62, 191-194. *Ver também* AE: Buenos Aires

Buero, Juan Antonio, 252n83; AE sobre, 163, 210

Butty, Enrique, 232n16, 244n30, 249n72, 249n73; AE sobre, 147

C

Cabrera, Blas, 24

Caesar, Gaius Julius, AE sobre, 212

Candioti, Alberto, 42

Cárcano, Ramón J: 247n56; AE sobre, 47, 147

Cardoso, Licínio, 93

Castiñeiras, Delia O. Miguel de, AE sobre, 135

Castiñeiras, Julio R., 229n72; AE sobre, 135

Castro, Aloísio de, 244n28, 253n93, 254n96, 257n103: AE sobre, 57, 183; convida AE, 195

Cerruti, José, AE sobre, 163

Chagas, Carlos, *183*, 255n100

Chaplin, Charlie, AE sobre, 167

ÍNDICE

Chateaubriand, Assis, *71*, *179*, 244n29; AE sobre, 183
Chaucer, Geoffrey, AE sobre, 111
Chaves, Leocádio, *183*, 255n100
Childe, Alberto, AE sobre, 183
Collo, José, 232n16
Córdoba: Observatório Nacional de Córdoba, 232n19. *Ver também* AE: Córdoba
Cortés, Álvarez, 252n83
Costa, Domingos, *185*
Costa, Manuel Amoroso, 25, 93
Coutinho, Gago, 93, *179*
Couto, Miguel, 254n99

D

D'Herelle, Félix, 253n92
Dante Alighieri, AE sobre, 212
Dassen, Claro Cornelio, 92
De Pauw, Cornelis, 38
"Die Wacht am Rhein", AE sobre, 167
Duclout, Jorge, 26; AE visita, 248n65
Dukas, Helen, 22, 242n1

E

Eddington, Arthur S., 89, 242n10; AE sobre, 117
Egger, Carl, 246n48
Ehrenfest, Paul, 30, 33, 57, 195, 216, 241n328
Ehrenfest, Tatiana, AE sobre, 216
Ehrlich, Israel, 249n73
Ehrmann, Rudolf, AE sobre, 201, 206, 207
Einstein, Albert
46º aniversário, celebra, 121, 199
Corunha, passa por, 113
sobre a América, 72-73, 212-213, 220
sobre os ideais americanos, 212-213
sobre os americanos, 212-213, 220. *Ver também* AE: sobre os

norte-americanos; AE: sobre os sul-americanos
arquivos de, 22
Argentina: sobre a comida argentina, 206; como "banal e vulgar", 49, 221; compara com Nova York, 44-45, 202; sobre a demografia da, 45-46, 206; sobre a educação na, 45, 202; impacto da visita de AE, 91-92; convites para ir à, 25-27; sobre a música da, 47, 127, 206; sobre a imprensa da, 45; cobertura da visita pela imprensa, 90; sobre a comunidade científica, 29, 90; como "sem alma", 45, 202; como "superficial", 45, 50, 74, 202
Argentina, turnê: AE sobre, 44-46; descreve como "labuta", 45, 202; descreve como "farsa", 45, 202; "exausto" da, 207; honorários, 26, 191, 192; sobre os honorários, 46, 207; sobre as palestras, 202, 206
argentinos: AE sobre, 30, 42-51, 74, 82, 84, 97-98, 125; suposta inferioridade intelectual dos, 97; suposta falta de cultura dos, 47, 50, 149; suposta falta de integridade moral dos, 98; critica a priorização da forma sobre a substância, 59, 98; "degenerados pela banha bovina", 46, 149; como "republicanos genuínos", 133; como "índios envernizados", 46, 50, 149; sobre o materialismo dos, 45, 49, 74; como "membros da classe rica e ociosa", 43, 97, 127; como "mais ou menos sórdidos",

278 OS DIÁRIOS DE VIAGEM DE ALBERT EINSTEIN

49, 131; fazem-no lembrar dos suíços, 44, 50, 133; como "índios semiaculturados", 31, 50, 196; como "espanhóis", 46, 74, 145, 147; sobre a subserviência ao luxo, 98; "indizivelmente estúpidos", 43, 97, 125; sobre os valores dos, 45, 202

sobre os ideais asiáticos, 212

átomos, palestras sobre, 151

Berlim, ausências frequentes de, 95; como "enervante", 95; residência em, 22

Bilbao, cais em, 111

visão de mundo biológica de, 98

Boulogne-sur-Mer, no cais de, 109, 197

Brasil: AE sobre, 53-55, 55-60; sobre o suposto impacto do clima nos habitantes, 55, 74-75, 97; como local exótico, 58, 75; impacto da visita de AE, 93-94; impressionado pelo progresso, 57; sobre o cenário, 54-55, 221; sobre a ostentação, 58; cobertura da visita pela imprensa, 93; sobre a expedição para ver o eclipse solar, 53-54

brasileiros: AE sobre, 53-55, 55-60, 74-75, 82, 97; afeto pelos, 60, 75; sobre os afro-brasileiros, 60, 85, 181, 187; sobre a suposta fraqueza genética dos mulatos, 57, 60, 84-85, 181; sobre a suposta atenção deficiente dos, 55, 177; altivez em relação aos, 57; sobre a comida brasileira, 185, 187; critica a priorização da forma sobre a substância, 55, 59, 74, 98; sobre a população indígena, 57, 75, 86, 181, 187,

189, 218; como "fofinhos", 57, 60, 216; como "macacos", 57, 75, 181; sobre a diversidade multirracial, 54, 57, 60, 129, 221; sobre a oratória dos, 59, 183; sobre a natureza "vegetal" dos, 54, 60, 129; "amolecidos pelos trópicos", 177

sobre o budismo, 212

Buenos Aires: feira de Abasto, visita, 133; AE em, *45, 95, 212*; AE sobre, 44, 47, 50-51, 133; chega a, 42-44, 131, 200; Asilo Argentino de Huérfanas Israelitas, visita, 139; como "cidade árida", 54, 200; celebração no Teatro Coliseo, 145, 203-204; banquete do Centro de Estudiantes de Ingeniería, 155; Comitê de Associações Judaicas, *63*; partida, 157; *Dos Volk*, visita, 139; poemas de despedida, 21, 63, 77, 153, 155; voo sobre: *48, 141*; a respeito do voo sobre, 47, 77, 141, 202; comunidade alemã, 67-68, 151; celebração da Universidade Hebraica, 46, 62, 145, 203-204; sobre seus anfitriões, 44; Hotel Savoy, jantar no, 151; palestra introdutória no Colégio Nacional, *43*, 44, *135*; sobre a comunidade judaica, 43, 44, 61-64, 88, 135, 151, 153; hospital judaico, visita, 62, 153; instituições judaicas, visita, 62-63; sistema de apoio judaico em, 63, 99; Jockey Club, almoço no, 143; *La Prensa*, visita, 139; acomodações em, 63, 131; Academia Nacional de Ciências Exatas, Físicas e

ÍNDICE

Naturais, sessão especial na, 149; bairro de Palermo, visita, 245n35; toca violino, 155; recepção na embaixada alemã, 151; recepção no Teatro Capitol, 151; lembra Nova York, 44-45, 135; Clube de Remo Tigre, 46, 153; sinagoga sefardita, visita, *208*, 249n73; declarações sobre as questões judaicas, 64; sobre a nova geração, 44, 137, 202; sobre o sionismo em, 64-65; sobre o Centro Sionista, 149; Federação Sionista, 62, 247n51; conhece líderes sionistas, *64*; recepção sionista, AE sobre, 151. *Ver também* AE: Universidade de Buenos Aires

status de celebridade de, 75; AE sobre, 80, 107

Chile, possível convite para o, 27, 193

chineses: sobre a suposta inferioridade intelectual dos, 97

sobre o cristianismo, 212

cidadanias, 87

colonialismo, 60

sobre os comunistas, 171

Córdoba: AE sobre, 47, 51, 149, 202; chega a, *147*; sobre o banquete, 147; sobre a catedral, 149; sobre o governo clerical em, 149; sobre os judeus em, 147; lago São Roque, passeia pelo, 247n56; Hotel Plaza, hospeda-se no, 247n54; sobre os "espanhóis" em, 147; Universidade de C., sessão festiva na, 147, *149*

sobre o pensamento ocidental, 211, 212, 213

estado de, 22

sobre a Europa, 219

identidade europeia, 75

percepções europeias de, 96, 99

superioridade europeia, sentimentos de, 59, 75, 96

sobre os europeus, 71-73; ambivalência de AE em relação aos, 71; compara favoravelmente com os sul-americanos, 73, 177, 219; sobre os ideais europeus, 73-74, 211-214

Extremo Oriente, viagem ao, 20, 22, 30, 87, 100; visita comunidades alemãs e judaicas, 100

Fogo, Cabo Verde, passa por, 121

franceses: AE sobre, 171, 173

olhar de, 74-79, 100; caráter masculino do, 75-79

determinismo geográfico de, 55, 59, 97, 183

introspecção alemã, favorece, 59, 99

sobre os alemães, 68, 69, 82, 100, 175; em Buenos Aires, 151, 205-206, 210, 221; em Montevidéu, 209-210; no Rio de Janeiro, 179, 183

Hamburgo, parte de, 107, 197; Universidade Hebraica de Jerusalém; AE sobre, 201; envolvimento de AE com a, 32; celebração da inauguração em Buenos Aires, 46, 62; AE sobre a celebração, 145, 203-204

sobre o helenismo, 73, 213

humanismo, limites para AE, 97, 102

sobre os ideais, 211-214

indianos, AE sobre a suposta inferioridade intelectual dos, 97

280 OS DIÁRIOS DE VIAGEM DE ALBERT EINSTEIN

elitismo intelectual de, 97

Comitê Internacional de Cooperação Intelectual, AE sobre, 163

como introvertido, 88, 99

esnobismo invertido de, 98

japoneses: AE sobre, 221; suposta inferioridade intelectual dos, 97

judeus, AE sobre, 82, 208, 220, 221; sobre a aculturação dos, 62, 139, 141; sobre os judeus europeus, 62; sobre a solidariedade judaica, 66, 100, 220, 256n101; sobre "a tragédia" dos, 62, 139

sobre o judaísmo, 212

La Plata: AE sobre, 47, 141, 143, 206; Ateneo Juventud Israelita, 246n47; Jockey Club, almoço no, 246n47; Universidade Nacional de La Plata: AE comparece à abertura do semestre, 246n47; diploma honorário, 249n73

testamento, 22

Lisboa, AE visita, 113, 115; Castelo de São Jorge, 115; Mosteiro dos Jerônimos, 115

Llavallol, AE visita: 47, 89; AE sobre, 143, 145, 151, 200, 204, 206

austeridade material, defende, 97

sobre o militarismo, 171

Montevidéu: sobre a arquitetura de, 163; chega a, *53*, 131, *157*; sobre a beleza de, 209; Faculdade de Engenharia, *165*, *210*; compara a Buenos Aires, 52, 169, 209; parte de, *169*; Federação das Associações Alemãs, 69, 165; comunidade alemã, 69, 174, 210; Hotel del Prado, 251n82, 252n85;

comunidade judaica, banquete, 165; eventos judaicos em, 65; *La Traviata*, assiste a, 159; Palácio Legislativo, conhece, 163; acomodações em, 65, 157; *Lohengrin*, assiste a, 159, 161; Senado, visita o, 252n83; elogios a, 52; recepção na Faculdade de Engenharia, 165; recepção no clube alemão, 69, 174; recepção na Associação Politécnica, 167; recepção oferecida pelo embaixador alemão, 165; passeio de carro por, 250n77; recebido pela comunidade alemã, 69; recebido pela comunidade judaica, 65, 250n77

sobre o misticismo, 213

caráter nacional, acredita firmemente no, 82-83

nacionalismo, AE sobre, 207

sobre a América do Norte, 72-73, 99, 202. *Ver também* AE: sobre a América

sobre os norte-americanos, 72-73. *Ver também* AE: sobre os americanos

viagens oceânicas: AE sobre, 55, 87, 95, 173, 195, 196, 220, 221; como moratória, 30, 87; viajando de primeira classe, 97

o "Outro:" percepções de AE sobre, 79-82; projeções, 82, 97

turnês transoceânicas: decidido a não realizá-las novamente, 45, 202, 207, 221; motivações para as turnês da década de 1920, 28-30

pacifismo, 26, 27, 67-68

Palestina: sobre os esforços sionistas de colonização na, 66, 256n101

integridade pessoal, 97-98

ÍNDICE

vida pessoal, 32-34, 102
sobre Portugal, 115
sobre o pragmatismo, 214-215
preconcepções, 41, 50, 74, 95
preconceitos, 83-86, 96-98,
    101-102. *Ver também* AE:
    estereotipização
iliberalismo privado, 102
liberalismo público, 102
raça: AE sobre, 83-86,
    239n267; sobre sociedades
    multirraciais, 101; sobre
    estatísticas raciais, 85-86,
    181; visão de mundo racial,
    60, 101; comentários racistas,
    85. *Ver também* AE: Brasil
rádio, sobre os benefícios do, 217
relatividade: AE sobre, 117;
    palestras sobre, 123, 159,
    163, 245n39, 250n77, 251n81,
    252n83, 254n98, 255n100;
    publicações sobre, 54. *Ver
    também* relatividade
Rio de Janeiro: chega ao, *56*, 129,
    175, 177; judeus asquenazes
    no, 65; Automóvel Clube,
    recepção no, *66*, 185, *218*;
    meteorito Bendegó, conhece,
    181; Jardim Botânico, visita,
    54, 129; Associação Brasileira
    de Imprensa, visita, 257n103;
    clube Germania, 70, *71*, 183;
    compara a Buenos Aires, 54;
    compara ao Oriente, 59, 129;
    Copacabana Palace Hotel,
    244n29; trem do Corcovado,
    187; "encantado" com o,
    54, 58-59, 200; Clube de
    Engenharia, palestras no,
    179, 181; admira a paisagem
    do, 54, 129, 175, 179, 181,
    216; admira a vegetação do,
    54, 129; comunidade alemã
    no, reúne-se com a, 70, 179;

Hotel Glória, hospedado
    no, 177; comunidade
    judaica, mensagem para a,
    217; comunidade judaica
    convida AE, 27, 61, 195-196;
    comunidade judaica, recepção,
    66, 185; Hospital Nacional de
    Alienados, visita, 187; Museu
    Nacional do Brasil, visita, *181*;
    Observatório Nacional, visita,
    185; Instituto Oswaldo Cruz,
    visita, *183*; Escola Politécnica,
    palestras na, 183; Rádio
    Sociedade, grava discurso
    na, 217, 254-255n99; bairro
    de Santa Teresa, visita, 179;
    agenda da visita, 253n93;
    Biblioteca Scholem Aleichem,
    visita, 66, 217; judeus
    sefarditas, 65; conhece o Pão
    de Açúcar, 55, 179; passeia de
    carro, 187; como "verdadeiro
    paraíso", 57, 216; Centro
    Sionista, visita, 66, 187, 217
pesquisas científicas; durante a
    viagem ao Extremo Oriente,
    30, 89; AE sobre, 206; durante
    a viagem à América do Sul,
    31, 87, 88-90; AE sobre, 127,
    197, 199-200; trabalho sobre a
    teoria de campo unificado, AE
    sobre, 117, 123, 145, 171, 209
autopercepção, 41; como
    protagonista, 100; autoironia,
    100; como trapezista, 81,
    101, 171, 173; como "elefante
    branco", 57, 75, 181
sobre Sierras de Córdoba, 47
cingaleses, AE sobre, 59,
    236n157. *Ver também*
    indianos, AE sobre
socialização, sobre evitar, 199;
    sobre socializar sem a esposa,
    206

282 OS DIÁRIOS DE VIAGEM DE ALBERT EINSTEIN

sobre a solidão, 125

América do Sul, viagem à:
desinteresse, 81, 95, 96; como
"quase inadministrável", 221;
ambivalência em relação à,
29-30, 31, 94; apatia durante,
96; proteção durante, 81; como
"bufonaria", 173; burnout, 88,
99; como "comédia", 81, 200;
passaporte diplomático, 87,
99; teme chegada, 109, 199;
efeito sobre a saúde, 102, 184,
208, 222; sente-se obrigado
a aceitar, 195; "tolice" ter
aceitado, 198; julgamentos
precipitados, 96-97;
cronograma agitado, 87;
incentivos, 30-34; indiferença,
81, 87, 95, 200; convites,
25-28; fatores judaicos, 31-32;
solidão durante a, 80, 95;
nervos "tensos", 171; como
suplício, 80; razões pessoais,
32-34; acomodações privadas,
99; como refúgio, 95, 103;
repulsa pela, 94; sobre o
retorno, 220; sobre a viagem
de retorno, 200, 204, 216,
221; motivações científicas,
30, 95; sobre os "terríveis
esforços" durante, 220-221;
visita às comunidades alemãs,
100; visita às comunidades
judaicas, 100; ansiando por
solidão, 87, 185, 187. *Ver*
também AE: sobre a América;
AE: Argentina; AE: Brasil;
AE: Uruguai
sobre os sul-americanos, 42, 71,
109, 219; como "indígenas
semiaculturados", 31.
Ver também AE: sobre os
americanos; AE: argentinos;

AE: brasileiros; AE:
uruguaios

Espanha, viagem à, 20, 22

espanhóis: AE sobre os, 111

S.S. Cap Norte, AE sobre, 205, 216

S.S. Cap Polonio, *33*; AE sobre,
109; cabine, 197; partida, 42,
107; celebração da passagem
do Equador, 123, 125; toca em
conjunto, 125, 199

S.S. Ciudad de Buenos Aires, AE
sobre, 249n74

S.S. Valdivia, AE sobre 167, 169,
171, 210, 216

estereotipização, 59, 82-83, 84, 96

Sunchales (província de Santa
Fé), parada em, *145*

sobre o taoísmo, 212

sobre telepatia, 175

Tenerife, AE sobre, 117, 119, 200

diários de viagem, 20, 101

Diário de viagem ao Extremo
Oriente, Palestina e Espanha,
20, 60, 86, 100, 101

Diário de viagem à América do
Sul: AE sobre, 46, 205, 208;
conteúdo, 21; descontinuado,
88; edição, 19-21; formato,
21, 241-242n1; história, 22;
motivação para escrever, 21;
outras edições, 20; estilo, 21

como viajante, 86-88; sobre estar
cansado de pessoas, 45, 57, 88,
147; como turista VIP, 88, 99

como "viajante da relatividade",
19, 29, 216

sobre os "países tropicais", ciência
nos, 29

sobre doenças tropicais, 183

sobre a verdade, 214-216

teoria de campo unificado,
trabalho sobre, 89-90,
242-243n10. *Ver também* AE:
pesquisa científica

ÍNDICE

Estados Unidos: viagem de 1921 aos, 20, 73, 87, 99, 245n38; viagens da década de 1930 aos, 20, 102

Universidade de Buenos Aires: 91, 92; AE sobre palestras na, 135, 137, 139, 143, 145, 151, 153; convida AE, 26-27, 29, 192

Universidade da República (Montevidéu): palestras de AE na, 159, 163, 165; banquete organizado pela, 167; honorários, 192; convida AE, 27, 192

Uruguai, AE sobre, 51-53, 75, 157, 161, 210; admiração pelas condições políticas e sociais, 51-53, 98-99, 161; compara à Suíça, 52, 161; como "paisinho feliz", 161; impacto da visita de AE, 92; cobertura da visita pela imprensa, 92; vê como mais europeu, 52, 98-99, 210

uruguaios: AE sobre, 51-53, 82; admira, 98-99; compara a suíços e holandeses, 52, 169; elogia, 52-53, 169

Vigo, passa por, 113

judeus da Europa Ocidental, AE sobre, 204

identidade ocidental de, 75

sobre as mulheres, 75-79, 100, 113

xenofobia de, 49

sobre o iídiche, 145

e sionismo, 64-65, 66; AE sobre, 201, 207, 221; palestras sobre, 151, 203-204; "não sou sionista", 201

sobre os sionistas, 208

Einstein, Eduard, 22, 209, 219, 220-221; AE sobre, 220

Einstein, Elsa, 21, 33, 44, 46, 76, 77, 88, 89, 95, 96, 98, 99, 100, 107, 192, 254-255n99; AE fala

da viagem, 196-202, 205-207, 207-208, 209-211, 216

Einstein, Fanny, 198, 200, 201, 208

Einstein, Hans Albert, 22, 30, 53, 209, 219, 220-221

Einstein, Ilse. *Ver* Kayser-Einstein, Ilse

Einstein, Margot, 21, 44, 46, 76, 77, 80, 89, 95; AE fala da viagem, 196-202, 205-208, 209-211, 216; AE sobre: 109, 123, 196, 197, 198, 199, 200, 208, 220

Einstein, Rudolf, 198, 200, 201, 208

Einstein-Koch, Pauline, 54

Einstein-Marić, Mileva, 219, 220-221, 254n99; AE sobre, 209

Estados Unidos. *Ver* AE: sobre a América; AE: sobre a América do Norte; AE: Estados Unidos

F

Feingold, Lewis, 257n102

Felippe, José Carneiro, *183*

FitzGerald, George, 245n40

Fölsing, Albrecht, 32

Fortin, Eugenio Pablo, AE sobre, 143

Frank, Philipp, 53

Frontin, Paulo de, 244n28; convida AE, 195

G

Galano, Emanuel, 244n29

Gallardo, Ángel, *43*, 245n39, 247n54, 248n62; AE sobre, 155, 165, 202

Gama, Lélio, 256n101

Gaminara, Donato, *165*, 252n83

Gans, Richard, 246n47

García Martínez, Federico, 250n77

Gaviola, Enrique, 29, 42; AE sobre, 198

Geille Castro, Amadeo, *159, 165*, 252n83; AE sobre, 159, 163

geometria de Riemann, 89, 242n10; AE sobre, 111

284 OS DIÁRIOS DE VIAGEM DE ALBERT EINSTEIN

Gesang, Natán, *64*, 247n60; AE sobre, 151

Getúlio das Neves, Arthur, 253n93, 254n96, 254n98, 254n99, 256n102, 265n134

Glitscher, Karl, 219

Glücksmann, Max, 191; AE sobre, 167

Gneist, Carl, 68, 70, 246n48; AE sobre, 133, 205-206

Goethe, Johann Wolfgang von, AE sobre, 212, 214

Groisman, David, 244n31

Grundmann, Siegfried, 29

Grundtker, ? (piloto), 246n45

Guesalaga, Pedro, 258n8

Guyer, Maximo (Max), AE sobre, 163

H

Haber, Fritz, AE sobre, 216

Henninger, Daniel, 244n28, 253n93, 254n99, 257n103

Herrera, Luis Alberto de, 252n83

Herzl, Theodor, AE sobre, 203

Hindenburg, Paul von, 69; AE sobre, 173, 175

Hirsch, Alfredo, AE sobre, 137, 202

Hirsch, barão Maurice (Moritz) de, 194

Hirsch-Gottschalk, Lisa, AE sobre, 137, 202

Hofer, ? (Buenos Aires), 139, 141

Holländer, sr. (passageiro do navio), 127

Holmberg, Eduardo L., 248n61

Horischnik, León, 244n31

Horovitz, Eduardo, 244n29, 256n101

Houssay, Bernardo A., AE sobre, 143

Huergo, Eduardo, 249n72, 249n73; AE sobre, 133, 147, 248n66

Humboldt, Alexander von, 39

Hurtado de Mendoza, Diego, 30

I

Ingenieros, José, 91, 248n62

Institución Cultural Argentino-Germana, 26, 68

Instituto de Tecnologia da Califórnia (Caltech), AE convidado, 31; AE não interessado em visitar, 195; visita de AE, 20; cancela visita ao, 222

Ishiwara, Jun, 89

Isnardi, Teófilo, 232n16, 249n73

J

James, William, AE sobre, 215

Jerusalem-Kotányi, Else, 46, 63, 76-79, *78*, 81, 100; AE sobre, 76, 77, 111, 131, 133, 135, 199; como "pantera", 113, 119, 127, 151; poema para, 155

Jesinghaus, Carl, 47, 77; AE sobre: 109, 111, 113, 121, 127, 197, 199

K

Kaplan, E. Ann, 75

Katzenstein, Moritz, 107, 201

Kayser, Rudolf, 22, 204; AE sobre, 197, 198, 208

Kayser-Einstein, Ilse, 32, 204; AE sobre, 198, 208, 216

Knipping, Hubert, 70, *71*, 255n100; AE sobre, 189

Koch, Caesar, 42

Koch, Robert, AE sobre, 139, 143, 151, 187, 202

Kohn, Irma, 177, 187

Kohn, Isidoro: *58*, *66*, 70, *177*, *179*, *185*, *218*, 244n28, 255n100, 257n103; AE sobre, 55-57, 177, 187

Koigen, David, 119

Koslovski, Moisés, 256n102

L

Larrayoz, Bernardo, 252n83

ÍNDICE

Latzki-Bertholdi, Jakob Wolf, AE sobre, 165

Laub, Jakob, 26, 42

Le Bon, Gustave, AE sobre, 171

Le Breton, Tomás, 248n62

Leão, Antonio Pacheco, 244n29, 256n102; AE sobre, 219

Leclerc, Georges-Louis, conde de Buffon, 38

Lemos, Alix Corrêa, *185*

Lewin, Louis, AE sobre, 197, 201

Lisboa, Alfredo, *181*, *185*

Lisboa, Rosalina Coelho, AE sobre, 183

López Buchardo, Carlos, 248n62

Lorentz, Hendrik A., 245n40

Louis-Dreyfus, Louis, AE sobre, 143, 202

Loyarte, Ramón G., 246n47, 248n62, 249n72; AE sobre, 147

Lugones, Leopoldo, 24, 249n73; AE sobre, 141, 163; convida AE para a Argentina, 25-26; visita AE, 244n33

Lutz, Adolfo, *183*

Lutzki, José, *64*

M

Maggiolo, Carlos M., AE sobre, 52, 159, 163

Malvicino, sr. (Buenos Aires), 249n72

Mas, Juan, 249n72

Mattos, Allyrio de, 256n101

May, Karl, 39, 42

Meano, Vittorio, 251n80

mecânica newtoniana, 250n77

Melchior, Carl, AE sobre, 107, 196

Mendelsohn, José, *64*

Meyerson, Émile, AE sobre, 117

Michelson, Albert A., 245n40

Michelson-Morley, experimento de, 250n77

Millikan, Robert A., 31, 222

Ministério da Educação da Prússia, 26

ministro do Exterior da Alemanha: 26, 87; relatórios sobre a visita de Einstein, 68, 70

Minuchin, L., 244n31

Montevidéu, 36; Associação Politécnica do Uruguai, 24; Universidade da República, 24. *Ver também* AE: Montevidéu

Moreira, Juliano: *58*, 255n99, 257n103; AE sobre, 57, 85, 187

Moreira-Peick, Augusta, 257n103

Moretti, Gaetano, 251n80

Morize, Henrique, *58*, *181*, *185*, 244n28, 255n99

Morra, Léon S, *147*, 247n55

Mossinson, Ben-Zion, *64*; AE sobre, 145, 151

Mouchet, Enrique, 246n47

Mozart, Wolfgang Amadeus, AE toca, 107, 125, 127

Mühsam, Hans, 32; AE sobre, 196, 198

Müller, Ricardo, 250n76; AE sobre, 161

Musso, Agustín, 249n74

N

Nansen, Fridtjof, AE sobre, 165

Nathan, Otto, 22

Neiva, Arthur, 254n99

Neumann, Betty, caso de AE com, 32-34, 95, 260n35

Neumann-Mühsam, Flora, 33-34

Nicolai, Georg Friedrich, 42; AE se reúne com, 247n54; AE sobre, 202, 206

Nietzsche, Friedrich Wilhelm, AE sobre, 212

Nijensohn, Wolf, *64*

Nirenstein, Mauricio, 27, *43*, 46, 194, 247n54, 248n62, 258n8; AE sobre, 46, 131; poema para, 155

Nirenstein-Holmberg Jorge, Magdalena, 247n54
Nissensohn, Isaac, *64*, 247n51, 247n60

O
Ohnesorg, sra. (passageira do navio), 123, 127
"olhar imperial", 74-76
"olhar masculino", 74, 76-79
Ortiz, Eduardo L., 27

P
Pena Júnior, Afonso, 254n98
Pereira, Francisco Lafayette Rodrigues, 255n99
Perez, José David, 256n101
Piñeyro, Teófilo D., 250n74
Planck, Max, 200
Platão, AE sobre, 213
Ponce, Luis P., AE sobre, 159, 210
Prata Soares, Alaor, AE sobre, 179

R
racismo, contexto histórico do, 239n267; sociologia do, 84. *Ver também* AE: raça
Raffalovich, Isaiah: *66*, 253n93, 256n101, 256n102; AE sobre, 57, 129, 179, 217; convida AE para ir ao Brasil, 28, 195-196
Ramos, Mario, 255n99
Raskowsky, Sansón, 244n31
Rathenau, Walther, assassinato de, 26, 100; ameaças de morte a AE após o assassinato de, 26, 94
Regules, Elías, 250n77
Reis, José Agostinho, 265n134
Relatividade: disseminação da, 29, 30; recepção na Argentina, 23-24, 90-92; no Brasil, 23-25, 28, 93-94; no Uruguai, 23, 24, 92; verificação da, 24, 54. *Ver também* AE: relatividade

Renn, Jürgen, 29
Rey Pastor, Julio, 24, 249n72, 249n73, 258n7
Rio de Janeiro: bairro de Botafogo, *129*; Clube de Engenharia, 28; Universidade do Rio de Janeiro, 24, Faculdade de Medicina da, 28, Escola Politécnica da, 24, 28. *Ver também* AE: Rio de Janeiro
Robinow, Paul, 242n4
Robinow-Kukla, Emily, AE sobre, 107, 197
Roloff, Wilhelm, AE sobre, 107, 197
Rondon, Cândido, AE sobre, 57, 60, 75, 189, 218
Roquette-Pinto, Edgar, 254n99, 257n103
Rosenbaum, ? (Buenos Aires), 191
Rosovski, Marcos, *64*
Rossenblatt, Gregorio, 159
Rossenblatt, José, 159
Rossenblatt, Naum, 65; AE sobre, 157, 159, 209
Rossenblatt, Octavio, 159
Rossenblatt-Filevich, Esther, AE sobre, 157, 159
Rothe, Guillermo, *147*

S
Sagarna, Antonio, 245n39, 246n48, 248n62; AE sobre, 137
Sampognaro, Américo, 249n74
Sánchez González, Ezequiel, 250n76; AE sobre, 161
Saslavsky, Jacobo, 28, 248n63; AE visita, 151
Scharf, Victor, AE sobre, 157
Schmidt-Elskop, Arthur, 68, 69; AE sobre, 157, 159, 165, 167, 175
Schneider, Elly von, 262n79
Schneider, Jacobo, 256n102
Schneider-Glend, Arne, AE sobre, 206
Schubert, Franz, AE toca, 127

ÍNDICE

Schwartz, Leon, 244n29
Seeber, Ricardo, 68, 248n62
Serrato, José, 36; AE sobre, 163, 167, 210
Shaw, George Bernard, 97
Sievers, Johannes, AE sobre, 113
Silva Mello, Antônio da, 254n99; AE sobre, 57, 179, 185, 201
sionismo. *Ver* AE: sionismo
Sobral, expedição para ver o eclipse solar, 24, 53, 232n19, 256n101
Sociedad Científica Alemana, 68
Souza, Mário de, *71*, 256n102, 257n103
Stang, Fredrik, 218
Starkmeth, Isaac, 194
Steinhardt-Koch, Alice, AE sobre, 137
Straus, Max, 191, 192
Sudriers, Victor V., 252n85
Sverdlick, Luis, *64*, 244n31

T
teoria do campo unificado. *Ver* AE: teoria do campo unificado, trabalho sobre
Tessieri, Dante, 90, 92
Tolmasquim, Alfredo Tiomno, 30, 31-32

U
Unión Cívica Radical, 34
Universidade Hebraica de Jerusalém, 22; *Ver também* AE: Universidade Hebraica de Jerusalém
hegelianismo, AE sobre, 117
Uruguai: antissemitismo, 92; judeus asquenazes, 65; economia,

36; comunidade alemã, 68-69; imigração para o, 36-37, 64-65, 68-69; comunidade judaica, 64-65; Partido Colorado, 35-36, 251n79; Partido Nacional, 36; política, 35-36; positivistas e antipositivistas, 92; infraestrutura científica, 24, 30; judeus sefarditas, 65; legislação social, 35; na época da visita de AE, 35-36; sionismo, 65. *Ver também* AE: Uruguai

V
Vaz Ferreira, Carlos, 214-216, *215*; AE sobre, 52, 157
viagem: historiografia da, 86
Volkan, Vamik D., 79

W
Washington Garcia, 253n96
Wassermann, Bruno John: 63, 89, 246n43; AE sobre 46, 81, 131, 135, 139, 143, 151, 200, 202, 205-206, 207
Wassermann-Bornberg, Berta: *48*, 63, *78*, 81, 89; AE sobre 46, 76-77, 81, 131, 133, 135, 141, 143, 151, 202, 205-206, 207; poema para, 153
Weizmann, Chaim, AE sobre, 203
Wettl, Poldi, AE sobre, 179, 187
Weyl, Hermann, 89, 242n10; AE sobre, 117
Winteler, Paul, 195
Winteler-Einstein, Maja, 31, 66, 80, 195, 221

Este livro foi composto na tipografia Century Schoolbook,
em corpo 10,5/16, e impresso em papel off-white
na gráfica Plena print.